我与思政课教师的交流

曲建武　著

大连海事大学出版社

图书在版编目(CIP)数据

我与思政课教师的交流 / 曲建武著. — 大连 : 大连海事大学出版社, 2020. 9(2022. 7 重印)
ISBN 978-7-5632-3973-3

Ⅰ. ①我… Ⅱ. ①曲… Ⅲ. ①高等学校—思想政治教育—研究—中国 Ⅳ. ①G641

中国版本图书馆 CIP 数据核字(2020)第 105739 号

大连海事大学出版社出版

地址:大连市黄浦路523号 邮编:116026 电话:0411-84729665(营销部) 84729480(总编室)
http://press. dlmu. edu. cn E-mail:dmupress@ dlmu. edu. cn

大连金华光彩色印刷有限公司印装　　大连海事大学出版社发行

2020 年 9 月第 1 版　　2022 年 7 月第 3 次印刷
幅面尺寸:170 mm×240 mm　　印张:21
字数:322 千　　印数:3211~8220 册

出版人:刘明凯

责任编辑:陈青丽　　责任校对:宋彩霞
封面设计:解瑶瑶　　版式设计:解瑶瑶

ISBN 978-7-5632-3973-3　　定价:63. 00 元

前　言

我一直对思想政治理论课教学情有独钟。我从 1982 年留校做辅导员开始，就兼任德育课教学任务，当时叫共产主义思想品德课。教过我的好几个老师都劝我上专业课，就是上社会学、伦理学、法学、党史等课程，他们认为德育课不是课，搞不出学问。而我却偏偏认为德育课很重要，育人是最大的学问。我跟学生们讲：在大学里，学习知识、培养能力是重要的，但是比此更为重要的是要懂得知识、能力应该用在哪里，用今天的话来说就是要有正确的价值观。2013 年我辞去教育厅领导职务到大连海事大学做辅导员的时候，也主动地承担了思想政治理论课的教学任务。我认为，在经济全球化的背景下，青年学生的思想呈现出多元化的特征。大学教育的一项使命和责任，就是要帮助学生进行科学的判断，使他们确立正确的价值追求。

2019 年 3 月 18 日，我参加了习近平总书记主持召开的学校思想政治理论课教师座谈会，会上习近平总书记指出："思想政治理论课是落实立德树人根本任务的关键课程。青少年阶段是人生的'拔节孕穗期'，最需要精心引导和栽培。我们办中国特色社会主义教育，就是要理直气壮开好思想政治理论课，用新时代中国特色社会主义思想铸魂育人，引导学生增强中国特色社会主义道路自信、理论自信、制度自信、文化自信，厚植爱国主义情怀，把爱国情、强国志、报国行自觉融入坚持和发展中国特色社会主义事业、建设社会主义现代化强国、实现中华民族伟大复兴的奋斗之中。思想政治理论课作用不可替代，思想政治理论课教师队伍责任重大。"我感到我选择对了，做了一名使命光荣、责任重大的思想政治理论课教师。我愿在思想政治理论课教学这片沃土上付出我所有的一切。

应当看到，我们有的思想政治理论课教师对思想政治理论课的认识还不很到位，总把思想政治理论课当成一门知识课程，把自己的教学工作当成了"饭碗"，进而把自己当成了教书匠，这就势必影响思想政治理论课教学的效果。思想政治理论课教师一定要做到习近平总书记提出的"六要"：政治要强，情怀要深，思维要新，视野要广，自律要严，人格要正。我拜谒过马克思的墓。在马克思的墓碑上刻着这样一句话：哲学家们只是用不同的方式解释世界，而问题在于改变世界。实践性是马克思主义的本质属性，思想政治理论课教师一定要在走进学生心灵上下功夫。这就要求我们思想政治理论课教师一定要有坚定的信仰追求。真正的马克思主义者是无所畏惧的。今天的思想政治理论课教学还面临着这样或那样的一些挑战，但是只要我们信仰坚定，这些挑战就算不上什么了；今天的学生思想上还有这样或那样的一些困惑，但是只要我们坚持“知行合一”，给学生做出样子，学生就会跟着我们走。

我也算是一名老思想政治理论课教师了。看着一批又一批年轻的思想政治理论课教师加入我们的队伍，我感到欣慰，我们的事业后继有人。同时，我也愿意把我对思想政治理论课的认识和教学实践与大家分享。我通过公众号平台推送给大家的文章今天结集出版了，我希望这能对大家增进理论课教学的效果有所帮助，哪怕有那么一点点我也知足了。同时也欢迎大家对书中不足的地方提出批评。

值本书出版之际，衷心感谢大连海事大学出版社的同志们为本书出版所付出的辛苦！祝大家一切都好！

曲建武

2020 年 5 月

目录

思想政治理论课教师要有崇高的信仰追求

信仰，是人的一种精神活动，对人的行为有着重要的影响。树立崇高的信仰追求，对于思想政治理论课教师来说既十分必要，又意义深远。

思想政治理论课教师为什么要有崇高的信仰追求？马克思在《青年在择业时的考虑》一文中说道："人与动物有本质的区别。"动物总是"安分地"在自然界"规定"的范围内活动，而人类却在追求自身完美的道路上不断地进行"选择"。什么是人类自身的完美？答案就是"一切人的自由发展"。马克思主义的诞生，为人类迎来了崭新的社会主义制度。我们完全可以自信地说，迄今为止，人类在追求自身完美的道路上还没有哪一种主义、制度能够像马克思主义学说及其在它的思想指引下所建立的社会主义制度这样给力。思想政治理论课教师是马克思主义理论的传承者，他们只有把马克思主义作为自己崇高的信仰追求，才能不断丰富和完善马克思主义所创立的人类最优秀的文化成果，为中国梦的实现提供强大的精神动力。

崇高的信仰追求还是大学教育的本质要求。人类在追求自身完美的历史过程中创造了丰富的精神文化，这些文化需要薪火相传，方能永不熄灭。大学是人类文化传承的重要场所。四书五经中的《大学》开篇便是："大学之道，在明明德，在亲民，在止于至善。"《大学》时代虽然已过去了几千年，但是大学文化的本质要求却是一脉相承的。培养什么样的人？怎样培养人？如果抛开了这样的命题来探究大学的发展是没有意义的。党的十八大提出,立德树人是教育的根本任务。这就告诉我们,大学一定要帮助学生系好人生的第一粒扣子,而思想政治理论课教师就是帮助大学生系好人生第一粒扣子的人,他们只有具有崇高的信仰追求,才能自觉完成为中国梦的实现培养筑梦人这一大学文化的本质要求。

崇高的信仰追求还是思想政治理论课教学的现实需要。20世纪最大的变化不是物态的,而是在马克思主义的指引下诞生了一种最能保证人类实现自身完美的社会主义制度,并由此形成了“一球两制”的世界格局。为了遏制社会主义的发展,西方不断加快“西化”“分化”的步伐。在这样的世情下,青年学生会怎样理解马克思主义的科学性?放眼今日之中国,虽然我们的社会主义国家取得了举世瞩目的成就,但是,我们毕竟还是一个发展中的大国,我们还难以为“每个人的自由发展”提供尽善尽美的条件。在这样的国情下,如何增强青年学生实现中国梦的坚定信念?思想政治理论课教师只有具有崇高的信仰追求,才能增强理论课教学的针对性,才能克服教学过程中所遇到的各种困难,为大学生的成长提供强大的精神动力。

那么,思想政治理论课教师怎样才能具有崇高的信仰追求?

首先,他们需要办学的引领。应当肯定的是,今天的大学不断为国家培养了大批合格的社会主义事业建设者和接班人,但是认真地回望这些年大学走过的路,我们亦感到有些遗憾。在我们的一些大学里,还不同程度地存在重“硬件”轻“软件”的情况,大学对人文教育有所忽视,思想政治理论课建设还没有被摆到应有的位置。大学一定要下大气力搞好思想政治理论课建设,为思想政治理论课教师的发展创造良好的条件。对于这些教师而言,只有人格得到尊重,行动才能更加自觉。有了学校的正确引领,思想政治理论课教师就会坚定对崇高信仰的追求,才会把思想政治理论课“烹制”成既让学生喜爱又使学生终身受用的营养大餐。

其次,他们需要机制的保障。这里以对教师的评价机制为例论述。大学里对教师的评价可以说是政出多门,但是教师最在乎的是评职称。这评价就是杠杆,就是教师努力的方向之一。立德树人是教育的根本任务,不用更多的表白,当学生从教师的眼神、肢体语言、日常表现中感受到教师是一个关心他们成长的人的时候,教师教学的育人效果就有了。我们一些优秀的思想政治理论课教师恰恰就是这样来做的:有的为学生开设了人文教育讲座;有的指导进行学生进行社会实践;有的力所能及地帮助学生解决生活中的困难——这些看起来都是“额外”的,而对于育人来说又是必需的。如果我们的职称评价机制对此视而不见或没有个合理的说法,个别教师或许会永远这样“傻傻地”追求下去,但是会影响整个思想政治理论课教师队伍追求崇高信仰风尚的形成。

再次,崇高的信仰追求还需自我的养成。一个人能成为什么样的人,很大程度上取决于这个人想成为一个什么样的人。马克思主义是在极其恶劣的环境中创立的。马克思被开除了国籍,其学说亦被诅咒成“幽灵”;列宁被两次逮捕;毛泽东被多次追杀;成千上万的革命者因为追求崇高的信仰而倒在血泊之中。他们向谁“抱怨”?站在绞死李大钊的绞刑架前,思想政治理论课教师真应当感到汗颜,应当“炸出”灵魂中的“小我”。大学文化的本质就是“止于至善”,就是对真理无怨无悔的追求,思想政治理论课教师没有理由不把自己铸就成如痴如醉追求崇高信仰的人。

马克思主义是什么?

我两次去英国的时候都拜谒了马克思的墓。在马克思的墓碑上刻着这样一句话:哲学家们只是用不同的方式解释世界,而问题在于改变世界。我始终在琢磨,马克思的著作浩如烟海,为什么单单把这句话刻在了墓碑上?是马克思生前告诉恩格斯将这句话写在墓碑上,还是因为恩格斯深深地了解马克思学说的精髓在哪里?不管怎样,有一点是肯定的,这就是:马克思主义理论是一种改变社会现实、推动人类不断进步的学说。

我在大学读书期间,在一次讨论马克思主义和空想社会主义区别的时候,举了这样一个例子:一个人骑在另一个人的身上不停地殴打着,打人的那个人是资本家,被打的那个人是无产者。这时,欧文走了过来,傅立叶走了过来,圣西门也走了过来。他们看到这个情况,纷纷感到太不人道、太不合理。他们希望打人的那个人能够发发善心,不要再殴打下去了。可是,那个人照样不停地殴打。接着,马克思走来了,恩格斯走来了,列宁走来了,毛泽东也走来了。他们见此情景,不由分说帮助被打的那个人掀掉了骑在他身上的人。现状被改变了,马克思主义和空想社会主义的本质区别就在这里。

毛泽东同志说,精通的目的在于应用。邓小平同志说,不干,半点马克思主义都没有。习近平同志说,空谈误国,实干兴邦。这些朴实的话语应当是对马克思主义是什么的最好诠释。中国共产党由起初的五十多名党员,发展到今天拥有超过九千多万党员的大党,中国由"东亚病夫",到如今成为世界第二大经济体，站到了离实现中国梦最近的地方，这都是马克思主义在中国社会不断实践的结果。马克思主义的力量来自实践，只有伟大的实践才能从根本上保证马克思主义具有旺盛的生命力。

全国优秀共产党员毛丰美生前所在的凤城市大梨树村的山头上，立着一座“干”字碑。远远望去，“干”字浸透出的马克思主义的光辉耀眼夺目。毛丰美在世时，我在省里任高校工委副书记，曾组织辽宁省思想政治理论课教师到大梨树村参观考察。毛丰美说，没有实惠，老百姓就不会信你的。共产党人就是要“干”字当先，给老百姓实惠。

马克思主义的魅力在哪里？对社会来说，就是要改天换地，实现人类的完美；对个人来说，就是感到实惠，尝到“甜头”。这就像一顿美味的大餐，你无论怎样描绘它的甜美，不亲口尝一尝，是品不出它的味道的。马克思主义是科学，问题是怎样能使人们感受到它的力量呢？不在“干”上下功夫，恐怕再好的理论也是难以打动人的。从这个意义上讲，“干”比“说”要重要得多。思想政治理论课教师不能只是把马克思主义当作知识来传授，更要引导青年学生用马克思主义理论指导自身的实践。

几句关于命运的话

我这个人不信命，大概是因为从懂事的时候就忙碌，没有时间考虑什么是命。我今年六十岁，这样一个年龄自然会听到许多关于命运的谈论。今天早上在微信群里还看到一条关于命运的微信，其中说道，人最无能为力的是对于命运的安排。“命里一尺，难求一丈”，中国的老俗话颇有道理。没有必要做无谓的抗争，老天爷早为你安排好了一切，该啥样就啥样了。这种对命运的理解对吗？显然是不对的。什么是命运？命运是自然生命与社会生命的统一体。自然生命是无法抗拒、无法改变的。你出生在什么样的家庭你决定不了；你出生在什么时代你决定不了；你出生在哪个国家你决定不了；乃至于你出生时是个健全人还是残障人你都决定不了。鲁迅先生说，即便是天才，在他出生的时候，他的第一声啼哭和普通的婴儿也没有什么两样。为什么呢？这是因为这时的命还是“自然”的。可是，为什么后来有了“傻瓜”和“天才”之分，有了奉献和索取之别？为什么有的人还在活着，别人以为他不在了；为什么有的人永远活在人们的心中？这些自然生命决定不了，它们属于社会生命的范畴。有的人命多好啊，含着金钥匙出生，可是他后来败家了；有的人命多差啊，出生的时候连个铁钉也没含上，可是他后来致富了。有的人虽有强健的体魄，但是他作奸犯科，为人唾弃，最终受到法律的制裁；有的人虽身有残疾，却收获了事业的成功和甜美的爱情，成了令人尊敬的人。人的命运就像是一块块木坯，原本没有什么不同，雕刻得用不用心，雕刻的手法好坏，都会使木坯呈现出不同的模样。自然生命需要社会生命去润色，这样才能使人生命运色彩纷呈。不要拿所谓的命运来搪塞，只有懦夫才会把自己的生命弄得黯然失色。我在大学读书的时候，每天早上在操场要跑几千米，甚至上万米；冬季的时候，室外的温度低的时候有零下二十多摄氏度，我也从未惧怕过。望着宿舍那温暖的灯光，想象着那一个个舒展在被窝里的躯体，我想，他们中没有几人能成为我的对手。我就是一个什么都没含来到了世上的人。我当辅导员上品德课的时候，也被其他专业教师看不起。在他们看来，“没有水平的老师才教品德课”。可这又如何？我非常佩服贝多芬，我要做一个能够扼住命运咽喉的人！我创造了学校的万米纪录，前年在学校举行的教工男子网球单打比赛中，我还获得了不分年龄组的冠军。我官至过正厅级，学术上是二级教授。如果相信命运的话我今天会在哪里？会干什么？什么叫命里一尺，难求一丈？那指的是自然生命。人的社会生命有巨大的弹性空间，活法不同，占有的空间就不同。更有个别的思想政治理论课教师认为命不好才教思想政治理论课，这真是太不应当了，也着实有点滑稽可笑。

我的辞职书

大家好！

四年前，当我辞去领导职务到大连海事大学做一名没有任何行政级别的辅导员的时候，很多人不理解，甚至有各种猜测。他们总是想知道我真实的想法。当时我想，我不带完一届学生，我解释再多也是无力的。现在，我带的学生毕业了，我用四年的实际行动对我的辞职做了诠释。最近，又有一些人问起这件事，为了满足大家的好奇心，我把我的辞职书公布给大家。

尊敬的省委组织部负责同志：

我是曲建武，现任省委高校工委副书记、教育厅副厅长，经慎重考虑，现向组织提出请求，允许我辞去高校工委副书记、教育厅副厅长职务，到大学做一名普通的思想政治教育工作者，理由如下：

一、我十分热爱大学生思想政治教育工作。1982 年 8 月，我从辽宁师范大学一毕业就选择了辅导员工作。先后担任过分团委书记、系党总支部副书记、学生处处长、学生工作部部长、校长助理、校党委副书记等职务，从没有一天离开学生工作。三十多年的经历，使我深深地认识到，做好大学生的思想政治教育工作是一项“功在当代，利在千秋”的事业。我选择了这样一项工作无怨无悔，毕生从事这项工作是我坚定不移的信念。

二、我本科是学思想政治教育专业的，后在北京师范大学获得教育管理学博士学位，现兼职思想政治教育专业博士生导师。几十年来，我积累了大量思想政治教育工作的经验，提升了思想政治教育理论水平，先后撰写了上百篇论文、独立完成出版5部专著，文字量达200万以上。我对思想政治教育专业有很深的学术情怀，我一直在思考几个较大的本学科领域的问题，打算进行系统的研究，试图建构我国大学生思想政治教育管理模式。我认为这些研究很有价值，有的还可以填补学术空白，但做这样的研究很需要专门的时间。目前我还兼职全国辅导员研究会顾问、教育部思想道德修养与法律基础课教学指导委员会副主任。辞去领导职务后，我可以精心、静心地思考大学生思想政治教育的若干问题，这对推进全国的大学生思想政治教育也会产生一定的促进作用。

三、其实我辞去领导职务的想法由来已久。在辽宁师范大学任党委副书记时，我就想待换届的时候辞去学校党委副书记一职。2004年11月，省委调我来教育厅工作，我觉得再干几年也行，这样可以有机会从更高层面来认识大学生思想政治教育，原本就没有在教育厅退休的打算。来到教育厅后，贯彻落实加强和改进大学生思想政治教育的任务很重，容不得我想辞职的事。8年过去了，在省委的领导下，在同志们的理解、关心、支持和配合下，我省的大学生思想政治教育工作得到了教育部领导的肯定、兄弟省份的认可。特别是2009年，国家召开加强和改进大学生思想政治教育工作座谈会，李长春同志出席了会议，我省是唯一在大会上介绍辅导员队伍建设经验的省份，教育部司局领导讲，这是没有先例的。有点不谦虚地讲，我省的大学生思想政治教育工作这些年一直走在全国的前列，大学生思想政治教育长效机制基本形成，该做的我已尽力做了。

四、我是穷人家长大的孩子，有了上大学的机会，才有了改变命运的机会。是党的培养、人民的养育才使我有了今天，我对党和人民永存感激之心、报答之志。佛语里有句话，叫“审己功德，量彼来处”。我经常警醒自己的是，我拿了老百姓多少俸禄？我对不对得起这份俸禄？1983年我做辅导员时，曾给中央军委写过信，申请去老山前线。我的第一个理由就是我家有七个孩子，死了我一个无所谓。现在想一想，当初若是去了前线，恐怕我早就成为“高山下的花环”了，哪里还谈得上什么级别、博导？当然在当今的大环境下，我的这样一种做法或许会使一些人不理解，甚至产生误解。但这都不重要了，让岁月抹平这一切吧。我辞意已定，多少人没有什么级别不是照样活着吗？我不要求保留级别，说得好听些，即便是“亏”了我一个，只要对推动大学生思想政治教育的发展有益就是值的。干部能上能下应当形成风气，我愿带这个头。我将用行动证明我的选择是有价值的。我现在的心情就像想下场踢球的教练，再不下去，比赛就结束了，我就不相信球踢不进对方的门。我今年56岁，我要带一届完整的学生，你们就赶紧批准我下去吧。

五、我爱人学的是工业与民用建筑专业，本可以挣大钱的，结婚后，她的工作安排都配合我的工作需要。正是她全心全意的支持，才使我可以全身心地投入到我所钟爱的大学生思想政治教育事业当中，“军功章”里有她的一半。为了支持我，我调到教育厅不久，她便来到沈阳。儿子当时读高中，为了我也来了。我爱人来到沈阳后感到很孤单，特别是儿子上了大学后，她更觉得寂寞，原本很开朗的人，现在变得不愿与人交往，在家言语也不多。跟她商量了我的想法后，她表示支持，儿子也同意。辞职后，我们可以回大连了，她的亲朋、同学都在大连，这样她的心情就会好起来。本来我就挺亏欠她的，她若始终孤独、寂寞下去，我会有深深的愧疚感，会觉得很对不起她。

我非常珍惜我所从事的大学生思想政治教育工作，如今从事这个工作已有31个年头了。这些年，我先后筹集资金，力所能及地资助了许多孤儿和品学兼优的大学生，我资助的学生中有的毕业后已走上了局级领导岗位，一些困难学生家庭的艰辛始终激励着我奋力前行。至今，我仍然保持着年年到学生家家访的习惯。辞去领导职务后，我打算做一名辅导员，尽我所能地、更多地帮助那些需要帮助的孤儿和品学兼优的困难大学生，做好大学生的人生导师，为我的人生画上圆满的句号。

习近平同志讲，要把人民放在心上。请组织放心，我一定把学生放在心上，尽自己最大的努力，做一名关心大学生成长、对得起党、有益于社会的人。

我在教育厅工作了8年，得到了省领导、相关厅局领导、教育厅党组和各处室同志们的支持和帮助，在我决定辞去领导职务的时候，向大家表示深深的谢意，并希望大家能继续关心、支持、帮助我的发展。

最后，为我还没有做好的一些工作向组织表示歉意。

衷心地祝福所有关心和帮助过我成长的人幸福安康！

再次请求组织尽早批准我的申请！

曲建武
2013年2月5日

世界一流的大学不能没有一流的人文

我2018年6月写了两篇关于世界一流大学和一流学科的文章。这篇没有公开发表，另一篇《光明日报》修改后发表了，这些见解纯属一己之见，恳请大家的指教。今天推送的这篇加进了习近平在2016年年底全国高校思想政治工作会议上的一段讲话，写这篇文章的目的是增强思想政治理论课教师的学科自信。一流的世界大学一定是以一流的人文为核心的，而思想政治理论课就是人文的核心。下面就是文章的内容：

世界一流的大学不能没有一流的人文

近年来，国内建世界一流大学的声音喊得越来越响。特别是国务院正式印发《统筹推进世界一流大学和一流学科建设总体方案》以来，更是奏响了进军世界一流大学的号角。什么是世界一流大学？世界上有没有一流大学？中国怎样建世界一流大学？厘清这样一些问题再上路，我们行进的方向才不会搞错，我们行进的速度才会越快，脚步才会越有力！

什么是世界一流大学？这首先要搞清楚大学是什么。大学最早产生于中世纪，以法国的巴黎大学与意大利的博洛尼亚大学为代表，它们并称为世界最古老的大学。

早期的大学是与宗教紧密联系在一起的，办大学的宗旨主要是培养神职人员和僧侣。在大学的发展史上，毕业于英国牛津大学的约翰·纽曼的教育思想对西方大学的发展有着深刻的影响。他在《大学的理念》一书中第一次明确阐明:大学是一个提供博雅教育、培养绅士的地方。大学的目的就是造就有智慧、有哲理、有修养的绅士。可以说在大学近千年的历史中,无论时代怎样变迁,制度怎样变化,靠人文教育起家、培养学生做人是大学不变的主题。由此来看,如果要给世界一流大学制定标准的话,首先可以确定的一个标准就是一定离不开一流的人文。到了近代社会,工业革命兴起,大学中又加入了科技教育这个“伙伴”。科技是人的科技,说到底,科技教育也是为人文教育服务的。科技教育的出现使得大学更像大学的样子,使得大学这个“家庭”更加充满活力,使得大学与社会的联系日益紧密,由此也彰显了大学存在的价值。所以如果再给世界一流大学增添一个标准的话,那就是一定不能没有一流的科技教育。从这样两个维度出发,想称得上世界一流大学,就得有一流的人文教育和一流的科技教育。

现在世界上有没有一流大学?可以说有,也可以说没有。有,是从相对意义来说的。世界是运动的,大学自然也在不断地发展变化。当世界运动到某一个时间节点上,也可以说是某一历史时期的时候,现存的最好的大学就是世界一流大学。相对于中世纪的大学,工业革命前期的牛津大学无疑是世界一流的;相对于运动在封建社会的大学,运动在资本主义社会、社会主义社会的大学无疑都是世界一流的。

为什么又说没有呢?如前所述,所谓世界一流大学的一个重要标准就是要有一流的人文教育,就是说要以一流的价值观为支撑。大学从哪里来?要往哪里去?大学是人文的产物,大学更是人类文明的产物,为实现全人类的幸福服务是大学最为根本的价值追求。这样的价值支撑在哪里?这只能是马克思主义的思想体系,在当今中国社会就是中国特色社会主义理论体系。不错,哈佛、耶鲁、牛津、剑桥等世界著名大学为它们国家培养了大批的总统(首相),培养了大批的科学家,极大地推动了这些国家的发展和强大。但是这些强大起来了的国家给人类带来了什么?英国建立了“日不落帝国”,德国发动了两次世界大战……相对于马克思主义理论体系、相对于社会主义制度来说,西方社会的价值体系、社会制度是不可取的,怎么能建设出世界一流大学呢?以这样的视角来审视,诸如上面提到的那些著名大学,只能说相对于以往的大学来讲,它们是一流的;相对于中国大学来说,它们的科技教育是领先的。而对于中国现今的大学来说,虽然我们有一流的价值体系,但是我们还处在社会主义初级阶段,我们大学的科技教育与西方大学比尚有较大的差距,因此我们也没有资格称我们的大学是世界一流大学。不过我们已经确立了马克思主义在意识形态中的指导地位、确立了“两个一百年”的奋斗目标,我们已经站到了离实现中国梦最近的地方,我们完全可以伴随着实现中国梦的脚步建设起世界一流的大学。

中国怎样建世界一流大学?习近平总书记指出:“办好中国的世界一流大学,必须有中国特色。没有特色,跟在他人后面亦步亦趋,依样画葫芦,是不可能办成功的。”特色在哪里?特色就特色在对大学文化本源的追寻上;特色就特色在我们以中国特色社会主义理论为引领上,可以说,上好思想政治理论课就是显著的特色。在2016年年底召开的全国高校思想政治工作会议上,习近平总书记特别指出:“办好我国高等教育,必须坚持党的领导,牢牢掌握党对高校工作的领导权,使高校成为坚持党的领导的坚强阵地。”我们不要妄自菲薄,要有高度的文化自信。马克思主义思想体系、中国共产党的领导、中国特色社会主义制度为中国建设世界一流大学提供了强大的人文支撑。我们怎么了?我们绝不让一个学生因为经济困难上不了最好的大学,北大、清华、浙大、复旦、南大哪个没做到?而哈佛、耶鲁、斯坦福、牛津、剑桥哪个能做到?不要迷信这样的排名、那样的排名,我去过二百多所国外的大学,西方有几所大学考虑过学生住在哪里?吃在哪里?锻炼在哪里?按这样的标准办大学,恐怕那些排名世界前列的大学没有几个不该关门的。这里折射出的是什么?不正是世界一流大学所应具有的一流的人文关怀吗!特别是我们也强调大学的社会服务功能,但是我们使国家富强了的目的是满足人民群众日益增长的物质和文化生活的需要,是为世界创造福祉。从这点来说,最有资格建世界一流大学的是当今中国的大学。而我们的世界一流大学建得怎样呢?成绩应充分肯定,但是从问题的角度出发,我们应当警觉了:当前在建设世界一流大学的过程里我们一定不要缺失了人文,没有一流的人文是不配得到世界一流大学称号的。我们建设“211”“985”高校,这都对大学的科技教育起了很大的推动作用,但是我们的人文教育呢?当“老太太倒了该不该扶”都成了大学里争论不休的道德问题时,我们不得不承认的一个事实是,我们大学科技教育前行的步伐并没有很好地顾及人文教育的脚步。或许有人会说这是个社会问题,那么大学的使命和担当去哪了?大学不是社会文明的助推器吗？现在我们又带着建设世界一流大学的任务上路了，我们的人文之路铺好了吗？我作为一个一线思想政治教育工作者，也是一个行走在路上的人，总感觉我们的人文之路规划得还没有像科技之路那么细致，已铺就的人文之路还不是那么踏实，行走的人文脚步还有些忙乱。日前，中纪委反馈的31所高校的思想政治教育情况，从一个侧面也反映了当前在建设世界一流大学的过程中，大学的科技教育和人文教育前行的脚步还不是那么协调。发现问题是为了研究和解决问题。说得严重些，有极个别的大学就像一个"交易市场"，不绝于耳的是人才的"倒卖"声。我们并不反对抓科技教育，这也是建设世界一流大学必须要解决的问题。我们也不反对向西方学习，客观地讲，抛开价值层面考虑问题，西方的大学毕竟比我们有更长的历史，比我们更有管理经验，但我们绝不能妄自尊大，他们一切好的东西都要拿来为我们所用。我们只是担心，若是仅以一个商人的眼界来建世界一流大学，"独营"科技教育这一"品牌"，那人文教育还有空间吗？那我们也很难建成世界一流大学了。

一流的人文教育是一流本科的主色

现在大家都在谈论办好一流的本科教育。把本科办好没有错,但是总的感觉是谈论科技教育的多,谈论人文教育的少;谈论科技教育的举措多,谈论人文教育的举措少。我以为,今天的一流本科需要加强科技教育,但更应加强人文教育,因为一流的人文教育是一流本科的主色。想要有一流的人文教育就必须上好思想政治理论课,因为思想政治理论课就是人文教育中的核心课程。

一、人文教育是大学的“根”

我们不能隔断历史来谈论问题。谈到大学的人文教育,自然要追溯大学的源头。从诞生于法国的巴黎大学和意大利的博洛尼亚大学算起,大学已有近千年的历史。大学开过多少门课?恐怕这是个“死结”。但是如果进行分类的话,我们可以把大学教育划分为人文教育和科技教育两大类。众所周知的是,大学是人文的产物,科技只是近代的事。因此许多有识之士在谈到大学教育时,首先强调的是大学的人文教育。所谓人文教育简单说来就是做人教育。

在大学的发展史上,约翰·纽曼的教育思想对西方大学的发展有着深刻的影响。在《大学的理念》一书中,他第一次系统地阐述了英国大学数百年的办学传统和他本人对大学理念和大学精神的理解。他认为,大学既是一个教学的场所,更是一个提供博雅教育、培养绅士的地方。德国教育家施普朗格认为:“教育的本质作用有三个:发展的养护、文化的传递、心灵的唤醒。真的教育绝非单纯的文化传递。教育之为教育,正在于它是活跃的、积极的人格心灵的‘唤醒’。这是教育的核心所在。”

美国当代著名教育家欧内斯特·博耶说:“教育的目的不仅是为学生的职业生涯做准备,而且要使他们过一种有尊严和有意义的生活;不仅是生成新的知识,而且要把知识用来为人类服务;不仅是学习和研究管理,而且要培养能增进社会公益的公民。”爱因斯坦说:“学校永远应该以此为目标,学生离开学校时应是一个和谐的人,而不是一个专家。”

蔡元培先生在中国大学教育的发展史上有着举足轻重的地位。他主张“大学是帮助被教育的人,给他能发展自己的能力,完成他的人格,于人类文化上能尽一分子的责任,不是把被教育的人造成一种特别的器具,给抱有他种目的的人去用”。他嘱咐他的学生们:“诸君须报定宗旨,为求学而来。法科者,非为做官;入商科者,非为致富。宗旨既定,自趋正轨……”抗日战争期间,浙江大学在西迁的途中,学生们围着竺可桢校长问了一个问题:“我们怎样才算读完了大学?”老校长语重心长地说:“乱世道德堕落,历史上均是,但大学犹如海上灯塔,吾人不能与此时降落道德准则,切记:异日逢有作弊机会是否能‘涅而不缁,磨而不磷’,此乃现代教育试金石也。”

中华人民共和国成立后,党和国家几代领导人都对大学的建设发展提出了明确要求。毛泽东同志指出,要使学生“德智体”全面发展;邓小平同志指出,要培养“四有”新人;江泽民同志指出,学生应当坚持“四个统一”;胡锦涛同志指出,青年学生“一定要大力弘扬爱国主义精神”;习近平总书记指出,每个时代都有每个时代的精神,每个时代都有每个时代的价值观……青年要从现在做起、从自己做起,使社会主义核心价值观成为自己的基本遵循,并身体力行大力将其推广到全社会去。大学一定要帮助学生系好人生的扣子。党和国家领导人的明确要求,无疑就是我们办好社会主义大学应遵循的方向。

纵观大学近千年的历史,无论时代怎样变迁,无论社会制度怎样变化,人文教育始终是大学文化不变的根。当今世界科技迅猛发展,大学教育充满了科技含量,但这并不意味着科技教育这个近代社会才登上大雅之堂的“晚辈”,由此就可以后来者居上取代大学的人文教育。科技无论怎样进步,那也是人的科技,说到底是要为人文服务的。正如爱因斯坦先生曾经说过的那样:科学只能回答世界是什么的问题,为什么的问题是在科学之外的。今天我国高等教育的规模已经达到了世界第一,它的意义在哪里?显然不是体现在数量上,而应体现在质量上。这就是要为中国梦的实现培养一批又一批的建设者和接班人。这就要求大学一定要"不忘初心",牢牢守住人文教育这个根。我们万万不可忘记:大学若是失去了人文教育,就能不称其为大学了。这样的大学就是"工厂",就是"培训中心",就是锻造"器物"的场所了。

二、一流的人文教育是一流本科的"魂"

墨西哥有则谚语:一群人走着,走着走着有个人站住了,别人问他:"为什么不走啦?"他说:"我突然发现我的灵魂没有带上。""灵魂"没有带上,行走还有意义吗?这就像我们要建设一流本科,它的科学内涵在哪里?如果我们没有带上本应带上的东西而一味地匆忙上路,会不会忘了我们是从哪里来的?会不会搞不清楚我们究竟应该往哪里去?

我们说一流的人文教育是一流本科的"魂"可以从两个方面来理解:一是人文教育可以为科技教育把握方向;二是人文教育可以为科技教育提供精神动力。

从前者来看,任何人的学习都是基于一定的目的的,都有明确的价值指向。问题是如果科技教育不以人文教育为基点,科技教育怎能找准前进的方向?这样的科技教育又有什么意义?这里我们不妨回想一下林森浩在法庭上最后陈述的几句话:"当我还在自由世界里的时候,我在思想上是无家可归的。没有价值观,没有原则,无所坚守,无所拒绝……要成为一个什么样的人,对我而言,是很不清晰的……同时,我也希望,千千万万的年轻人能从我身上吸取到教训,引以为鉴!"人之将死,其言也善。林森浩终于明白了毁灭他的正是对科技教育的盲目追崇、对人文教育的不屑一顾。现在我们都在替大学生的创业、就业着急。这也没有错。但是创业、就业仅仅是科技教育方面的事吗?为了买辆宝马车,为了捧上九千九百九十九朵镀金玫瑰跪在母校的操场向学妹求爱,这样的创业、就业实在不能恭维。从这样的视角来看,解决好一流的人文教育问题是建设好一流本科的应有之意。只有一流的人文教育解决好了,才有前提谈论建设好一流本科,行进在正确方向上的科技教育才会越给力、越好。

从后者来看,任何人的学习都需要精神力量的推动,一流的人文教育恰恰可以解决精神推动力的问题。马克思说:“在科学的入口处,正像在地狱的入口处一样,必须提出这样的要求:这里必须根绝一切犹豫,这里任何怯懦都无济于事。”怎样才能“根绝一切犹豫”、排除“任何怯懦”?科学教育本身解决不了这个问题,还得需要人文教育来帮忙。

我于1982年毕业做辅导员时带了80个学生,待他们毕业时有10个学生考上了研究生,而当时我所在的学校没有一个属于他们所学专业的硕士学位点。他们感谢专业教师教给了他们科学知识,但是他们更感谢我给了他们人文关怀,感谢我带给他们的那般“下地狱”的勇气。2013年7月,我辞去省委高校工委副书记、教育厅副厅长的职务来到大连海事大学做了一名辅导员。三年过去了,我用人文教育引领学生们成长,让他们时时处处感受到爱的教育,激励他们刻苦学习、发奋成才。许多学生表示将来一定做个对祖国有用的人。有位我家访过的学生还坚定地表示明年要到西藏工作,在那里实现他的人生价值。他在写给我的信中说:“三年,只是短短的三年,我能在老师的熏陶和谆谆教诲下走出小我,提高思想境界,植大木以立长天,处江湖以忧国民;能放下尘世繁华,能做个勇敢的人,心之所向,神之所往;能舍小我而成就众我,能有好男儿立志天地间,纵横四海、驰骋边疆的雄心壮志,都是老师爱的灌溉,学生无以为报。唯有传承这种爱,使之绵绵不绝,以光大之。”我带的年级中还有四个住在同一个寝室的女生,她们全部被保送上了研究生。这四个学生中有三个学生是生活困难生,而她们的家我都去过,另一个学生是党员。

大量的实例告诉我们,一个时刻把祖国、人民、父母、他人放在心上的人,每天叫醒他的一定是心中的梦想而不是闹钟!显然一流的本科不能离开这样的一些价值考量,进一步说,建设一流本科没有理由不以此作为价值的选择和追寻的方向。毋庸置疑,一流的本科必须充分地体现一流的人文主色,只有强大的人文教育熏陶下的一流本科才会凸显出科技教育的价值所在,才会固守住大学的文化之根。

三、为一流本科主色添彩

人是有思想的动物。行动的坚定和自觉来自思想的深刻性。今天的高等教育日益走进社会经济、政治、文化、科技的中心,担负的使命不断增多。我们必须以对党和人民的事业高度负责的态度办好高等教育。习近平总书记在与北京大学师生座谈时说:“世界上不会有第二个哈佛、牛津、斯坦福、麻省理工、剑桥，但会有第一个北大、清华、浙大、复旦、南大等中国著名学府。”这就是说，我们的高等教育必须从中国的实际出发，必须彰显中国特色。

我们必须建设好一流本科，只有一流本科的强大才能保证高等教育的强大。但是我们不能亦步亦趋，依样画葫芦，不加区别地照抄照搬人家的东西。我们的特色在哪里？一个重要的方面就体现在我们的人文教育上。我们要教育我们的学生用社会主义核心价值观武装头脑，努力做到道路自信、理论自信、制度自信、文化自信；我们要教育培养我们的学生有家国情怀，把个人的发展同祖国的命运结合起来；我们要教育培养我们的学生有世界眼光，为建立人类命运共同体做出我们的贡献。有了这样的出发点，我们才会自觉把科技教育与人文教育很好地统一起来，我们才会建设起强大的一流本科。

一流的人文教育需要一流的人文课程。学校教育的一个显著特点在于：教育主要是在课堂上完成的。而课堂教育是由课程组成的。这就告诉我们，要想体现人文教育主色，首先必须开设好人文教育方面的课程。从问题的视角来看，我们不得不承认的一个事实是，受急功近利思想的影响，一些人抓人文课程建设总没有像抓科学教育课程那么“来劲”，那么有“章法”。说得严重些，一些高校本来那点人文教育课程与科技教育课程就不成比例了，还要在“美其名曰”加强一流本科建设的“大帽子”下削减人文课程。更有甚者，武断地提出“思想政治理论课对建设一流本科有什么用？”的问题。思想政治理论课是什么？它是人文教育的核心课程，忽视了思想政治理论课，不仅我们的科技教育没有了意义，我们的人文教育也会失去了追寻的方向。上述问题的存在更是提醒我们，在我们大力加强一流本科建设的呐喊声中，一定不能弱化了建设好以思想政治理论课为核心的人文课程的声音。当然，一流的人文课程需要有一流的人文教师。眼下的一个突出问题是：人文教师队伍人员不足。以思想政治理论课和辅导员教师为例，也许我孤陋寡闻，按照教育部的要求，全国没有几所高校达到了规定的师生比。人都没有，谈何一流的人文？自然也就难能有一流的本科。

一流的人文教育需要一流的人文环境。学校无闲人，人人都育人；学校无闲时，时时都育人；学校无闲事，事事都育人；学校无闲处，处处都育人。人文教育还有这样一个特点：需要将课堂教育与课外教育相结合。我们都懂这样的道理:今天不爱校,明天难爱国。因此我们总是教育我们的学生要爱校如家。可是如果进校不如家,怎能爱校如家?有些就是我们教育者的问题,不要责怪我们的学生。一次我在一所大学的墙上看到这样一句话:“再见了,‘吃饭’大学。”我故意问来往的学生怎样理解这句话。这一问像捅了马蜂窝似的,学生们从食堂到宿舍,到图书馆,到活动场地,给学校罗列了无数条“罪状”。马克思从商品研究起得出了资本主义必然灭亡的规律。从人文的角度,我们建一流本科能不能从给学生提供既经济实惠又美味可口的饭菜研究起,从给学生提供既舒适又安全的寝室住宿研究起,从新生报到能喝上既解渴防暑又免费的绿豆水研究起……这些仅仅是钱的问题吗?这是心中有没有学生的问题。中华人民共和国成立初期,我国能在那么短的时间内,那么艰苦的环境中,科技水平根本被人看不起的条件下制造出导弹、原子弹,给了我们什么样的启示?知识是“学”出来的,不是“教”出来的。人文教育搞好了,就会激发学生无限的潜能!

我为什么要锻炼身体

我从小就是个听话的孩子。老师告诉我们要听毛主席的话,我就记住了毛主席说的“德智体”要全面发展。我打过乒乓球。四年级的时候成绩还不错,代表过学校参加了当时我们公社组织的乒乓球比赛(我小学的时候随父母在农村生活了三年多)。我老师还想把我送到县里集训,我不想走体育专业运动员的道路,就没有去,不然我可能就在体育界工作了。

在大学读书时,我也是按照德智体全面发展的目标要求自己。我选择了中长跑项目来锻炼身体。我个子矮小,其他项目都不适合我,想打乒乓球学校又没有条件。我认为我是一个比较有毅力的人。我每天早上都在学校操场跑上几千米,有时间的话还要跑上万米。寒暑假在家时,我也没有间断过锻炼。我还成了我们学校体育队的一名业余运动员。这时我想锻炼身体的根本目的是德智体全面发展,具体来讲有这么几点考虑:一是尽量少得病,避免病痛,也为家里减少负担;二是培养毅力;三是梦想将来哪怕是骑自行车也要看遍中国。那时我就想,中国这么大,我一定要看看。

留校工作后,我仍然坚持每天在操场跑步,冬季寒冷的时候,偌大的操场常常只有我一个人在奔跑。我创造了我们学校教工万米长跑比赛记录。这时我锻炼身体时想得最多的是:一是要为党多做工作,我在辽宁师范大学工作了 22 年,没有因为生病耽误一天工作;二是为学生做表率,让学生觉得我是一个有追求的人。我的一个毕业生来看我的时候带了一匹唐三彩马。他说我在大学给他们的印象就像这匹马一样奔腾不息。在我的带领下，我带的年级里有许多学生都养成了锻炼身体的习惯。

我到大连海事大学后，每天早上打网球。在我 58 岁的时候，我参加了学校组织的男子网球单打比赛，我获得了不分年龄组的冠军。我今年（2017 年）60 岁了，我现在之所以坚持锻炼身体，又多了以下两点原因：一是少给孩子添麻烦，孩子工作很忙，正是发展的时候，若是我身体不好，就要分他很多心。二是为了我的妻子。我工作了几十年，我爱人给了我大力的支持。军功章里有她的一半。我欠她的挺多。在剩下来的日子里，我想多陪陪她。我要走在她的后面，我要成为陪伴她终生的人。我以积极的心态锻炼身体。我讲课、做报告从来没有坐过，有时主持人怕我累着让我坐着讲。我说能站着的时候为什么要坐着呢？我在办公室办公，能站着我就不坐着。乘地铁，能走楼梯就不乘电梯。平日里只要得便了，我便伸伸腿、弯弯腰。我还有那么多的梦想呢，我要好好锻炼身体，让一个又一个梦想能够得以实现。

社会实践的目的是什么?

组织大学生参加社会实践活动,是高校对大学生进行思想政治教育、培养高质量人才的一个重要环节,也是上好思想政治理论课的一个途径。因此,总体上看,各高校对这项工作还是比较重视的,广大学生也都是积极地参加。通过参加社会实践使学生开阔了视野,加深了对社会的认识,提高了思想觉悟,从而更加健康成长。成绩应当充分地肯定,这是我们研究问题的起点。但是,如果从问题的角度,我们应当怎样看大学生的社会实践呢?这里,我想谈一下组织大学生参加社会实践目的的问题。

首先,从高校自身来看。毫无疑问,给织学生参加社会实践的目的是完成思想政治教育的任务,使学生增强时代的使命感、责任感,培养适应社会需要的高质量的人才。

这个目的实现得怎样?客观地说,我们的目的实现的程度与我们的愿望还是有一定的差距的。尽管思想政治教育视域和教学管理层面都强调要重视大学生的社会实践问题,然而,我们还没有将社会实践真正纳入教学环节,没有从培养高质量的人才必须从尊重人才成长规律,也可以说必须从尊重教育的规律出发来认识社会实践的地位和作用。因此,社会实践就无法纳进学校人才培养的“大盘子”中,就缺乏教学的制度设计。这就使社会实践成了思想政治教育部门“单打独斗”的事,成了一项“纯粹”的思想政治教育活动。既然社会实践是一项思想政治教育活动,就有了随意性,就可以这样组织,那样组织,甚至也可以不组织,也就是说,组不组织,怎样组织，完全取决于组织者的认识，取决于组织者想得到什么。例如，许多高校也是“积极”地开展社会实践活动，目的是什么呢？这里还是从问题的角度看，一些学校的社会实践活动就是为了评比的需要，也可以说是应景的需要。比如搞了一个重走长征路小分队，举行一下声势浩大的出征仪式，即便这些人都得到了实实在在的教育，那又怎样？教育是为了一切学生。绝大多数学生该睡觉的照样睡觉，该玩电脑的照样玩电脑，该“放羊”的照样“放羊”，这也太不成比例了，怎么能实现社会实践的目的呢？

再从学生自身来看。对学生来说，社会实践的目的也应当是明确的，就是让学生加深对课堂上所学理论的认识，以确立正确的价值观，刻苦学习，努力成才，报效祖国。还是从问题的角度看，我们的目的还没有完全达到实现的程度。有一次我在食堂门口看到几个学生在卖铅笔。我问他们这么做的目的是什么，他们说想通过这种方式募集资金，帮家庭困难的小学生买书包。我说，通过这种方式你们能得到什么？这几个学生相互看了看没有回答。我给他们一百元钱买了一支铅笔。我跟他们说：“大学生社会实践的根本目的不是帮别人，尽管你们可以力所能及地做些事情，但你们实践的根本目的是要帮自己。”大学生正处在人生观确立的关键时期，如何确立正确的价值观，系好人生的扣子，需要理论和实际统一起来，需要在实践中加深对真理的认识。为什么我们常说“雷锋叔叔 3 月来了，4 月走”？就是因为我们没有使大学生的社会实践变成他们成长的内在需要。你去帮助小学生买书包，你是否想到要好好学习，将来成为富翁，盖起广厦千万间，让天底下的“寒士”都住到你提供的房子里？你到医院照顾病人，你是否想到一定把自己的身体锻炼好，少给他人添麻烦，多为祖国做贡献？到了革命老区，你是否想到为了你的今天，多少革命先烈献出了生命，你有责任为中国梦的实现继往开来？学雷锋不等于做好事。要从本质上学雷锋，要懂得雷锋精神的当代价值。不然，你去做好事了，那些本应当作这些“好事”的人都哪去了？他们都去喝茶、聊天、打麻将了？通过这种社会实践大学生会得到什么呢？他们会在心里嘀咕：我们国家怎么这么落后呢？老百姓怎么这么穷呢？这些人怎么这么懒呢？深究下去，就有可能给学生的思想带来负面影响。有的学生对党和社会主义制度的不正确看法或许就是从这些所谓的“社会实践”中来的；有的学生不正确的职业态度的形成，恐怕就与他所参加的一次“社会实践”有关。

盲目的社会实践是没有意义的,甚至会适得其反。要想实现社会实践的真正目的,从学校来说,还需要加强正确的引导;从学生个人来看,还要提高正确的认识。现在更有些大学生参加社会实践的目的很功利:有的是为了入党,入党是为了择业时占有“先手”;有的是为了保研加分;有的是为获奖学金增加筹码。这些都与社会实践的目的不相一致,十分不可取。社会实践应当纳入思想政治理论课程当中,并且确实能够得以落实,起到育人的作用。

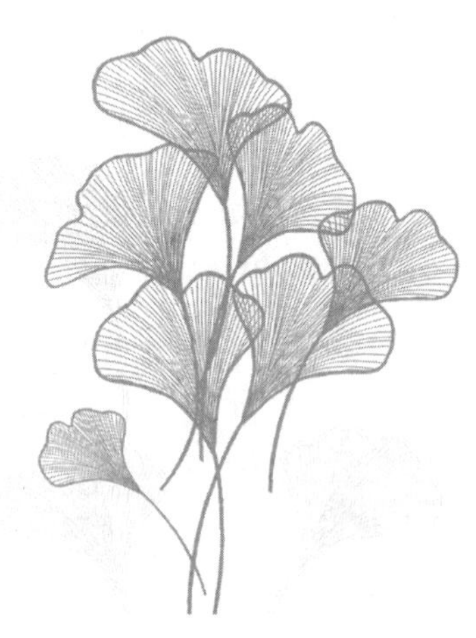

思想政治教育工作者要有坚定的政治信仰（一）

思想政治教育的主要对象就是朝气蓬勃的大学生群体。思想政治教育要干什么？从最本质的意义上，可以说就是帮助大学生确立马克思主义信仰，相信“两个必然”的结论。大学生怎样才能确立起这样的信仰？毫无疑问这是一个复杂的教育过程，而从教育者和被教育者的关系来看，在这一教育过程中，教育者起着主导的作用。这就要求思想政治教育工作者自身首先要有坚定的政治信仰。自己都不坚定，怎么能让别人坚定呢？

习近平总书记指出，“理想信念坚定，骨头就硬，没有理想信念，或理想信念不坚定，精神上就会‘缺钙’，就会得‘软骨病’”，“就可能导致政治上变质、经济上贪婪、道德上堕落、生活上腐化”“对马克思主义的信仰，对社会主义和共产主义的信念，是共产党人的政治灵魂，是共产党人经受住任何考验的精神支柱”。

在《共产党宣言》开篇中，马克思、恩格斯就斩钉截铁地指出：“现在是共产党人向全世界公开说明自己的观点、自己的目的、自己的意图并且拿党自己的宣言来反驳关于共产主义幽灵的神话的时候了。为了这个目的，各国共产党人集会于伦敦，拟订了如下的宣言，用英文、法文、德文、意大利文、弗拉芒文和丹麦文公布于世。”马克思一生不断受到迫害，他的一个孩子就因饥饿、疾病在他的怀里离世。马克思的身体不好，为了创立马克思主义，他因贫穷看不起医生，只好自己给自己割掉身上的脓包。马克思至于困窘到这个份上吗？马克思的妻子出身于贵族家庭，马克思妻子的哥哥是当时普鲁士政府的高官;马克思又有那么多的学识。马克思这不都是“自找”的吗?马克思只要放弃他的主义,为资本主义者说话,就可以马上得到富贵荣华。然而,如果真是那样的话,那还会有马克思主义吗?马克思就是马克思!马克思没有用他的学问去“评职称”,更没有绞尽脑汁地去想他的这些学问能得到什么样的“报酬”,马克思相信的是:“面对我们的骨灰,高尚的人们将洒下热泪。”

1927 年,那个军阀混战的年代,“铁肩担道义,妙手著文章”的马克思主义理论传播先驱、中国共产党的早期创始人李大钊同志被杀害了,那年他才 38 岁。

李大钊也是这样,往“左边”迈一步就是荣华富贵,往“右边”迈一步就是绞刑架。李大钊选择了后者。李大钊相信的是:“试看将来的寰球,必是赤旗的世界!”我两次在中国历史博物馆看过绞死李大钊的绞刑架,还去李大钊烈士陵园献上了一束鲜花。站在烈士墓前,作为一名党的思想政治教育工作者,我实在感到惭愧:“我们党的这些先驱,他们献出的是生命,而我们就是少睡点觉、多流点汗而已。”我在辞去高校工委副书记职务回到学校当辅导员、上思想政治理论课的时候,有的领导关心地说:“你的级别没有了,将来看病怎么办?”我说:“老百姓怎么看病,我就怎么看病。”李大钊 38 岁就被害了,我活得也够本了。

1920 年 8 月,《共产党宣言》第一个中文全译本终于在上海问世。由于印刷时间仓促,亦由于不敢大张旗鼓地印刷,结果封面的书名错印成了“共党产宣言”,这个错误在次月出版第二版时做了更正。中国共产党成立后,第一个秘密出版机构——人民出版社(李达负责)在上海成立,只能利用伪装的方式出版书籍(广州昌兴马路 26 号)。鲁迅先生说:“旧中国内忧外患,反动保守势力异常强大”,“即使搬动一张桌子,改装一个火炉,几乎也要流血。”更别说要宣传马克思主义了。但是,真正的共产党人并没有被吓倒。夏明翰留下了著名的《就义诗》,写道“砍头不要紧, 只要主义真。杀了夏明翰, 还有后来人。”方志敏留下了《可爱的中国》,他“毫不稀罕美丽的西餐大菜”。毛泽东写下了《星星之火,可以燎原》,他在谈到中国革命时指出:“它是站在海岸遥望海中已经看得见桅杆尖头了的一只航船,它是立于高山之巅远看东方,已见光芒四射喷薄欲出的一轮朝阳,它是躁动于母腹中的快要成熟了的一个婴儿。”马克思主义者多么伟大!马克思

171 年前就认为那时就是“时候”了。这需要多么深厚的理论底蕴，这需要多么坚定的政治信仰！今天我们怎么啦？邓小平同志说：“我坚信，世界上赞成马克思主义的人会多起来的，因为马克思主义是科学。”今天我们有了九十多万党员，今天我们站到了离中国梦实现最近的地方。今天我们宣传马克思主义还怕杀头吗？靠着思想政治理论课我们当上了教授，也可以说靠着马克思主义的饭碗我们衣食无忧。一些同志在刊物上发表宣传马克思主义的文章，总是要“嘱咐”来、“嘱咐”去的，就怕把名字署错了，因为写错了评职称就用不上了。还有的同志所表现出的“不给我科研经费，我就不搞科研”的状态，像是在和谁较劲似的。当年马克思主义者们可不是抱着这样的态度传播马克思主义的，有的还变卖了家产。当然今天与昨天相比有环境变化的问题，今天毕竟不是当初。从客观环境来说，一定要为思想政治教育创造良好的条件。不过话说回来了，思想政治教育工作者如果没有坚定的政治信仰，条件好了就会宣传马克思主义？未必吧。马克思主义的发展过程揭示了这样一个特点：马克思主义的传播从来都不是在一切条件都尽善尽美的环境中进行的。在过去，从事马克思主义传播需要冒着被杀头的危险；今天同样需要一种勇气、一种担当精神，一定意义上讲，也要有一种牺牲精神。思想政治教育这个学科从本质上看，就不是令人致富的学科。

思想政治教育工作者具有坚定的政治信仰十分重要，尤其是思想政治理论课教师，有了信仰，也就是真的相信马克思主义理论，讲课时才能理直气壮，才会自觉担当起宣传马克思主义的责任，即便环境再不如意，也会将让学生相信“两个必然”的结论并将其当成始终不渝的追求。

幸福是什么？

（一）

幸福是什么？这是一个最普通的问题；这是一个因人而异的问题；这是一个似乎没有标准答案的问题；这是一个只要活着就谈论不完的问题；恐怕这也是一个最难回答的问题。幸福到底是什么？今天是我60岁的生日，我想谈谈我的幸福观。我以为，最简单地说，幸福就是一种活着的态度，也可以说是一种心情。幸福与权力、金钱无关。

我在做厅领导的时候，有人会觉得我挺幸福，多少人想当厅领导没当上啊！每天上班专车接送，这多风光！"讲究"的人，会觉得挺幸福，车进了小区没有人看见还不上楼呢，"讲究"嘛。在我看来这又有什么！前些年还没有"八项规定"，我到学校调研、开会、检查工作等，学校常常张贴"热烈欢迎××领导到我校检查指导工作"这类标语。望着明晃晃地挂在那里的标语，真是刺眼，我确实看不惯，但是我左右不了；车开进学校的时候，如果正赶上下课，碰上保安素质再不高，他们会大声嚷着："闪开，闪开，领导来了。"我在车里坐着真是难受极了，我不想让师生在心里骂我："领导算老几？"今天一些官员走进了监狱，就是太把自己当回事了。他们忘了"水能载舟，亦能覆舟"的道理。我就想做个亲民的官、不扰民的官，留下好的口碑，这样多好！但是有人会以为你是在"装"，他们信奉"领导不敬，早晚是病"。所以，该"前呼后拥"还是要"前呼后拥"。我想，权力真的带不来幸福，能够“左右”自己的人应当是幸福的。我现在没有专车了，每天开着自己家的车上下班。方向盘在我的手里，我能“左右”它的行进速度、行进方向，也就是说我能“左右”我自己了，与那些有专车的人比，我的幸福指数真的比他们差吗？

我这个人酒量不行。我留校工作一段时间后，市委曾想把我从学校调到市里工作。我记得当时我谢绝的一个理由就是我不会喝酒。我在做学校党委副书记的时候，有一天，一位省领导还有几位厅局领导突然到了我们学校。我们学校领导在异地办班学习。因我在家值班，这样只好由我来宴请省领导一行。记得我用一杯“可乐”敬大家。领导走后，我们一个处长跟我说，有个厅领导说：“你们书记也够可以了，喝一杯能死啊！”这话若是说在我当面，我这个性格恐怕就会说道两句。喝一杯确实不能死，但是我压根就没有这个概念。我一直觉得，对领导的最好尊敬不是把领导“喝好”，而是把领导交代的工作干好。到教育厅工作后，应酬的机会比较多。为了建立联系，我就要参加一些宴请，有时还要主请。我喝过最多的一次酒就是为了“答谢”有关部门给辽宁省大学生思想政治教育工作设立了专项经费。说得多，也就两瓶多一点啤酒。我做报告、讲课是一点都不打怵，但是到酒桌上就“蔫了”。对我而言，喝酒的过程纯是个痛苦的过程。一点喝不出酒的醇香，再加上一顿酒席要消耗很长的时间，每次参加我就都会有一种歉疚感：这段时间能看多少书啊！所以，凡是请我吃饭，我有主动权的时候，我就找些理由尽快脱离酒桌这个环境。每遇宴请的时候我就想：能在家里静静地看点书是件多么幸福的事情啊！2005 年，我到一个学校调研工作。调研结束后，学校全体班子要请我到当地新开业的一个高档海鲜酒店吃饭。我“罢餐”了。我跟学校领导讲，把“省下”的钱拨给思政部教学使用吧，这也算我调研解决了一点问题。我现在吃饭也不讲究，常在学生食堂吃饭。不是说“时间就是金钱”吗？我总觉得在吃饭上花去太多的时间不值得。饿不死就读书是件幸福的事。

若是到殡仪馆与遗体告别，想到的应当是活着就是幸福；若是躺在床上的病人，想到的应当是能下地走动就是幸福；生在穷乡僻壤的人，想到的应当是生在繁华的城市里就是幸福；我患癌症在北京看病的时候，想到的是能在学生面前讲几句话就是幸福。1983 年，有一次我到学生家家访，在道边一个小店吃饭的时候坐在我对面的是位矿工，交谈中他知道了我是位教师。他那双眼睛,散发的是发自内心的、毫不掩饰的、由衷的羡慕目光。他说:“你多好啊!每天可以在阳光下工作。我们每天把脑袋别在腰带上下到矿里,能不能再上来见到妻子儿女都是未知数。”我常跟辅导员们说:“每天属于你的那缕阳光谁也剥夺不去,你不就是幸福的吗?”我跟我孩子说过的一句话:“人生要不断地向上努力,同时要常想那些不如你的人。”

有一次我乘出租车的时候和司机攀谈起来。当他听说我是教授的时候,先是奉承了几句,接着话锋一转,他说教授也没有出租车司机好:“你看看我们愿意停在哪里就停在哪里,愿意拉谁就拉谁,愿意喝茶就喝茶,愿意打牌就打牌。我告诉你吧,其实秦始皇建阿房宫与老农建茅房的欢乐是一样的。”一不一样呢?我补充了一句:“秦始皇没有老农欢乐。”“为什么呢?”“你看秦始皇住在阿房宫的时候要戒备森严,防止暗杀;老农使用茅房的时候就不用担心。他俩谁欢乐?”我在想,这个司机不会有太多的钱,但是他一定是一个比很多人都要幸福的人。此时我可以和这个司机无话不谈地聊着,我岂不也是一个很幸福的人。多少是多?“床”越大,个人越渺小。

很多人都只是把“知足常乐”挂在嘴上。我为什么愿意当辅导员,愿意上思想政治理论课?这其中既有我对这项工作意义的认识原因,也与我的心态有关。我们家祖辈上也没有个厅级干部,更没有教授、博导,全中国有这样身份的毕竟是极少数。“管”别人就幸福,被别人“管”就不幸福?我来到学校的时候学校领导开始不让我做辅导员,他们担心我太累了。我说不当辅导员,不上思想政治理论课,我下来干什么?我一定要完整地带一届学生,给学生上好思想政治理论课。就这样我当上了辅导员,上起了思想政治理论课。教师节大会的时候,我像新入职的员工一样上主席台,在众人的瞩目下从校长手里领取了任务书。我表示:“请校长放心,我一定完成学校交给我的任务。”那一刻,我的感觉很好。我感到能有机会被人“管着”的人是幸福的,不然你不就失业了、退休了、没有用了、老朽了吗?有的人当了科长想当处长,当了处长想当厅长,当了厅长想当……有的人当了讲师想当副教授,当了副教授想当教授,当了教授想当……他们记住的是“不想当将军的士兵不是好士兵”,可是一个士兵当得不怎么样却混上了将军的将军会是好将军吗?有一次我到八宝山革命公墓瞻仰那些英烈,有座墓碑上刻着下面这样一段话:

“我是谁？这不重要。我做过什么？也不重要。我的经历、我的职务、我的待遇等等，都不重要。人，就是人，光荣的人，神圣的人，即共产党人。”

读完后，我被深深地震撼了：生前这个共产党人的人生一定是幸福的；九泉之下的这个共产党人的灵魂一定是安息的！而此时的我，刚辞去厅领导职务当了一名辅导员，成了一名思想政治理论课教师，这段话在我的内心产生了强烈的共鸣。

（二）

幸福不能建立在别人痛苦的基础之上。给予别人幸福的人应当是幸福的。郭明义说：“把幸福给你！”郭明义整天忙着把幸福送给别人，因此，他每天都是幸福的。

有一次，我吃完饭从停车场离开的时候正下着大雨。到了出口，门卫把横杆给抬了起来。我摇下车窗递给了他50元钱。他赶忙说：“停车不收钱。”我说：“我知道不收钱，你这么辛苦，买点饮料喝吧。”他感动地说：“你真是个好人！”那一晚我睡得很香。我打的、买菜，多个一块、两块的从来不用找。我想这点钱我从哪里都能省出来。给了他人，或许就会为他们的一天增添些幸福感，他们就会觉得社会上还是好人多。我也会从他们那里得到一个又一个的“谢谢”。有时候，幸福就这么简单。我的学生过生日的时候，我都要给每个学生送上少则几百字、多则上千字的生日祝福，我祝福他们生日快乐、一生幸福！我的祝福学生们感受到了。当我过生日的时候，学生们也给我送来了满满的祝福。他们祝福我身体健康、万事如意！他们说我的幸福就是他们最大的快乐。幸福是可以相互感染、相互传递的。要想得到幸福，就必须“输出”幸福！就在我写这段话的时候，我带的刚毕业的两个学生代表他们年级学生给我送来了一束鲜花，他们说以前都是老师给我们过生日了，今天我们给老师过生日。花束里的卡片上写着：“鲜花曾记得您怎样走过，谨以鲜花纪念这美好的时刻。”

到底什么样的职业最幸福？我觉得社会上的职业千行万行，从事大学生思想政治教育工作应当是最幸福的一行之一。因为思想政治教育的对象是朝气蓬勃的大学生，他们代表着未来。他们是有思想、有情感的人。我的学生现在做什么的都有。当他们有了进步、有了发展的时候，他们会跟我说:“老师,学生有了点变化,感谢老师的培养。”有一次在建筑类高校做交流时我说过:“说心里话,我还真没有看好建筑专业。搞建筑的都在和‘死物’打交道,搞思想政治教育是在和人打交道。再好的建筑,建筑师来了和我来了都是一回事。它不会因为你是建筑师便向你‘点头哈腰’,那样的话建筑物不就倒掉了吗? 学生可不是这样。”有一次我从和田回大连。去的时候兴致勃勃,回来的时候天气炎热,我便无精打采。在机场候机的时候,我接到了我的一个学生发给我的短信。她说:‘老师,我到大连来看您,您不在。不是每一朵鲜花都代表爱情,玫瑰做到了;不是每一棵树都耐得住饥渴,柏杨做到了;不是每一个人都这么想你啊,老师! 我做到了。’我的精神头立马上来了,我想起了正是学生们朗朗的读书声和匆忙的脚步声奏响了我人生的乐章。前些天我和学生分别的时候,有个学生说:“有时候,觉得您像我的母亲,时时刻刻关心着我;有时候,又觉得您像我的父亲,为我指引方向。真的超级喜欢您,也因您是我的老师而骄傲! 真希望能成为像您一样的老师,时刻关心学生并为学生指明方向,希望未来的某一天,我的学生也会因我而骄傲。”

幸福到底是什么? 当这么多的学生送给你满满的感谢和祝福的时候,你不幸福还有谁幸福?! 这些发自肺腑的心声是权力换不来、金钱买不到的。真的是这样:只有真正理解了什么是幸福的人,才能得到真正的幸福! 我常想:做个思想政治理论课教师就应当是幸福的人!

思想政治教育工作者要有坚定的教育信仰（二）

所谓教育信仰指的是不要惧怕困难，发挥教育者的主观能动性，相信教育的价值一定能够实现，教育的目标一定能够达到。教育信仰也可以说是种精神力量，是从事教育活动的前提。教育者的教育信仰越坚定，在教育过程中才会越自觉。

今天的思想政治教育尤其需要这种教育信仰。且不说社会政治、经济、文化这样大的方面对学生带来的一些负面影响，单就教育自身的环境来看，来到大学的学子们的思想也比较复杂。我在给学生上思想政治理论课前，会让每个学生写下一个他们最关心的问题。从这些问题可以看出，他们对社会上的许多问题、对人生的一些看法都是错误的。这还是在我们不曾相识的情况下，通过书面形式了解到的，他们还是做了些保留的。接着我和他们每个学生当面谈话，他们在信任我之后，更敞开了心扉。这时我发现，他们的思想形成已经有一段时间了。他们不是一天到晚只是在学习课堂上的知识，他们的思想从来也没有停止过思考。有些学生的思想已经很偏激。他们为什么会有这些偏激的想法？刚才说了，社会上的负面影响不说，一些学生的错误想法受家长的影响很大，而有些错误的想法也可以说是学校给“装进”去的。有个学生说，他和老师之间就像买者和卖者之间的关系，我给他钱，他教我知识，感觉不到教育的那种爱，感受不到师生的那种情。人和人之间那种互相帮助的温馨荡然无存。虽然这种情况可能是个别的，但是它所折射出的是，今天的大学生走进大学校园的时候，教师不得不面对的，是一个需要教师下大气力，帮助他们改变原有的不正确的想法，确立正确的“三观”的群体。对此，有的思想政治教育工作者缺乏信心。他们认为现在的学生无法教育，“我们和学生之间有代沟”。有的同志才工作了几年同样也持有这种看法。

其实，这是一种缺乏教育信仰的表现。哪个学生来到大学的时候是扛着镐头来的，他要挖个沟和你不可逾越？应当说学生入学时都是带着美好、带着追求来的。他们把大学当成了梦开始的地方，他们像放飞希望一样放飞着梦想。只是有的教育工作者缺乏教育信仰，使教师和学生的关系越来越疏远，也就是如有的同志所说的代沟越来越宽、越来越深。教育的问题主要是教育者的问题，这个怨不着学生。现在放开二胎了。多少人在家哺育二宝，多少人正怀着二宝，又有多少人想怀上二宝？为什么父母不怕和二宝之间有代沟呢？这是因为父母相信他们会无时无刻不把孩子放在心上。为什么有的教师会与学生之间产生代沟呢？说到底，那是因为这些人对学生的事想少了。我在回学校做辅导员的时候，有的朋友也跟我说：“你别带学生了，现在的学生不好带，万一出了事怎么办呢？”我想了，若是我的学生出了事，我会这样说：“因为我是辅导员，这个学生坚持到了毕业，不然一入学就出事了。这就是我的成绩。”学生是很懂事的，他们心里都有一杆秤，你对他们怎样，他们就会对你怎样。这种教育信仰一定要有。所以，我在申请回校做辅导员的时候跟有关领导说：“就批准我吧！我现在的心情就像足球教练想下场去踢球。比赛正在激烈地进行，再不下去踢，比赛就结束了。我就不相信球踢不进对方的门。”

四年的“比赛”结束了。我“踢”进了多少个“球”？我不敢说我改变了我所有的学生，可我敢说我影响了我所有的学生。比如，我们年级的中队长×××，他若想在大连找个工作还不是很困难，我也可以通过我的“人脉”给他找一份不错的工作。但是去年10月份，他就与一家单位签约了。签约后他给我写了段微信，告诉我，从完成签约开始，直到今年同学离校，他一直在帮同学们做力所能及的事情。他算得上是最后离开学校的人。他说他要利用好这段时间为同学服务。

我们年级的一名党员要去西藏做一年的志愿者。在去西藏的途中，她给我发来了这段微信：曲导，我们已经踏上了去往拉萨的路。很感谢您一直以来对我的谆谆教诲和深深关切，您对我的每一句嘱托我都牢牢地记在心里。我们一行五人会相互扶持,相互照顾,请您放心!我会好好把握这一年的时光,去做好这件终生难忘的事情。您要注意身体。祝您一切安好!

对我的这场“比赛”,有位学生家长做了这样的点评:

尊敬的曲老师:您好!

经过海大四年的滋养,经过您的四年关爱,如今孩子们顺利毕业了!我以一名家长的身份,间接回顾孩子们的四年学习和生活,我在多个场合曾向朋友们介绍了您弃官从教、为人师表、扶危济困的感人事迹。您遍访世界高等学府,与国际同行交流学习,践行社会主义核心价值观,您是我见过的最有博爱情怀的教师。您不羡红花甘做绿叶,是广大教育工作者中的楷模。公共管理学院2013中队的百余学生,大学四年遇到了您,从您身上学到了许多课本上没有的知识,这必将是他们一生的宝贵财富。

影响思想政治教育的因素太多了,做好这项工作的难度确实很大。此时我想起了这样一则笑话:“妈,我不想上学校了。”“为什么呢?”“我既不是老师,也不是学生。”“孩子,不行啊,你是校长。”能因为难,我们就惧怕,就“不管”吗?我们再不管,还有谁会“管”?我们不是要“揽责”,我们的党性、我们的良知告诉我们:不能看着学生在我们的面前倒下。我们要帮助学生矫正他们错误的看法,系好人生的扣子。我相信我们不会白白地付出。我们的努力,一定会为学生的成长指明正确的道路。

你想成为哪一类老师呢?

怎样评价老师的好坏?从老师和学生的关系来看,老师的好坏只能在老师和学生的互动中产生。如果把老师和学生的关系看成是一种“交换”关系,也就是说老师是种“产品”,学生是使用“产品”的人,那么对于老师的好坏,学生这杆“秤”秤得最准。不管你的“产地”(留没留过学)是哪里,也不管你有什么样的“包装”(什么样的职称、职务),更不管你有怎样的“生产流程”(什么样的学历),从学生和你的交往关系就可以看出你是哪一类老师了。

A类:学生心目中永远怀念的老师;

B类:学生总想着给予物质和精神回报的老师;

C类:学生总想着各种理由来看望的老师;

D类:学生们总能想起的老师;

E类:一经提醒就能被学生想起来的老师;

F类:怎么提醒学生也想不起来的老师;

G类:学生不知道还在不在的老师;

H类:学生恨不得看“笑话”的老师。

当然,不管怎样,老师就像家长一样,做学生的应当感恩“家长”的培养。但是,正因为你是“家长”,你才应当像个“家长”的样。个别的家长得不到孩子的尊重,责任确实不在孩子的身上,而在家长的身上。有的老师和学生的关系也是如此。所以,你想成为一名好的老师,特别是一名优秀的思想政治理论课教师,就要把自己打造成最好的“产品”,给学生最“优质”的服务,要知道,学生这杆“秤”可是从不“缺斤短两”的。

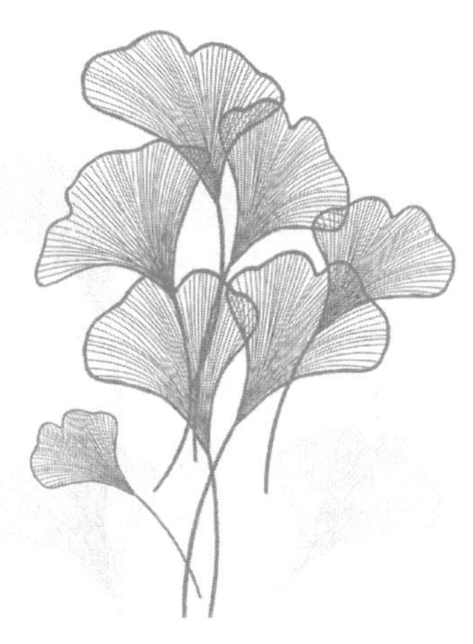

做个有爱心的人

我们学校有块石头上镌刻着一个“爱”字。有一年下大雪的时候我把它照了下来,发给了我的学生们。我写道:“小伙伴们！看到这块石头你们有什么样的感想呢？知道老师怎么想的吗？无论环境多恶劣,爱无处不在。爱是掩埋不住的。”什么叫天公作美？什么叫天人合一？美好的东西总是会留存下来的。教育是什么？教育就是一种爱,没有爱,就没有教育。爱自己的孩子是人,爱别人的孩子是“神”。当教育的过程中流淌着浓浓的爱意时,教育就成功了一大半。

有一次,我到香港考察,回来的时候我给我带的年级的每个学生买了一大块巧克力。因从目测距离上看,我住的酒店距离买巧克力的地方不远,我就没舍得打的。结果香港的路既起伏不平,又弯弯曲曲,加上天气炎热,对于我这样年龄的人来说,背着这样一大包巧克力走起来还是蛮吃力的。这时我在心里很感谢我平日里对锻炼身体的重视。我想这样也好,我把我背着巧克力上坡的情景拍下来,可以教育我的学生。我把这张照片发给了我的学生们。我说:

“小伙伴们好！

老师在香港的考察结束了。老师给你们每个人买了一大块巧克力,回去分给你们品尝。知道老师为什么把照片发给你们吗？老师不是为了作秀。老师连正厅级职务都辞去了,不会再作秀弄个科级啦。老师要告诉你们的是，你们永远在老师的心上。你们也要做一个把祖国、父母、同学、他人、老师时刻放在心上的人。心就那么大，腾出点地方装一装别人。人不能太自私了，人生那么漫长，自私的人怎么生活啊！”

有个学生说：

导儿好！

您今天刚回来吧？这几天考察了新加坡和中国香港那么多地方，我们也有幸一饱眼福了。听蓓蓓说巧克力中午带回寝室了，我还没来得及回宿舍。导儿每次出远门都想着我们，看您拎着袋子上坡的照片，真的很感动。导儿辛苦了！

还有个学生说：

老师我们爱您！我们一定听您的话，把心里装满爱！

另一个学生说：

谢谢曲导！

做您的学生真的觉得好暖、好幸福啊！真的不知道该如何报答您对我们的爱，真的好幸运能遇到您这么好的老师。我希望我以后也可以做一个像您一样温暖的人。

一名辅导员、思想政治理论课教师，能够将以理服人与以情感人结合起来，一定会使思想政治理论课取得更佳的效果。

当你躲不过去的时候就勇敢地面对

2004 年年底，省委决定将我从辽宁师范大学党委副书记岗位调到省委高校工委任副书记，主抓全省的大学生思想政治教育工作。2005 年 1 月，在 2004 年 8 月出台了“16 号文件”的基础上，国家又召开了加强和改进大学生思想政治教育工作会议。为了贯彻和落实国家有关文件和会议精神，省委决定召开辽宁省进一步加强和改进大学生思想政治教育工作会议，而我自然成了筹备会议的主要人员。

一天早上洗头的时候，我发现我的脑皮下长了一个花生粒大小的瘤子。因忙于工作，我就没顾得上它。瘤子长得很快，到 2005 年 5 月省里开完思想政治教育工作会的时候，瘤子已经长到鸽子蛋大小了。我们厅长几次提醒我到医院看看。但是我想，会虽然开完了，可是还需要督导检查。到了 9 月的时候，瘤子已经长到鸡蛋般大小，影响我夜里睡眠。这样，我便在国庆节前，在大连一家医院做了手术。化验的结果是恶性的，大家都瞒着我。在国庆节假期就要结束，我准备去上班的时候，我们厅长和办公室主任以商量工作的名义来到我家。我一下子就明白了：我的病一定很重，不然领导到我家商量什么工作。领导先是安慰我，接着建议我到其他医院再检查一下。我跟领导说：“没事，我能想开。谢谢大家的关心。”就这样，我打算到北京再检查一下。

可以说，从我知道我的病情到完全康复，我始终坦然地去面对。其间我只掉过几滴眼泪。那是在我要从家里下楼去北京的时候，我让我爱人，还有我的学生、朋友先下了楼。我环视了一下眼前熟悉的一切,在我转身关门要离开的时候,我掉泪了。“我还会回到这个家吗?”我在心里这样问自己。下了楼,我就若无其事地谈笑着往机场赶去。

令我感动的是,在我患病治疗期间,好多朋友、学生,还有领导都非常关心我的病情,有的放下了手头的工作陪我到北京看病,有的从几千公里外赶来看我。会诊的意见是一致的:属于恶性肿瘤。我在中国科学院肿瘤医院做的手术。开始医生建议我植皮、化疗、放疗,通常都是这么治的。我没有同意,我需要时间,我不能在医院“耗死”。在我的人生信念里,生命的意义不在于长短,而在于活得有价值。给我做手术的一个医生说,农民也没有我这样看病的。就这样,在刀口还没长好的情况下,我出院了。当时主管辽宁教育的副省长还打电话跟我说:“小曲,你不能只顾工作,把命都搭上了!”我当时真是想不了那么多了。我着急在这有限的时间里,多做些有意义的事。

我缠着绷带、戴着帽子,参加了全省大学生纪念“一二·九”大会。我在大会上讲了十分钟。当时的场面还是挺“悲壮”的,就像电影《英雄儿女》中王成牺牲前的一个镜头。所不同的是,王成手里握着的是爆破筒,我手里拿着的是麦克风。我跟辅导员们说,要努力工作,爱自己的学生,帮助大学生健康成长。我跟大学生们说,要珍惜时光,努力成才、报效祖国、孝敬父母。全场给了我雷鸣般的掌声。那段时间里,我只要在沈阳,每天晚上都要写上几千字,我要把我对辅导员工作的认识、体会写出来。我爱人心疼地说:“你不要命啦?”到了这个份上,我只好“一意孤行”了,我要和时间赛跑、和生命抗争。就这样,一部30万字的书稿很快就完成了。这部著作凝聚了我二十多年学生工作的心血,汇聚了我对学生浓浓的情意。在思想政治教育学科建立三十周年著作类评比中,我的这部专著《识读大学——一个老辅导员的心声》承蒙同仁们的厚爱,获得了一等奖。

在该书的序言中,我选择了这样两段话:一段是法国词典大师利特雷的话:

> 珍惜自己生命的人应该总是在积极地工作,就好像他会长久地活下去;同时他又应该总是争分夺秒地来安排他的时间,就好像不久他就要离开人世。

一段是马克思的话：

面对我们的骨灰，高尚的人们将洒下热泪。

十二年过去了。托大家的福，好人好命，我走了过来。特别是我还回学校完整地带了一届学生。这些可爱的孩子给了我许多的快乐，他们为我的晚年增添了绚丽的色彩。

当你躲不过去的时候，最重要的是要勇敢地面对，任何懦弱都毫无意义。我也常想有的思想政治理论课教师动不动就把“难”字挂在嘴上。我们到底有多难？恐怕我们难就难在面对困难的时候没有战胜困难的勇气！

“不器”实乃君子也

在内蒙古工业大学的校园里矗立着一块刻有“不器”二字的石头。大家都知道,这里实际指的是“君子不器”。

何谓“君子”呢?记得有一年参观广东省博物馆的时候,看到展馆墙上对“君子”有这样的解释:

君子者,权重者不媚之;势盛者不附之;倾城者不奉之;貌恶者不讳之;强者不畏之;弱者不欺之;从善者友之;好恶者弃之;长则尊之;幼则庇之;为民者安其居;为官者司其职;穷不失义;达不离道,此君子行事之准。

总之,君子者,应当是德才兼备,文质彬彬,有所为有所不为,穷则独善其身,达则兼济天下。这也是几千年来中国人追求的理想人格。

我结婚的时候,有个朋友要送我一件礼物。他的书法水平很高。我说我非常喜欢林则徐的“海纳百川,有容乃大;壁立千仞,无欲则刚”这副对联,让他写来送我。此联为清末政治家林则徐任两广总督时,在总督府衙题书的堂联。做人能够做到这样,实在不愧于“君子”之称谓了。现在我们有的知识分子,身上“君子”的味道淡了,“器物”的味道浓了,实乃愧对“君子不器”之古训也。思想政治理论课教师就应当成为真君子,“姓马”“言马”“信马”“行马”,知行合一,成为学生人生成长的价值引领者。

一杯水、一桶水、一缸水

这个道理大家都懂:没有一桶水,难以给人一杯水。现在假设一下,有了一桶水,是不是想得到一杯水的人就能得到这杯水呢?实践告诉我们,即便有了一桶水,想得到一杯水的人未必就能得到这杯水,这里的关键在于有了一桶水的这个人,是为了给别人一杯水才有了一桶水,还是想再有几桶水以装满一缸水。

这样一个比喻可以用在我们今天的理论课教学上,也可以用在日常思想政治教育上,更可以广而用之在整个教育上。

还没有一桶水的老师,自然应当赶紧把自己桶里的水盛满。有了一桶水的老师,应当怎样来想呢?毫无疑问首先就应当考虑尽快满足学生需要的这杯水。道理很简单,让老师有一桶水的目的是给学生一杯水,达不到这一点,也就失去了让老师拥有一桶水的意义。现在有的老师,想的不是让学生怎样尽快得到这杯水,而是怎样使自己能有一缸水,也就是怎样再“丰富”自己,以便能有这样的名、那样的名,成为这样的“家”、那样的“家”。当然有这样的追求也不是不可,前提是一定要先解决好一杯水的问题。不然的话,等你有了一缸水,哪怕是有了一湖水的时候,需要一杯水的学生早已经渴死了。真是这样,水再多又有什么价值呢?

现在有一种倾向应当值得注意,有的思想政治理论课教师过于追求学术的“高大上”了,一心想成为马克思主义理论家,却忽视了马克思主义理论教育的实际效果,没有在进心灵上下功夫。这种倾向应当改变。

思想政治教育工作者要敢于喊出“向我学习”的口号

榜样的力量是无穷的。这句话我们太熟悉不过了。用榜样的力量教育引领青年学生成长是思想政治教育工作者的一个普遍做法。“向雷锋同志学习”“向郭明义学习”,在榜样的感召下,一代又一代青年学子茁壮成长。

可是实事求是地看,榜样的力量还没有发挥到最大的程度,也就是说,这种榜样的力量对青年学子的教育引领作用与我们思想政治教育工作者的主观愿望还有一定的差距,尤其在当前的思想政治教育环境当中。问题出在哪儿呢?毫无疑问,今天的思想政治教育已经实现了“无缝连接”,各方面的因素都对思想政治教育的效果产生影响,都对榜样的力量产生“正向”或“负向”的推动,因此,不能一有了问题就铺天盖地地算到思想政治教育工作者的身上,这对他们不公平。应当说广大的思想政治教育工作者在思想政治教育的过程中还是发挥了很好的引领作用,这是一个基本点。但是如果从问题的角度来说,榜样的力量没有得到很好地发挥,也确实与有的思想政治教育工作者有关,他们的实际表现在自觉不自觉地、不同程度地弱化着榜样的力量。

就拿思想政治理论课教师来说吧。有的思想政治理论课教师还做不到“真懂”“真信”“真用”马克思主义理论。对于这些教师而言,学雷锋、学郭明义，那是教学的需要，是用来做案例的，是让学生来学的。如何判断一个教师做得怎样？当他（她）走进教室的时候，不用说自己信还是不信马克思主义，他的肢体语言已经告诉学生们，如果不是为了评职称，为了课时费，为了养家糊口，他才不会白白地浪费时间在这里“为人民服务”呢。大学生中有很多生活困难的学生，他们中有的人为学费、生活费犯愁，作为思想政治理论课老师，不是要管他们的学费、饭费，而是我们要力所能及地给予他们帮助。有些事不是做不到，而是我们不够用心。比如学生病了，你没有时间到医院看望，买点水果让辅导员代你看望一下还是可以的吧。雷锋、郭明义都是心中有他人的人。让学生学，首先你就要学。思想政治理论课教学效果的一个重要保证就是理论与实践要统一起来。仅仅是要学生统一吗？思想政治理论课教师首先就应当将理论和实践统一起来，我们本身就应当是马克思主义的践行者。还有的理论课老师，为了评职称互相告状、捏造事实，更有甚者还打了起来。这在学生中都有广泛的议论，这样的老师在课堂上讲起学雷锋、学郭明义，讲什么是集体主义，效果怎么能不打折扣呢？有一次课间我问一个学生，老师讲的你信吗？“信啊！”“为什么信呢？”“我信您啊！”学生的回答使我更坚信这样的道理：“其身正，不令而行；其身不正，虽令不从。”道理就在这里。

把手机当成思想政治教育最便捷的工具

手机既不是用来打发无聊的时间的,也不是用来“晒”吃的、“晒”玩的的,这样会浪费掉许多宝贵的时光,实在是可惜。教师应当把手机当成思想政治教育最便捷的工具。我们常说思想政治教育要力争在第一时间发现问题、第一时间解决问题,手机还真有这个“功能”,真可以帮助我们做到这一点。

我每天都要拿出时间到班级的群里“巡视”一下,看看有没有新情况。有一天,有个学生转发了一条西方评价中国当代社会问题的文章,我觉得这篇文章的思想观点、感情立场不对,我马上给这个学生发了一条信息:

××你好!

刚才在群里看了你转发的一篇文章。这篇文章的思想倾向不对头。当前意识形态领域斗争十分尖锐,西方国家总是要千方百计地影响我们,对此我们必须保持高度的警惕,不然思想就容易被搞乱。你还年轻,不知道思想混乱有多么可怕。果真那样,我们所取得的一切成果都会葬送掉。随着中国的崛起,西方社会一定会对我们更加不择手段,我们这样的大国怎么能听凭西方的摆布呢?他们越是赞同的,我们越是要有所防范,越要多问几个为什么。这篇文章你能删掉吗?听老师的,马上删掉。

这个学生回复说:“嗯。明白了。”

这篇文章马上被删掉了。

思想政治教育一定要“春风化雨”“润物无声”。这样,一些不好的思想苗头才能化解在萌芽之中。不然等到它长得“根粗”“叶壮”了,再想从根上铲除掉,就要“破土”“动众”了,效果还不一定好。

我在上思想政治理论课前,首先要认真地翻阅他们的登记表。有个学生登记表上的名字模糊不清,我立即给她发了一条短信:

××你好!

在忙什么呢?我正在看你填写的入学登记表。你的名字写得不清楚,若不是知道你叫什么名字,真看不出你写的是什么。

你们这代人生长在网络时代,加上各种考试需要书写速度,这使得你们忽视了文字的书写技能。我在辽宁师范大学工作时,有个单位要招聘一个员工。从学校推荐的情况看,这个用人单位比较满意,想录用学校推荐的这个学生(20世纪80年代还实行计划分配)。但看了这个学生的档案后,人家决定不录用了。因为用人单位觉得这个学生不认真,自己的名字都写得乱七八糟。虽然这事有点绝对,但从事物的普遍联系来看,还是有一定道理的。

你们都感觉到了今天社会竞争的激烈程度,激烈在哪里呢?有些需要惊天动地的较量,有些则在细微之处,正所谓细节决定成败嘛。要养成认真的习惯,举一反三,能做得更好的事情一定把它做得更好!这不需要多付出些什么,关键要有好的态度!

适应北方的天气吗?注意调整!

祝好!

这个学生看到短信后,立即回复说:

谢谢曲老师!

真没想到您这么认真。我记住了,以后无论做什么我都一定认真地去做。谢谢曲导!

毕业前夕回忆起刚来大学时的情景,这个学生还谈到我对她的影响。

她说感谢我四年里对她的关心和帮助。在我出差的时候,她还几次给我发天气的情况,让我留意天气的变化。

20世纪50年代,毛泽东同志在莫斯科接见中国留学生的时候,就谈到"认真"二字。他说:"世界上怕就怕'认真'二字,共产党就最讲'认真'。"现在有些大学生在工作岗位上为什么那么浮躁?这就与没养成认真做事的态度有关。没有认真的工作态度,就不能脚踏实地,就会整天"想当然""差不多""拍脑门",这能做成什么大事呢?这不包括我们思想政治教育工作者吗?广而言之,这包括一切正在做事的人们。

凡事贵在精神

毛泽东同志在《纪念白求恩》一文中说:“一个人能力有大小,但只要有这点精神,就是一个高尚的人,一个纯粹的人,一个有道德的人,一个脱离了低级趣味的人,一个有益于人民的人。”什么精神?就是全心全意为人民服务的精神。只要有了这种精神,就会心中有他人,也会力所能及地关心和帮助他人。

自北大患渐冻症女博士娄滔的事迹被媒体报道以来,我的心里就很不好受。一个既有着美貌、才学,又有着美好心灵的人,就这样患上了不治之症。但是难能可贵的是,在患病期间,虽然娄滔的生命随时可能终结,虽然她始终在疾病的折磨中,但是她想的却不是“一去了之”,而是能为他人做点什么。她留下的遗嘱是:“凡可以挽救他人的器官,尽可以拿走。”其实,凡事贵在精神。每个人只要有这种精神,都可以为他人做有益的事情。在贵州遵义有个“爱心豆花面”馆,该面馆老板自2015年10月开始,免费向附近环卫工人、残疾人士、现役军人等提供早餐,至今已送出一万余碗。老板孙文志表示“会一直送下去”。挣多少是多啊!有了这种精神就不会在“挣多少”上算计了,就会尽量地关心和帮助他人。还有这样一条新闻:江西一初中生朱宇俊跳入河中,成功救起2名落水儿童,在得知被救的一个孩子家庭困难后,又把收到的万元奖金送给他。这体现了奉献精神,都不用细究,这与朱宇俊家有没有钱无关。

思想政治理论课教师必须懂得这样的道理:科学的理论要想让学生接

受，我们就应当努力成为这种理论的积极践行者。在全国高校宣传思想工作会议上，在谈到对广大师生进行社会主义核心价值观教育时，习近平总书记在要求广大教师积极成为社会主义核心价值观的宣传者的同时，又要求广大教师一定成为社会主义核心价值观的积极践行者。这就是使理论和实际结合起来，这样学生才会心服口服，我们的教育才有力量。我在做高校党委副书记的时候，有一天，有个生活困难的学生找我谈缓缴学费的事。我顺手把我得的200多元稿费给了她。这个学生的母亲含泪给我写了一封信，告诉我这个学生把我给她的钱夹在书页中，以此激励她刻苦学习，将来要成为一个对社会有用的人。我在大连海事大学做辅导员的时候，也是力所能及地帮助一些学生解决生活上的困难。学生们会把我的行动和我对他们的“说教”联系起来。他们觉得我就是一个积极践行社会主义核心价值观的人，因此我在他们的心中占有一席之地，我说的话他们就愿意听。好多学生在毕业留给我的感言中都表达了这样的心愿：将来要做一个关心社会、关心他人的人，因为老师就是一个这样的人。

天冷了，用过的衣服也可以拿来给学生用；学生病了，给学生买点水果什么的是不会影响生活质量的。很多事做起来并不难，贵在确实要有做这些事的精神。

死得其所

毛泽东在《为人民服务》一文中说过这样一段话:“人总是要死的,但死的意义有不同。中国古时候有个叫作司马迁的文学家说过:‘人固有一死,或重于泰山,或轻于鸿毛。’为人民利益而死,就比泰山还重;替法西斯卖力,替剥削人民和压迫人民的人去死,就比鸿毛还轻。张思德同志是为人民利益而死的,他的死是比泰山还要重的。”

我前天在上海参加了教育部“加强新时代高校思想政治理论课建设现场推进会”,会议组织与会代表分组到上海部分高校实地观摩思想政治理论课教学情况,我到上海交通大学、上海中医药大学观摩了三堂课。在上海中医药大学观摩的是医学专业学生所学的人体解剖课。

这堂课的特点是通过专业课展示思政课程的内容。授课老师介绍了一些遗体捐献者的故事。有的遗体捐献者为了使自己的遗体有最大的研究价值,在生命的晚期,忍受着巨大的病痛,拒用止痛药;有个遗体捐献者说,他捐献遗体就是为了让学生们现在在他的身上哪怕划错千刀万刀,也绝不能将来在病人身上划错一刀。有个学生在了解了这些遗体捐献者的故事后,写下了这样一句感言:“我不知道你是谁,但我知道你为了谁,你让我们知道我们以后要为了谁。”

所谓“死得其所”,死得要有价值、要有意义,不就是要懂得活着是为了谁吗?为了谁?军人为了家国,医生为了病人,老师为了学生,而这一切不都是为了人民吗?前述的遗体捐献者们,虽然可能活得平凡,但是他们死得伟大,为了人民他们献出了他们的所有。这些遗体捐献者的精神对我们活着的人来说自然是一种洗礼。人就一生,死不再来。那些遗体捐献者们死了都想着为了人民,我们活着的人岂不更应该好好想想我们活着到底为了谁吗?

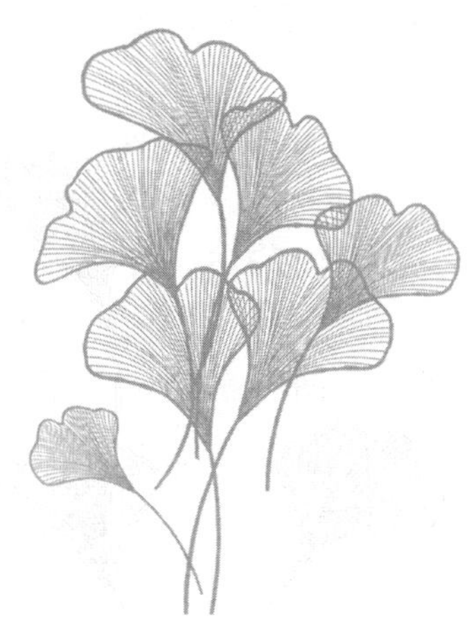

不要忘了我们是人民教师

有人会说这是在“唱高调”，其实不是。我常跟学生讲这样一句话：“我所说的每一句话未必是对的，但是我敢保证我所说的每一句话都是饱含真情的。”跟大家交流，我同样怀有这样的情感。

为什么想到这个问题了呢？前几天中共中央国务院颁发了《关于全面深化新时代教师队伍建设改革的意见》（以下简称《意见》）。这种高规格的专门强调加强教师队伍建设的意见在我们国家还是第一次，这是我国教育史上具有里程碑意义的纲领性文件，是新时代教师队伍建设的行动指南。该《意见》提出，到2035年，教师综合素质、专业化水平和创新能力大幅提升，尊师重教蔚然成风，广大教师在岗位上有幸福感、事业上有成就感、社会上有荣誉感，教师成为让人羡慕的职业。这充分反映了党和国家对教师的重视和关爱。为此，有的同志欢欣鼓舞，认为教师的春天来了。

无须赘述，教育的地位在我们国家的建设发展中怎样强调都不为过，因此建设好教师队伍实在是大有必要。那么怎样才能建设一支高素质的教师队伍呢？我认为，首先一定要保证主客观条件的一致性。从客观来说，国家的政策有利是必需的条件，这是导引、激励和方向。但是仅仅靠着优厚的有利条件就能建设起综合素质强，特别是品德高尚的教师队伍吗？恐怕还不是这么简单。外因只是变化的条件，内因才是变化的决定性因素，外因通过内因而起作用。如果一个老师认为只有具备了能够满足他的物质待遇的客观条件，他才会好好教书育人，那给他怎样的物质条件他才会满足、才能好好地教书育人呢？当然对教师在物质待遇上提出的要求也是可以理解的。从某种角度来看,广大教师所从事的教育工作,不仅是事业,也是一种职业。职业,本就具有满足生活需求的功能。教师也要养家糊口,给予他们必需的符合工作价值的物质待遇也是应当的,这既是对他们劳动的尊重,也是他们不断满足生活新期待所必需的。

特别在当今仍有一些地区,教师的待遇还没有得到有效保障的情况下,就更需要强有力的外部条件(政策)来保证教师的待遇得以实现,不然教师就会缺乏幸福感、成就感、荣誉感,教师职业就不会让人羡慕,就会出现没人干,干了也是不情愿,也没动力好好干的情况。

实事求是地说,一些教师的教书育人状况不佳,与没有获得应当获得的物质待遇有关。不过这不是根本的,事实上师德如何与物质待遇并不相干。古今中外多少师德高尚的教师都出自寒门,并且用一贫如洗来形容他们中有的人的经济状况一点都不为过。为了学生,他们倾其所有。他们以"择天下英才而育之"为终身追求,至于个人的物质待遇他们从不放在首位。再对比一下一些师德欠佳的教师,他们是因为物质条件差才这样吗?看看某些给中小学生补课的教师,他们本已是高收入群体了,现在他们是不是应当帮帮那些困难学生啦?可是丰厚的物质条件并没有保证他们具有崇高的师德,有的反而为富不仁,只管收取高额的补课费,根本不顾学生父母的承受能力。大学里也是如此。有的教师已经名利双收了,家庭生活条件优越,可是他们所表现出的师德并不令学生们满意。师德是修养,靠内在的修炼,与主观上是否有这样的追求相关,与是否牢牢记住了自己是人民的教师相关。

作为教师,特别是思想政治理论课教师,幸福感、荣誉感、自豪感的获得不能靠丰厚的物质待遇,一定要通过为人民服务而获得。而学生就是我们的人民,岂有和学生讨价还价的道理。习近平要求广大教师要成为"四好老师",它的核心就是要把学生放在心上。有个警察说,他爸爸告诉他世界上只有中国警察叫"人民警察"。他记住了,他要全心全意为人民服务。不用考察,把老师叫"人民教师"的国家也没有几个。我们是人民教师,我们就应当不忘初心,担当使命,为办好让人民满意的教育尽心尽力。我们真是什么时候也不能做忘了人民、对不起人民的事。培养崇高的师德不需要等,现在就可以做。重要的是无论客观环境如何,我们主观上都必须主动、自觉。

真理的光辉永放光芒——纪念《共产党宣言》发表170周年

我也算是一名老共产党员了。我于1982年大学毕业前夕加入了中国共产党。我为什么要加入中国共产党？我认为马克思、恩格斯所著的《共产党宣言》中的思想是科学的，闪耀着真理的光芒。

我在大学学的是政治教育专业，《共产党宣言》(后简称《宣言》)是必读书。在马列著作中，这本书是我读得遍数最多的。记得那时早上我常常跑完步就在操场边上背诵《宣言》，许多章节都能背下来，其他同学都在背外语单词。对《宣言》我有着深深的政治情感，它所阐释的科学思想是我人生政治追求的理论基础，《宣言》所揭示的社会发展基本规律，是人类追寻的正确方向。

辩证唯物主义是马克思主义的基本内容。《宣言》并没有对资本主义"一棍子"打死。在马克思、恩格斯看来，人类社会由原始社会进入封建社会，再由封建社会进入资本主义社会，就是这样螺旋式地上升的。资本主义对人类社会的发展是有贡献的。《宣言》中有这样一句话："资产阶级在历史上曾经起过非常革命的作用。"

马克思、恩格斯所反对或者说对资本主义否定的是这种制度解决不了社会所有成员的幸福问题。马克思、恩格斯一生所追求的是创立一种使每个人都得到自由发展的社会制度。(难能可贵的是马克思在十七岁的时候就有了这样的思想。我常常想，一个十七岁的未成年人，在184多年前就能产生这样的思想,这需要多么崇高的人类情怀!)马克思为什么在进入新的千年的时候能够被评为上个千年以来最伟大的思想家?不正是因为他所创立的科学社会主义思想日益深入人心吗?马克思、恩格斯没有说错,资本主义是一定会灭亡的,这是不可改变的规律,只是我看不到,你们也未必能看到。

现在资本主义社会不是比我们好多了吗?一些崇洋的人往往以此来否定中国特色社会主义。这里的时间节点很重要,你说的是现在,我说的是将来。现在我们还处在社会主义的初级阶段,西方发达国家处在资本主义的高级阶段,如果用人的一生来比较的话,我们还在即将成人阶段,西方发达的资本主义国家已经快进入人的老年阶段,也就是人的一生的最后阶段。未来一定是属于年轻人的。

由于社会制度自身的缺点,资本主义社会的两极分化会越来越严重。因为这是符合西方政党的政治理念的,这种社会现实是"允许的",受"法律保护的"。马克思、恩格斯创立无产阶级政党的目的是解放全人类。正因为如此,中国共产党人把全心全意为人民服务作为奋斗宗旨。我们也有腐败,但是这是我们的社会制度、社会治理理念所不允许的。资本主义国家的生活水平有提高,但是这种"提高"不是其政党制度、国家治理的出发点。恩格斯曾经打过这样一个比方,资本家有一头猪的时候,会给工人一只猪腿,资本家如果有一圈猪的话,会给工人一头猪。实现利润的最大化是资本的最根本属性。为了发展,资本主义社会不可能使劳动者永远处在"原始积累"的状态下,随着生产力的提高,资本主义社会也必须被动地保证劳动力生活水平的提高。看看今天的美国,人均 GDP 已经达到了 6 万美元,老百姓不也就是这样的生活水平吗?我国人均 GDP 还不到 1 万美元,我们就解决了多少西方社会解决不了的问题。试想一下,如果我们和美国的人均 GDP 互换,美国会是什么样子,我们又会是什么样子呢?这就是我们的政党优势、制度优势,就是马克思、恩格斯所说的资本主义必然灭亡的内在根据。

一定会好起来的。无产者在斗争中失去的只是锁链,他们将获得整个世界。我真佩服马克思、恩格斯的政治视野和革命胆识。马克思生于 1818 年 5 月 5 日,创作《宣言》的时候,马克思刚好三十岁。古人云:三十而立。马克思正是在三十岁时创立了他的学说,《宣言》是他全部思想的集中概括。为了创立他的学说，马克思拿他的命做“赌注”，更因此而陷入了贫困、受迫害的悲惨境地。但是马克思并没有被这些所吓倒，从另一个角度讲，这种状况正是他选择的、他所喜欢的。也就是说，他选择不了他怎样生，他却完全可以选择怎样死。不然他若是像我们今天有的人为了权力、职称而朝思暮想的话，马克思凭着他那如此渊博的学识，谋个官职、评个“特级教授”应当不在话下，由此他也就可以得到荣华富贵了。这就是差别，一些人想得到的正是马克思、恩格斯他们想舍弃的。“遗憾”的是马克思没有用他们的学说评职称，他们想的是怎样为劳动者说话。一种学说是否伟大、是否科学、是否有学问，其实检验的标准很简单，就是看其在为谁说话。为自己说话，即便把它描绘得天花乱坠，那也只能是哗众取宠，昙花一现；只有为别人说话，为绝大多数人说话，这样的学问才能征服天下，《宣言》的力量也就在这里。所以马克思说：“面对我们的骨灰，高尚的人们将洒下热泪。”《宣言》发表的时候，到处都是资本家的声音。《宣言》被看成异端邪说，资本家们像一群疯狗一样扑向马克思，他们要置马克思于死地。虽然环境如此恶劣，且听马克思、恩格斯在《宣言》里怎样说：“现在是共产党向全世界公开说明自己的观点、自己的目的、自己的意图并且拿党自己的宣言来反驳关于共产主义幽灵的神话的时候了。”这就是伟人的与众不同处。今天我们已经是世界第二大经济体，中国共产党党员已超过九千多万，而有些同志却动摇了为共产主义奋斗的理想信念，抱怨起眼下的环境来。东欧是剧变了，苏联是解体了，这又能怎么样？这只能说明共产主义的实现需要漫长的过程，其中充满着曲折和艰辛。《宣言》中有这样一句话：不管最近25年来的情况发生了多大的变化，这个《宣言》中所阐述的一般原理整个说来直到现在还是完全正确的。这里可以借用这样的说法，不管《宣言》发表170多年以来世界发生了怎样的变化，《宣言》所阐述的基本原理并没有过时。只是越是在遇到挑战的情况下，越需要我们后来人坚定地把《宣言》的思想传承下去。

其实我们真不应当抱怨环境。《宣言》刚传播到中国的时候中国是什么样的环境啊？那时传播《宣言》的思想是要冒着被杀头的危险的。《宣言》第一版在中国出版的时候书名印成了“共党产宣言”。为什么印错了呢？因为不敢公开印刷啊！慌张中出的错。那时一些宣传马克思主义的人被逮捕、杀头，这才叫环境恶劣呢！可是这又能向谁抱怨呢？

共产党人坚信的就是“砍头不要紧,只要主义真”。今天,中国共产党成了执政党,马克思主义成了我们党的指导思想,被确立为我们社会的主流意识形态,宣传《宣言》的思想成了专门的职业。就拿高等院校来说,专门成立了马克思主义学院,开设了“马克思主义理论课”,一大批从事马克思主义理论教育的教师公开发表了大量宣传《宣言》思想的文章,出版了大批宣传《宣言》思想的著作,这些文章、著作的作者姓名和联络方式都准确无误地印刷在这些出版物上,并且每个作者都希望自己的研究、宣传能被更多的人所了解、所认同。宣传《宣言》思想的人再也不用像马克思所在的时代那样面临被迫害的危险,也不用像在白色恐怖年代那样担惊受怕了。靠宣传《宣言》中的思想,一些人岂止是解决了谋生的问题,有的更是发家致富了。

真理的光辉永放光芒。170 多年后的今天,《宣言》中的思想在中国开花结果。中国特色社会主义是《宣言》中国化最伟大的实践,习近平新时代中国特色社会主义思想与《宣言》中的思想一脉相承。中国的影响力就是社会主义的影响力,在某种程度上也可以说就是《宣言》的影响力。

今日之中国在国际事务中的影响力越来越大,这背后折射出的是中国特色社会主义日益增强的强大生命力。我们完全有理由相信,在以习近平同志为核心的党中央领导下,《宣言》中的思想必将牢牢地扎根中国这片沃土,中国故事、中国声音、中国模式必将以其更大的影响力,吸引世界的目光聚焦到东方中国这头已经醒来的狮子身上。

中国,“风景这边独好”。

别累着了

“别累着了。”一些朋友常常这样来劝我。我感谢朋友们的关心。我懂得这个道理：累着了，身体就容易透支，容易吃不消，最后未老先衰，出师未捷身先死。人确实不要累着了。

可是，每个人对累的理解不一样。在我看来，累，有体力上的，有精神上的，也就是心态上的。体力上的累，注意一下休息，很快就会缓解；精神上的累，恐怕是真累，很难缓解。所以，人，一定不能累着精神，精神累了，身体本不累，也会跟着累；精神不累，身体即便很累，这种累也可能被精神所战胜，并不感到太累。

从体能的消耗上看，我可能确实是一个很累的人。就从大学说起吧，那时我每天都要早晨到操场跑步，而且一跑就是几千米，甚至上万米。每天中午也不睡午觉，到现在也是如此。每天除了完成老师布置的学习任务外，还要安排自己读课外书。记得为了了解人是怎么来的，我到图书馆找到了多个版本的书来读。还有《马克思恩格斯选集》1～4卷、《列宁选集》1～4卷、《毛泽东选集》1～4卷我都认真地读过，其中有些篇章读过多遍。我还经常早上跑完步后在操场边上背诵经典著作部分章节。那时没有现在这么便利的学习条件，很多学习资料都要手抄下来，再有的是从报纸上剪裁下来粘贴到卡片上，我足足粘贴了几千张这样的卡片，学习起来就方便多了。参加工作后我也是只争朝夕地工作。我把法国词典大家利特雷的一句话写在一本工作手册的扉页上：

珍惜自己生命的人，总是在积极地工作，好像他会长久地活下去；同时，他又在争分夺秒地安排他的时间，好像他不久就要离开人世。以此来警醒自己。

我有些爱好，像下棋、打牌，我都比较擅长，我还喜欢集邮，但是这些都要给我的学习、工作让路，我尽量克制自己的“玩瘾”。我在辽宁师范大学工作期间，假期还玩玩；在教育厅工作期间，我很少打牌、下棋；到大连海事大学后，基本就绝了“玩瘾”。我每天都在忙碌着，可以说是起早贪黑。四年里，我仅和学生的微信交流就有 200 万字。现在回想起来，真是不可思议。

我是博士生导师，也带硕士生，还要上思想政治理论课，还是辅导员，又有讲学和外出开会的安排，每天都在连轴转。从上大学到现在，整整四十年了，我就这样不停歇地过来了。不累吗？说实话，我还真没觉得怎么累。我常想，有什么呢？昨天能过去，今天就能过去，明天照样过去。心态很重要。我每天乐此不疲，做着我愿意做的事。我渴望黎明的来临，渴望每天新的开始，渴望见到可爱的学生们。只要心不累，身体上的累就很容易缓解。有些人为什么总感觉累，一个重要的原因是累在心上，精神不快活，想得太多、太复杂，甚至好高骛远，这就会导致休息不好、睡不着觉，自然要累了。

再说了，从某种程度来看，人生也是累的过程，什么都舒舒服服，能做成什么事呢？好多事并非难到那个份上，而是我们没累到那个份上。我常想，一些残疾人做成了我们健全人做不成的事，不就是因为我们没有他们累吗？他们做成的一些事恐怕我们健全人累到他们哪怕不到一半的程度就很容易做成。谈到累，这里我特别想跟大学生们说几句，你们千万不能只想享受，却怕吃苦受累，没有累的积累，哪有甜的源泉？不累，能做成什么事呢？天下没有坐享其成的美事。

谈谈思想政治教育工作者的慎独、慎初、慎微、慎欲

（一）

2018年3月，习近平在全国第十三届全国人民代表大会第一次会议重庆代表团座谈会上提出，领导干部一定要做到慎独、慎初、慎微、慎欲，这对高校思想政治教育工作者也有很重要的教育意义。作为一名老思想政治教育工作者，我谈谈我的体会和认识。

慎独，就是自己管好自己。作为一名教育别人的人，更要首先管好自己，管不好自己怎样管好别人？要想做到慎独，就要有高度的自觉，就要发自内心地愿意做什么事情、不做什么事情，不能靠外在的压力逼迫自己去做什么，如果是被动地做事，即便做了也不会持久，也没有大的意义。

比如，一名思想政治教育工作者需要有崇高的政治追求，要有坚定的理想信念。当然，培养这样的追求、这样的信念有许多途径，可以通过灌输的方法，但是自我教育也非常重要，不能什么都靠外部提供条件。

几十年来，我每到一地，首先想的不是看名山大川，而是看名人的故居、墓地，有重要历史意义、励志的人文景观。20世纪80年代初，我一参加工作，就自费去北京拜谒了八宝山革命公墓，去中国历史博物馆参观了杀害党的先驱李大钊的绞刑架，去圆明园看了那曾经如此辉煌却被八国联军烧毁后仅存的几处断壁残垣。这些地方我都去过三次以上。

我还参观过邓小平故居，拜谒过李大钊烈士的墓、方志敏烈士的墓、党和国家领导人习仲勋的故居和墓地，我还两次拜谒过马克思的墓。大家都知道我是世界上参观大学最多的人，恐怕我也是世界上去过名人故居、墓地和人文景观最多的人。站在那些牺牲了的革命者、革命家的故居、墓地面前，我不禁肃然起敬，看到了自己的渺小和差距。邓小平、习仲勋都是在少年时代就参加了革命，他们不图名、不图利，为人民奉献了一生。

邓小平说："我是中国人民的儿子，我深情地爱着我的祖国和人民。"方志敏有着无比坚定的革命意志，在敌人的百般利诱和残酷折磨面前，他毫不稀罕美丽的西餐大菜，视死如归，留下了《可爱的中国》，毅然走向刑场。李大钊三十八岁就被杀害了，他宁死不屈，他相信：未来的寰球，必是赤旗的世界。

我作为一名共产党员，生活在和平的年代里，在这么幸福的环境下工作，没有了血与火的考验，用不着付出生命的代价，了不得就是身体上劳累些，跟那些革命者、革命家怎能相比？我所能做的就是为党和人民努力地工作。马克思知识那么渊博，他所创立的学说改变了世界，但是马克思从来没想"评职称"的事，也没想图个什么级别。

在马克思的墓碑上刻着这样一句话："哲学家们只是用不同的方式解释世界，而问题在于改变世界。"马克思的著作浩如烟海，为什么单单把这句话写在了墓碑上？马克思一生所奋斗的目标，就是为最广大人民的幸福而奋斗；所追求的人生境界，就是"面对我们的骨灰，高尚的人们将洒下热泪"。

当我站在圆明园那仅存的几处断壁残垣前的时候，我的脑海里闪现的是：由于帝国主义的入侵，我们落后于很多，作为中华民族的子孙，能为祖国做些什么。我经常跟学生们讲，我的爱国就是教育你们爱国。

思想政治教育是什么？

它是党和人民事业的一部分，说到底就是为党和人民的事业培养建设者和接班人。这就需要我们思想政治教育工作者要有崇高的政治追求和坚定的理想信仰，就要把握好自己、管住自己，只有自觉地做到信仰坚定、追求崇高，才能把党和人民交给我们的事情做好。

再如，思想政治教育工作需要围绕学生、关照学生、服务学生。围绕、关照、服务学生，就是要为学生解疑释惑，也就是要帮助学生系好人生的扣子，使学生树立正确的价值观。正确的价值观可不是管出来的，也不是压出来的，需要靠以理服人来树立。

要想让学生明白，思想政治教育工作者就要先明白。这就要先学习、多学习，这就需要将剩余时间用于学习，这就需要自觉地自己管住自己。现在客观上杂事缠身，尤其是辅导员，腾不出时间来学习，仔细想想，认真算算，每个人的碎片化时间还真不少，关键是怎样管好自己，把碎片化的时间用来学习。我从来不敢懈怠，我觉得学生太需要我们的引导了，如果你引导错了，那岂不是“犯罪”？

所以，我把独处的时间尽量多地用于学习。晚睡早起；不睡午觉；坐火车、乘飞机，也从来不舍得打盹儿；没有一个节假日用于游山玩水；也从来舍不得在购物上浪费时间……这是我独处的常态。

谁也不比谁聪明，只有比别人更多地利用了剩余时间，你才能比别人准备得充分，教育引导起学生才能得心应手。

当然，“慎独”对于我们思想政治教育工作者来说，还有很重要的一点就是遵纪守法，廉洁自律，这里就不赘述了，这层意思大家都清楚。

我上面提到的两点，表面上看和“慎独”没有什么关系，于是乎一些人不是很在意，其实它们是内含在“慎独”之中的，并且很重要。我以为，“慎独”的根本含义就是自己能管住自己。上面谈到的正反两方面的情况对我们的思想政治教育会带来积极或消极的影响。当然“慎独”内含的方面很多，大家可以举一反三。

（二）

慎初，就是一定要慎重地考虑好我们做事的出发点，要清楚地懂得我们是从哪里来的，我们要往哪里去，不忘初衷，不忘初心。人跟动物的根本不同就是人有思想，可以进行“随意”的选择。为什么要给随意打上引号呢？其实表面上看人的选择是“随意”的，其实并不是“自由”的，人的选择要随社会之“意”，要具有社会性，离开了社会属性的“随意”，那是动物的本质属性，这种“随意”源于动物那种本能的驱使，那就难免做出有害于社会的事情。所以，人的选择一定不能从本能出发，一定要符合社会的要求。

对于我们思想政治教育工作者来说，我们的选择就是为党和人民的利益服务，若是出发点错了，早晚要出事。为什么列宁一再强调徒有其名的党员白给也不要？其实就是要解决思想上入党的问题，也就是解决避免选择的盲目性问题。习近平同志要求我们做到“慎初”，也就是要我们选准我们的出发点，一定不要忘了我们是从哪里来的，还要牢牢记住我们要往哪里去。为了我们的初衷，再大的困难我们也应想尽一切办法将它克服。

我所带的年级里有个学生在高中时就入党了，我担心她没有做到“慎初”，与她通过微信和谈话进行了无数次的交流。我跟她强调的一点就是，一定要在思想上入党，要清楚自己的出发点。不要看别的党员怎样，你就是你。攀比的本身就是思想不成熟的表现，就是没有做到“慎初”，这样长而久之，就会失去一名共产党员的本色。

这个学生告诉我她曾经气馁过，感谢我的教育引领。毕业时她被保送攻读硕士研究生学位。她坚定地表示将来要为任一方、造福一方。前几天借到北京开会的机会，我请在北京的她吃饭，第二天在去机场的路上，我还给这个党员学生发了一段微信：

听到你拿到奖学金的消息，老师为你高兴。继续努力，不忘初心，做一个让人发自内心佩服的共产党员。做个规划，把马克思主义经典著作读一遍，提升马克思主义理论素养。有了自己的理论体系，就可以避免人云亦云了。不管怎样，一种理论和实践的出发点和落脚点如果不是为最广大人民服务的，就不可能是科学的。只会哗众取宠，不可能有生命力。在当今新时代，一定把习近平新时代中国特色社会主义思想学深学透，以此武装自己的头脑。特别要外化于行，无论环境怎样变化，只要坚持党的宗旨，把人民放在心上，你的行动就一定是正确的，就会得到人民的拥护。

这个学生回复说：

会的，老师。我应当有自己的理论体系，多读马克思主义经典，不人云亦云，并将之外化于形。不忘初心，牢记使命，您放心！

我愿意做辅导员，上思想政治理论课，就缘于我的“慎初”。1985年，我在美国的朋友要担保我去美国;1990 年,我在澳大利亚的朋友让他爱人带信回来让我赶紧放弃思想政治教育工作,说不然我会后悔的。

做辅导员怎么啦?马克思主义怎么就讲不通?

人类至今还没有一种学说能够超越马克思主义,马克思主义具有与时俱进的理论品质,随着社会的发展,马克思主义的光辉一定会更加耀眼夺目。今天中国特色社会主义就是马克思主义中国化最伟大的成果,习近平新时代中国特色社会主义思想与马克思主义一脉相承,我坚定地相信,在以习近平同志为核心的党中央领导下,在亿万中国人民的努力奋斗下,中国梦一定会实现,中国故事、中国模式一定会产生更大的世界影响力。

辅导员工作多有价值啊!我们培养的是人。辅导员工作与民族和国家的命运紧密相连,与学生的幸福、他们的父母及我们的人民的幸福密切相关。在为学生的付出中,作为辅导员的我们获得了永生,有了学生,我们便有了一切。人民会感谢我们,历史会记住我们,我们活得多么有价值、多么有意义。从我开始思想政治教育生涯那天起,我就带着这样的"慎初"前行着,再没有动摇过,更没有忘记过。

有的思想政治教育工作者没有很好地做到"慎初"。有的入党时思想就不是很成熟,就缺乏为党和人民的利益奋斗终生的理想信念;有的选择思想政治教育工作时信誓旦旦,工作没多久便把这些誓言忘得差不多了。在当今的环境下,从事思想政治教育工作,特别是从事辅导员工作,客观上确实存在一些不尽人意的地方,但是从一定角度看,正是有这些不如意,才需要我们去努力克服。

毛泽东同志曾经讲过这样一句话:"社会主义制度的建立为我们理想的实现开辟了广阔的道路,而理想的实现还要靠我们辛勤的努力。没有十全十美的环境,一切都需要我们在奋斗中获得。"想想党和人民的利益,想想学生的利益,我们可以尽量地少想些我们自己的利益。"慎初"前行,不辱使命,对得起我们曾经做出的选择和许下的诺言。

(三)

关于"微",有太多的描述。"细微之处见精神""勿以善小而不为,勿以恶小而为之""千里之堤,溃于蚁穴""小不忍则乱大谋""防微杜渐""见微知著”，都属于这类词句。简单来说，这里所说的就是“大”由“小”而来，“小”必成其“大”，好事是这样，坏事也是这样。人的一个显著天性就是“两利相权取其大，两害相权取其轻”。怎样才能“获其大”“取其轻”呢？这就要从“小处”着手，“慎微”自己。就是说要想得到好的结果，就要“勿以善小而不为”；要想避免不好的结果，就要“勿以恶小而为之”，不然久而久之，就会“千里之堤，溃于蚁穴”。

记得河北省原来有个国税局局长叫李真，35 岁就坐到了局长的位置上，本来雄心勃勃地要“取其大”，结果却因贪污受贿被执行了死刑。新华社记者乔云华在他死前对他进行了访谈，写下了《地狱门前》一书。从书中的描述中可以看到，李真也不天生就是罪犯。他的“千里之堤”，也是“溃于蚁穴”，是从“细微”处开始的。

他也做过“善小”的事。一次他看到有个农民在地里吃力地收割庄稼，他走了过去。“你为什么不雇台收割机呢？”“太贵。”“多少钱？”“一亩地 15 元钱。”李真回到车里拿了 1000 元给这个农民。老农感动地说：“你真是人民的好干部。”李真想：“我一定做人民的好干部，要像焦裕禄一样，全心全意为人民服务。”应当说，他能当上正厅级干部，与他做了些“善小”的事情不无关系。可是后来的情形却不是这样了，李真的心理不平衡起来，转而开始做起“恶小”的事，结果量变达到了质变，贪污受贿的数量巨大，被判处了死刑。

人民的利益无小事。凡是违背人民利益的事就不能做，做了，早晚会被人民所唾弃。“慎微”，也可以说是多做有益于人民的事，把人民的事当事，把人民放在心上。凡是有益于人民的事就要多做。不要只想做轰轰烈烈、惊天动地的大事，通过做“善小”的事可以培养精神，积累起品格，进而成就“大事”。而“恶小”的事就坚决不能做，做多了，就会形成惯性，就会养成习惯，最终会捅“大娄子”。

从思想政治教育工作者，尤其是辅导员的角度来看“慎微”，我们可以得到很多启示，需要注意许多方面。这里我只想提示这样几点。

一、要注意思想的“渐变”

思想支配行动，正确的思想支配正确的行动。其实现实生活中发生的一些腐败的大案，究其根源还是思想上出了问题，李真就是如此。行为上的腐败一定要从思想上来杜绝，一定要加强学习。周恩来当年讲过，活到老，学到老，改造到老。有些人借口忙，把学习看成是无关紧要的“小事”，这样一点点地就会变成“大事”。它会影响到工作的水平，使世界观发生变化，真不知会给今后带来多大的损失、造成多大的伤害。

二、注意自己的点滴行为

我们是和学生打交道最多的人，我们的一言一行会对学生会产生直接的影响。思想政治教育工作者一定要有积极向上的人生态度、良好的文明习惯、健康的生活情趣，做先进文化的代表。大学生正处在价值观形成的关键时期，我们就是他们的榜样。

我在留校做辅导员的时候，每天都到操场跑步，后来就有许多学生养成了长跑的习惯。还有一点很明显，我不吸烟，所以，我带的学生今天吸烟的也很少，不论他们做什么工作都是如此。有的辅导员就是瘾君子，结果带的学生吸烟的就多。这里要特别注意不要和学生发生利益关系，不能蹭学生的“小恩小惠”，既让学生瞧不起，也容易给自己埋下祸根。

三、注意发现并解决学生中的“小事”

为什么我们常常对学生中发生的一些事情感到突然、不可理解，其中一个原因就是这些大事在酝酿阶段的时候，也就是在微不足道的时候没有被我们发现，没有被我们所重视，主观上认为是小事一桩。学生的事无小事，我们要防微杜渐。我在看学生档案时发现有个学生的名字写得非常潦草，若不是知道她的名字根本看不出来写的是什么。我给这个学生发了一段微信，跟她讲了做事要认真的道理。这个学生回复说：“谢谢老师的关心、提醒，以后我一定做个认真的人。”

（四）

关于“欲”的词句很多，这里就不列举了。每个人对“欲”的理解有所不同。我以为，“欲”体现为一种渴望，一种希望的结果。动物也有欲望，那是一种本能，遵循的是自然法则：适者生存，弱肉强食，强者为王；人类的欲望则要遵循社会的法则，符合社会性，不能为了实现欲望而不择手段。

人，应当有欲望，没有欲望岂不是没有了生活的动力？因为家里生活不富裕，我考上大学的时候，我母亲说能不能不上大学了，早点工作贴补家里。我说这个不能听您的。我一定读好大学，将来孝敬您。让父母的晚年生活幸福的强烈欲望是我在大学期间如此努力的重要动力。书读多了,道理明白的多了,才把自己的“欲望”提升到了“为中华之崛起而读书”,工作后才想到为祖国发展培养更多的人才。

但是为什么有些人又为欲所毁呢?这是因为他们没有“慎欲”,他们欲望的出发点错了:他们的欲望建立在本能的基础上,没有考虑社会性的一面。就像有的人读大学不是带着责任、担当,而是一味地想自己将来能有什么样的小日子,别说没有考虑祖国、社会的需要,就连父母的需要也抛在脑后了。“为自己”的欲望也可以使人产生“强大”的动力,但是,一旦欲望满足不了或贪得无厌的话,就会不择手段,最终会毁掉自己。

有的人本来已经很好了,要权力有权力,要物质条件有物质条件,结果也走向了毁灭,一些官员的结局就是这样。这里最根本的原因就是不知足,也是没有“慎欲”造成的。多大的权力是权力?老百姓就不用活了?有多少财富才满足?

一日不过三餐罢了。“不知足”就不会权为民所用,不会利为民所谋,不会情为民所系。“不知足”就会这山望着那山高,一步步滑向欲望的沟壑。

有个人在悔罪书里留下这样一句话:“为了满足吃好的、用好的、住好的这些物质欲望,恨不能把整个银行都据为己有,真是追悔莫及。”

思想政治教育的根本任务就是培养学生。因此,一名思想政治教育工作者要紧紧“围绕学生,关照学生,服务学生”这一中心,一切为学生的利益着想,把学生的利益放在心上。我们也有我们个人的“欲望”,我们也上有老,下有小。不断满足人民群众对美好生活的新需要,可以说这种“新需要”也是我们工作的一个出发点。马克思说过这样一句话:“人们奋斗所争取的一切都同他们的利益有关。”这里马克思所说的“利益”就包含着物质利益。但是马克思在他的整个思想体系里,显然不是把追求物质利益放在人生追求的第一位,更不是人生“欲望”的全部。

马克思十七岁时写下的《青年在择业时的考虑》论文中有这样的论述:“在选择职业时,我们应该遵循的主要指针是人类的幸福和我们自身的完美。”不应认为,这两种利益是敌对的、互相冲突的,一种利益必须消灭另一种的;人类的天性本来就是这样的:人们只有为同时代人的完美、为他们的幸福而工作,才能使自己也达到完美。马克思接着做了这样的论述:“如果一个人只为自己劳动,他也许能够成为著名的学者、大哲人、卓越诗人,然而他永远不能成为完美无疵的伟大人物。历史承认那些为共同目标劳动因而自己变得高尚的人是伟大人物;经验赞美那些为大多数人带来幸福的人是最幸福的人。"

作为一名思想政治教育工作者,我们把满足个人的物质利益作为"欲望"的一部分是可以理解的,但是我们的使命、我们的担当需要我们有更高的"欲望",这就是"一切为了学生,为了一切学生,为了学生的一切",我们一定要"慎欲",我们应当把个人欲望的满足,建立在满足学生成长需要的基础上,不能把满足我们个人的欲望当成我们欲望的全部。

我经常讲,相对学生来说,我们真是很好了。我们生活在城市里,在"阳光下工作"。有一次我去学生家家访,早上在道边的一个小店喝豆浆。坐在我对面的一个矿工得知我在大学里工作时,眼睛里顿时发出一种不可抑制的羡慕的光芒。他说:"你真幸福!你是在'阳光下工作'的人。我每天下到矿里,能不能回到地面,回家见到妻子儿女都是未知数。"这句话对我是很好的教育。

真应当知足啊!我还要什么呢?与学生比,我们的物质"欲望"都是锦上添花的事:当上了科长想当处长,当上了处长想当……当上了讲师想当副教授,当上了副教授想当……年薪十万想挣二十万,年薪二十万了想……学生呢?他们会带着什么样的价值观离开校园?他们的未来会不会幸福?他们会不会还没有离开校园就"倒下了"?思想政治教育工作者是大学生最"亲近"的人,为了学生,我们真应当尽量地降低个人的物质欲望,追求崇高精神的满足。

绝不能伤害了学生

经典的“希波克拉底誓言”大家都很熟悉。从医的人都要发誓，一定遵守这一誓约。该誓约中有这样一句誓词：

尽我的能力，遵守为病人谋利益的道德原则，并杜绝一切堕落及害人的行为。

每当想起这句誓词的时候，我就会联想到作为一名教师岂不是也应当坚决做到这一点：绝不能伤害了学生！

这里谈及的教师对学生的伤害与医生对患者的伤害有很大的不同。医生对患者的伤害往往是身体上的；而教师对学生的伤害尽管也有身体上的（这是极其个别的），但是更多的还是精神上的，或者说是思想上的、价值观上的。尤其需要我们注意的是，这种伤害常常是在一些教师的满不在乎，甚至打着学术自由的幌子下进行的。

作为一名教师，教授学生以专业知识是必要的，帮助学生提升能力也是应当的。但是比此更为重要的还是要让学生的头脑增添精神的力量，装进正确的思想，确立正确的价值观。这也就是我们一再强调的作为一名教师一定要教书育人。而事实上有的教师离这样的要求还有一定的距离。他们中的一部分人是还没有认识到这一点，另外一部分恐怕就是对学生的不负责任。

经常会听到有的学生谈到在课上老师都说了什么。有的教师在课上信口开河，想说什么就说什么；有的教师更是以己之悲喜肆意评价历史、现实中发生的大事、出现的人物,还美其名曰“学术自由”。学生正在成长过程当中,就像需要水分的秧苗一样,需要及时得到浇灌。但是教师一定给学生浇灌“纯净之水”,而不能给学生灌上“混浊之水”,不然不仅不能解“秧苗”之急,反而会阻碍“秧苗”的生长,严重时会使“秧苗”从根烂掉。有这样一句话:“学术讨论无禁区,课堂讲授有纪律。”这是对的。打个比方来说,夫妻间谈论的事总不能不加选择、不分场合地点、不管孩子的接受程度毫不保留地什么都讲给孩子听吧!

当然有些学生有一定的分析能力,对教师所讲的不对的地方会采取“筛选”的办法,或者拒绝接受;有的学生脑袋空空,“饥渴难耐”,不具备选择和判断能力,凡是教师讲的就奉为真理,就全部吸收,结果就是脑袋里灌进了“混浊之水”,进而导致精神的“伤害”,思想错误,价值观扭曲。

我经常接到毕业生(也有学生家长)给我打来的电话、发来的微信,这些学生(还有家长)反映的一个比较集中的问题就是在大学读书期间他们受到了精神上的伤害,有的教师没有给他们思想力,并给他们灌输了一些错误的价值观念。有个学生更是气愤地说,他今天的样子就是在大学时某某教师的不负责任造成的。个别学生的看法或许有夸大其词的一面,但是也反映出我们确有个别教师的不负责任的言论对学生产生了不好的影响,给学生的精神造成了伤害。

教师是学生除了父母之外最为信任的人。教师不经意间的一句话就有可能影响到学生的一生。因此,教师在学生面前一定谨言慎行,时时考虑为学生提供正能量,千万不要因说话而伤害了学生,这样学生会记恨你一辈子的。

贸易战：这是哪门子的“学问”？

在读我这篇短文之前,我建议先浏览一下我一年多前在《光明日报》上发表的一篇文章——《一流的人文是世界一流大学的主色》。

贸易战怎么和世界一流大学扯到一起了呢？很简单,贸易绝不是单纯的经济活动,它是政治的集中体现,从属于政治的需要,说到底它折射的是一种价值体系。

大家想一下鸦片战争是怎么回事？我国当年加入世贸组织为什么那么艰难？自然就对贸易是什么就应当再清楚不过了,由此便可找到贸易战和世界一流大学必然产生的联系。

谁的贸易？当然是人的贸易。谁挑起了贸易战？当然不是那些“瓜民”。那是谁呢？自然是那些能够掌控大权力的人。这些人是从哪里来的？从大学嘛。他们都是高才生,都有学富五车的“学问”。这是哪门子的“学问”啊！

马克思给他们的“学问”做了这样的定义：

如果有百分之十的利润,资本就会保证到处被使用；

有百分二十的利润,资本就能活跃起来；

有百分之五十的利润,资本就会铤而走险；

为了百分之百的利润,资本就敢践踏人间的一切法律；

有百分之三百以上的利润,资本就敢犯任何罪行。

马克思说错了吗？远的不说,伊拉克、利比亚何至如现在这般？不就是因为要用欧元结算石油吗？

其他国家的事情咱也不说，为什么有人动不动就把军舰开到我国的南海领域？动不动就把飞机开进我们的防空识别区？那是闲大了吗？要来看看我们在干什么？干什么那是我们在自己家干自己的事，干你何事？说到底还不是我们的贸易赢了，我们所建立的用以支撑贸易的价值体系日益显现出政治制度的优势！

2018 年 5 月 5 日是马克思诞生 200 周年纪念日，马克思的灵魂一定是安详的。从某种意义来说，贸易战也是为纪念马克思诞辰奉献上的一份“供品”。马克思真是太伟大了，他的学说竟有如此的穿透力！事实一再证明，马克思的学问才是真学问。

搞“学问”千万不能顺从到“强盗逻辑”上：“我的是我的，你的也是我的。你赚不赚钱我不管，反正不能让我亏了本。亏了，我就要‘不择手段’，可别怪我不客气。”这怎么能是世界一流大学培养出来的人的样子呢？

尼克松 1999 年在《不战而胜》一书中提到过：“当有一天，遥远的古老的中国，他们的年轻人不再相信他们的历史传统和民族的时候，那个时候，就是我们美国人不战而胜的时候！”

这里我还是阐明这样的观点：西方的大学绝不是世界一流大学，如果是，那也是相对于古老的传统大学来说的。为什么我这么肯定呢？因为我的观点很明确：没有世界一流的价值观怎么能有世界一流的大学呢？什么是一流的价值观？那只能是马克思主义思想体系。我们最有资格建世界一流大学，因为支撑我们大学建设的价值体系是世界一流的，这就是马克思主义思想体系，在中国当代，就是习近平新时代中国特色社会主义思想。

看看我们的价值追求：我们要实现共同理想，满足人民的新期待；我们还要往最高理想方面发展。我们在贯彻“一带一路”倡议，我们奉行的是：你的是你的，我还可以尽量帮助你。实现共享、共赢是我们不变的价值选择。然而我们的科技教育还落后于西方，但是那是发展阶段的问题。我们的社会制度正在青少年时期，西方已处在青壮年时期；到中国梦实现的时候，我们就处在青壮年时期了，西方就到了老年期了。想想那时的中国，我们不会侵略别人，但是一些国家一定会认同中国模式、悦纳中国声音。

今天的贸易战恰恰告诉我们，一定要把中国的世界一流大学建设好。我们必须清楚这样一个问题：用专业知识教育人是不够的，通过专业教育，学生可以成为一种有用的机器,但是不能成为一个和谐发展的人,要使学生对价值(社会伦理准则)有所理解并产生热烈的感情,那是最基本的。

爱因斯坦曾说过:“学校永远应该以此为目标,学生离开学校时应是一个和谐的人,而不是一个专家。”正如习近平同志指出的那样:“办好中国的世界一流大学,必须有中国特色。世界上不会有第二个哈佛、牛津、斯坦福、麻省理工、剑桥,但会有第一个北大、清华、浙大、复旦、南大等中国著名学府。我们要认真吸收世界上先进的办学治学经验,更要遵循教育规律,扎根中国大地办大学。”

我们一定要让我们的学生“正确认识中国特色和国际比较,全面客观认识当代中国、看待外部世界”,只有这样,我们培养出来的人才会为中国乃至人类的进步事业做出重大贡献,我们中华民族才能在强大自身的同时,为世界人民带来福音,我们的朋友才会遍天下。

由此,我们应当有充分的文化自信:真正的世界一流大学一定会诞生在不远将来的中国!

对“双一流”一定要科学地认识

我只是一名辅导员、思想政治理论课教师，但是，出于对教育的关心，对我们培养什么样的人、怎样培养人、为谁培养人的关心，我想谈谈对“双一流”建设的想法。尽管此前我针对建“双一流”大学谈过一些看法，可是一想起“双一流”还是憋不住，总想再说上几句。

建世界一流大学没有错，把学科建强也没有错，但是如果我们不能正确地理解“一流学科”与“一流大学”的关系，甚至片面地把一流学科只看成关涉“科技教育”方面的强弱，忽视人文学科，特别是忽视马克思主义理论学科，忽视思想政治教育，那就会出现“一手软”（可以简单地看成人文学科）、“一手硬”（科技学科）的情况，如果这样的话，即便科技教育搞得再强，我们又怎能说我们建成了世界一流大学呢？

“世界一流大学”一定是由“一流的人文学科”与“一流的科技学科”，或者说是由一流的人文与一流的科技共同支撑的。可以说从“双一流”提出的那天起，我就担忧大学会过于注重科技的发展，而忽视对人文精神的培育。事实上这种情况确实不同程度地存在着，可以说在有的大学还十分严重。思想政治理论教育（这是人文教育的核心）为什么总是“喊起来重要，做起来次要，忙起来不要”，说到底还是在当下“双一流”建设被喊得震天响的背景下，人文学科在建世界一流大学中处于什么样的地位没有搞清楚的问题。

比如拿辅导员教师队伍建设来说，很多学校都在应付，我说的一点都不过分,包括一些正在建设“双一流”的学校。辅导员教师队伍现在数量上倒也庞大,可是“杂牌”的太多,各种用工方式都有,大家都心知肚明,这里就不一一列举了,特别是很多学校都是研究生在“顶岗”。辅导员不是教师吗?学生怎么能和教师混岗了呢?一些人的回答是没有编制。怎么计算机教师、外语教师……就有编制了呢?怎么其他专业教师,尤其是科技学科教师就不用学生“顶岗”呢?

“这些专业学生做不了。”这种说法岂不怪哉?辅导员不仅是教师,而且是“人师”,他们是大学生人生成长的指导者和引路人。这样的重任靠“娃娃”引导“娃娃”怎么能行呢?这就像一个没生育过孩子的人,怎么能讲出生育的体验呢?

大学生的思想为什么出现那么多的问题?从学校来看,思想政治教育毫无疑问应当融入教育教学全过程,学生出了问题绝不能一股脑地把责任推到辅导员身上。

我这里只是强调这样一点:如果像抓其他学科教师队伍建设那样,把辅导员教师队伍也纳入一流教师队伍建设当中,大学生的许多思想问题一定会得到更好的解决。这一点我有大把大把的例子可以证明,这里就不赘述了。至于有人说我们的辅导员很有用,其实你所说的有用就是管住了学生的问题。学生是管出来的吗?你管住了学生的行为但管不住学生的心,一些辅导员不过就是在充数而已。不过这能怨这些辅导员吗?这只是没有按照职业化专业化要求、没有按照一流教师队伍建设标准建设辅导员教师队伍的必然结果。还有思想政治理论课教师就比其他教师缺编严重,问题也出在这里。

大学本来是以人文起家的,但是如今在大学这个“家庭”里,人文教育并没有得到应有的重视。

人文教育与科技教育同等重要,只不过,人文教育是解决灵魂的问题。我们说要解决培养什么样的人、怎样培养人、为谁培养人的问题,关键还是要解决好人文教育的问题,这本是常识。可是现在别说人文教育比科技教育重要,连同等重要,甚至稍差些,在一些学校都没有做到。

“双一流”是什么?不就是“世界一流大学”“一流学科”吗?尽管理论上一流学科也包含人文学科,但是实际上没有一所学校是因为人文学科一流而被评上“双一流”的。大家应当明白我的意思,这里我尤其强调的是没有一所学校是因为思想政治教育学科一流被评上“双一流”的(体育、艺术、美术类院校评上“双一流”的自然是靠人文学科)。有的评上“双一流”的高校,人文学科,特别是马克思主义理论学科、思想政治教育状况,离一流人文的要求还有不小的距离。

如果把大学看成是个“家庭”的话,说得绝对些,“双一流”建设在有些人那里就成了这样的“拜年”:“阖家欢乐!‘媳妇或女婿’欢乐!”哪能这样来拜年啊!阖家欢乐不就包括了家庭所有成员吗?如果这样拜年的话,儿子、姑娘能高兴吗?况且大学这个“家庭”是先有“儿子”和“女儿”(这里指的是人文)的,因为有了“儿子”和“女儿”,更为了使大学这个“家庭”不断发展壮大,才娶了“媳妇”,有了“女婿”。所以,大学这个“家庭”,没有“儿子”和“女儿”,哪来的“媳妇”和“女婿”?科技一定是人文的科技。由此我认为,目前对“双一流”建设存在的偏颇认识必须矫正过来。这个问题达不成共识,人文教育,尤其是在人文中处于核心地位的思想政治教育就不能从根本上得到重视,职业化、专业化的辅导员教师队伍就难以建立起来。我以为我们只提“世界一流大学”就可以了。已经是“世界一流大学”(家庭)了,学科(家庭所有成员)怎能不是一流呢?

综上所述,世界一流大学自然是由一流学科支撑的,世界一流大学不仅要科技一流,更要人文一流。因为大学是人文起家的,因此,没有一流的人文,尤其是思想政治教育不一流,就够不上世界一流大学。大家急于把科技教育搞上去的心情可以理解,但是科技在大学里应具有什么样的地位应当弄明白,大学决不能因有了“女婿”而冷落了“儿子”,因娶了“媳妇”而气走了“女儿”。

大家读读爱因斯坦的几句话,会对我们建设世界一流大学有所启发。

“科学虽然伟大,但它只能回答‘世界是什么’的问题,‘应当如何’的价值目标,即在它的视野和职能的范围之外。”

用专业知识教育人是不够的,通过专业教育,学生可以成为一种有用的“机器”,但是不能成为一个和谐发展的人,要使学生对价值(社会伦理准则)有所理解并产生热烈的感情,那是最基本的。

学校永远应该以此为目标,学生离开学校时应是一个和谐的人,而不是一个专家。

习近平同志在北京大学师生座谈会上的讲话,对建设世界一流大学做了最深刻的论述："党中央做出了建设世界一流大学的战略决策，我们要朝着这个目标坚定不移前进。"办好中国的世界一流大学，必须有中国特色。没有特色，跟在他人后面亦步亦趋，依样画葫芦，是不可能办成功的。这里可以套用一句话："越是民族的，越是世界的。"世界上不会有第二个哈佛、牛津、斯坦福、麻省理工、剑桥，但会有第一个北大、清华、浙大、复旦、南大等中国著名学府。我们要认真吸收世界上先进的办学治学经验，更要遵循教育规律，扎根中国大地办大学。这里习近平同志的提法就是建世界一流大学。

今天凌晨3点多就醒了，"挤出"了这么点看法。纯是一家之言，权算作一个老思想政治工作者的情怀吧。我所说的未必都对，但是我所说的都是含有真情的。我们离中国梦的实现就剩"最后一公里"了，当代大学生将全程参与。我们一定要办好我们的大学，培养能为民族担当大任的人。

莫负人民

对一名老师,我们常说的一句话是:莫误人子弟。对一所学校呢?我要说的是:莫负人民。没有人民就没有我们,我们是在为人民办大学,人民把对幸福的希望寄托在我们的身上。

在我刚做辅导员、思想政治理论课教师的第一个寒假,我到一个学生家家访。因为火车到站时天还没亮,我不想过早到学生家以免打扰他们,于是便在火车站待着。由于天气太冷,没有别的办法,我就在候车室"运动取暖"。跑着,跑着,值班大爷过来了。听说我是天亮要到学生家家访,大爷说:"小伙子,你跑吧。"转身回到了值班室。过了一会儿,大爷又回来了。他担心我被冻着,要给我生炉子。就这样,我"烤"了两个小时的炉子后去学生家了。三十多年过去了,我无数次路过这个火车站,每次路过这里,我的脑海里都会闪现出门卫大爷那慈祥的目光,我的心里都会涌出一股暖意。

我常想,我们所教的学生不就是从一个个家庭走出来的吗?我们没有理由不把他们的孩子培养好。一个学生若是倒下了,那毁掉的不只是学生自己,学生的背后是一个家庭,乃至一个家族;一个孩子成功了,同样,幸福的也不是他自己,那一定还有他的父母,乃至他的家族。在我们有需要的时候,人民帮助了我们,现在人民把孩子送到了我们这里,我们必须好好培养这些孩子。

当年因为家里生活条件比较困难,我母亲就希望我早点工作,贴补家里，我没有听她的。我刻苦学习，努力工作，如今也算是有所成就吧，我改善了父母晚年的生活，对我的家族也是给了最大的帮助。这里有我个人的努力，更多的还是学校对我的培养，老师们对我的教诲和帮助，不然何谈成功。

我带过的一个学生现在是厅级干部了，他母亲经常念叨我。过年时我要是不给他母亲拜年，他母亲就像是过年缺点什么似的。我在教育厅工作的时候，每年都去给他母亲拜年。他母亲常挂在嘴边的一句话是："没有你，就没有俺家孩子的现在。"她告诉她的孩子："你就算忘了父母，也不能忘了老师。你爸妈晚年的幸福是曲老师给的。"

习近平总书记强调，我们的大学是共产党领导下的大学，必须坚持社会主义方向，必须为人民服务。可见，办好我们的大学，就是党的全心全意为人民服务的宗旨的一个重要体现。从这个角度来说，学生就是我们的人民，为学生服务，就是为人民服务，莫负人民，就是莫负学生。

怎样才算为学生服好务了呢？在当今科技迅猛发展的大背景下，学校必须让学生提高知识水平，有专业能力，这是对的，但是这不是检验一所学校是否为学生服好务的根本标准。学校要给学生"干粮"，更要给学生"猎枪"。这里"猎枪"就可以看成价值观。

一个人懂得了自己的责任，就会产生前进的动力，责任越大，动力越足。一个人只有懂得了为什么学习，为谁学习，其所掌握的知识才会越多越有意义，而且不会的东西会想办法学会。不然，知识再多，给社会、给父母带来的未必是福音。大量的高科技犯罪显然都是有知识的人干的。父母含辛茹苦把孩子送到了大学，有些孩子并不懂得感恩。虽然出现这样的学生也不能全部责怪学校，但是学校如果能够很好地为学生服好务，帮助学生扣好人生的扣子，一定会最大限度地避免这样一些问题的发生。

人民在看着我们、期待着我们，人民把幸福的"赌注"都"押"在了我们身上！

"放下"就是简单

佛经里所谓的"放下"可以理解为排除各种杂念、少欲知足、清心寡欲地活着，也就是一种简单。我们共产党人的人生哲学岂不应超越佛经里的"放下"，应活得更"简单"些，也就是一心想着全心全意为人民服务，不想与人民的利益不相符的东西，活得轻轻松松、洒洒脱脱、坦坦荡荡。

怎样才能"放下"？怎样才能简单？这里真需要有正确的权力观、名利观。一些人活得那么"累"，活得那么"不简单"，乃至于把自己活进了监狱，跟没有正确的权力观、名利观有很大关系。

我去北京八宝山革命公墓的时候，看到有座墓碑上刻着这样一段文字：

我是谁？这不重要。我做过什么？也不重要。我的经历、我的职务、我的待遇等等，都不重要。人，就是人，光荣的人，神圣的人，即共产党人。

我想，一个共产党人若真是活成了这个样子，那一定是个能"放下"的人。

我们说要继承中华传统文化，并不是要我们不加区别地全盘拿来。须知中华传统文化也不都是优秀的，例如"官文化"就是很糟糕的文化。

一些人就是很看重手中的权力，并希冀手中能够掌握更大的权力。多大的权力是权力？一些人总是不知足。多大的名利才是名利？一些人就是贪得无厌、欲壑难平。

有的人出事就出在这里，如果抱有这样的权力观、名利观，即便现在没出事，还不是早晚要出事？

我辞去厅级领导职务到学校做了一名无任何行政级别的辅导员、思想政治理论课教师，有的朋友问我："你适应吗？"我没觉得有什么不适应的。我常想，多少人不如我呀！我要是不行的话，那得有多少人不行啊！我们校长、书记怕我累着，劝我别当辅导员了，也不用上思想政治理论课，把编制放到马克思主义学院，学科评估用我的材料就可以了。我说不当辅导员、不上思想政治理论课我回来干什么？他们尊重了我的选择。我们学校有个规定，庆祝教师节大会上新入职的教师都要上台领取任务书，我也上去啦。我们书记、校长看到我站在那里等着领取任务书，他们分别跟我说："你怎么也上来啦？"我说："我是学校的员工啊！请书记、校长放心，我一定完成学校交给我的任务，做一名合格的辅导员、思想政治理论课教师。"那一刻，我没觉得有什么不好。

一些人总想着掌握更大的权力，"管"更多的人，当然这要辩证地看，如果能"权为民所用，利为民所谋，情为民所系"，做到"放下"，这也不是什么坏事。关键是有的人恐怕想的就不是这么回事了，反正我觉得没权没什么不好，被人"管着"又能怎样？这少操多少心啊！我经常讲："只管把工作做好，对得起学生。"不要总想怎么能"双重晋级"，这是"肉食者谋之"的事。如果天天琢磨怎么"双重晋级"，那能不做梦吗？那得多累啊！这样也就干不好工作了。年纪轻轻的就把权力、名利看得那么重，这是不行的。这种"放不下""不简单"会给你带来很多烦恼，也是很危险的。我现在没有级别了，也就是没有权力了，真是觉得很幸福、很快乐，每天只想着把属于自己的事情做好。虽然我也很忙、很累，但是心情愉快。

去年我带的学生毕业的时候我花钱为他们举办了毕业晚会，学生们说："老师，我们会想您的，我们一定会回来看您的。"他们送给了我一块展板，上面写下了他们的名字、摁上了他们的手印。我掉泪了。我感谢四年里学生们带给我的那些美好的时光。这是权力换不来的，也是金钱买不到的。我真觉得我的"放下"是对的，是有价值的。活得"简单"，就会省却烦恼，更不会走进监狱。

要什么权力？要什么名利？有了学生就有了一切，学生就是教师最宝贵的财富。

“放下”对于思政人，对一名共产党员来说，就是为了学生的利益尽量地少想自己的利益。权力、名利都是身外之物，你越能“放下”，你就会活得越“简单”，你给予学生的就会越多，你的烦恼就一定会越少，你就越像一个共产党人的样子，你得到的幸福和快乐就会越多。

马克思主义不是在“抱怨”中创立的

2018年5月5日，是马克思诞辰200周年纪念日。

记不得我是从什么时候知道马克思的，反正从我知道马克思那天起，他的生日（1818年5月5日）就牢牢地记在我的脑海里了，再没有忘记。这因为一是我常想到马克思；二是马克思的生日很好记，1818年5月5日，不就是“马克思一巴掌一巴掌，打得资本家呜呜地哭”吗？

没有马克思，世界一定不是今天这个样子。马克思创立的马克思主义为人类的发展指明了前进的方向。不管会遇到什么样的阻挠，“我相信，世界上赞成马克思主义的人一定会多起来”（邓小平语）。

我现在想问的一个问题是：如果马克思当年抱怨的话，还会有马克思主义吗？马克思抱怨什么呢？他可以抱怨国家不重视啊！他可以抱怨没有科研经费啊！他可以抱怨不给他评教授啊！他可以抱怨不仅封锁他的学说，还对他进行人身迫害啊！他可以抱怨当时他所处的一切环境都不利于创立马克思主义啊……显然马克思如果抱怨的话，就不会有马克思主义的创立。因为当时的统治者不会傻到主动给马克思提供一个舒适的研究条件，让马克思创立一种反对他们的学说。

马克思就是马克思！他不仅不抱怨，他还更加坚定了追求为人类谋幸福的崇高理想。马克思说：“如果一个人只为自己而劳动，他也许能够成为著名的学者、大哲人、卓越诗人，然而他永远不能成为完美无疵的伟大人物。面对我们的骨灰，高尚的人们将洒下热泪。”为了创立马克思主义，马克思陷入了贫困潦倒和被迫害的境地之中。马克思身体状况很糟糕，常常遭受疾病的折磨。马克思无钱就医，没办法，他只好自己给自己做手术，割掉身上的脓包，继续研究马克思主义。马克思的一个孩子因疾病、饥饿而在他的怀里离世。凭着马克思的渊博学识他至于这样吗？他只要为有钱人说两句好话不就得了吗？可是这样的话，马克思还是马克思吗？

马克思就是不服输，哪怕他被开除国籍、四处漂泊。马克思知道，为了创立他的“主义”他只能这样不抱怨地“抗争”下去。历史给了马克思以最好的“回报”。1848 年 2 月，《共产党宣言》发表了。前两天，中共中央政治局就《共产党宣言》的发表及其时代意义举行第五次集体学习。中共中央总书记习近平在主持学习时强调，《共产党宣言》的问世是人类思想史上的一个伟大事件。《共产党宣言》是第一次全面阐述科学社会主义原理的伟大著作。《共产党宣言》深刻阐述了马克思主义的科学世界观，深刻阐述了马克思主义政党的先进品格，深刻阐述了马克思主义政党的政治立场，深刻阐述了马克思主义政党的崇高理想，深刻阐述了马克思主义的革命纲领，深刻阐述了马克思主义政党的国际主义精神。《共产党宣言》是一部科学洞见人类社会发展规律的经典著作，是一部充满斗争精神、批判精神、革命精神的经典著作，是一部秉持人民立场、为人民大众谋利益、为全人类谋解放的经典著作。为了使他的“主义”不断发扬光大，马克思又在贫困中奋斗了 35 年，直到安详地逝去。从创立马克思主义那天起，直到心脏停止了跳动，马克思从来也没有抱怨过。马克思清楚地知道：要是抱怨的话，那就根本不会创立出马克思主义。

马克思主义不是在抱怨中创立的，马克思主义也不是在抱怨中发展的。

今天，马克思主义“交到”了我们手里，我们只有传承好的份儿，绝没有半点抱怨的理由。我常想我们今天已经成为世界第二经济大国，我们有九千多万共产党员，宣传和发展马克思主义从来也没有像今天这样拥有良好的环境。那为什么还会有人抱怨呢？那是因为他们还没有理解马克思主义的本质属性，他们忘记了不抱怨就是马克思主义理论的一个重要特性。马克思主义不是用来致富的，牢骚满腹、怨天怨地是搞不好马克思主义的。

还是记住小平同志的这句话吧：“不干，半点马克思主义都没有。”

一切的抱怨皆源于信仰的差距！境界啊！

讲负责任的话

我今天为什么要谈论这个问题？因为一个人对另一个人的影响主要是通过语言进行的。不管是有声的语言，还是无声（如微博、微信、文章等）的语言，都会对别人产生或积极或消极的影响。因此，讲话（无论是有声的还是无声的）一定要对听众负责，切不要因为我们的随心所欲使听众产生了误会，做出错误的事情来。

怎样才能讲出负责任的话呢？这样几点恐怕是必不可少的：

孙中山先生讲过这样一句话："天下大势，顺之则昌，逆之则亡。"人是社会中的人，讲话一定要符合社会的发展规律，顺应社会前进这个"势"。在当下中国，最大的"势"就是实现中华民族的伟大复兴。这就需要我们凝心聚力，弘扬社会主旋律。判断一个人讲的话负不负责任的标准，就是看是否符合社会发展的规律，是否有助于中国梦的实现，是否代表人民的根本利益。

当前在我们这样的一个大国里，由于历史的、现实的诸多因素和复杂的国际关系的影响，难免存在一些不如意的地方，而这些正是发展中的问题，正是通过发展可以逐步解决的问题。如果不是历史地、辩证地看问题，不能正确地看待当今中国、当今世界（一些别有用心、不怀好意之人另当别论）。那就难免讲出片面的话、过激的话、极端的话、泄气的话，而这些都是与社会发展大势格格不入的，都可视之为不负责任的话。

战场上两军交战的时候，指挥官一定要讲鼓舞士气的话，这是由他的军事指挥官的身份决定的。毫无疑问,作为一名领导干部,就应当讲带领人民群众齐心协力、战胜困难、取得更大成绩的话;作为一名党员,就应当讲符合党性、全心全意为人民服好务的话;作为一名教师,就应当讲有利于学生社会主义核心价值观养成的话;作为一名家长,就应当讲有利于塑造孩子思想品德的话;作为一名大学生,就应当讲团结鼓劲、催人上进的话……

因为我是一名高校思想政治教育工作者,这里我想特别提醒教师一定要讲对学生负责任的话,和学生讲话时千万别忘了自己的教师身份。而有的教师恰恰忘记了这一点。在此仅举这样两个例子。

有的教师说:“在大学里,你们一定要轰轰烈烈地谈一次恋爱,否则你们的大学时光就是留有遗憾的。”且不说恋爱的内容根本不是这样一些教师所应讲授的课程内容,我只是在想这样的观点能站住脚吗?算起来我在大学里待了三十六年,我怎么就没感觉到大学生的恋爱这么重要呢?我倒觉得,凡是在大学里轰轰烈烈地谈过恋爱的,有几人没失恋呢?20 世纪 80 年代是这样,现今也是如此。

有的教师跟学生讲:“要活出自我、活出个性。”怎样的活法叫“自我”“个性”?没有社会性,“自我”“个性”地活着会活成什么样子呢?这样有“自我”“个性”的学生,不是说毁掉就毁掉了吗?

嘴是长在个人的身上,但是这也不是信口开河、随心所欲的理由。讲话一定要动动脑子,不要道听途说、人云亦云;更不能捕风捉影、诋毁和诽谤他人,须知后者若是严重的话,还要承担相应的法律责任。特别是在自媒体时代,每个人都是“信息源”、信息的发布者,你的“声音”会对他人产生未知的影响,对社会不知会带来什么未知后果。

只有做一个讲话负责的人,才会给他人、社会带来正能量。正所谓“谣言止于智者”。一个对自己讲话负责任的人才会成为受他人、受社会欢迎和尊重的人。

我们有哪些做得不对?

为纪念马克思诞辰200周年,中央电视台播放了电视片《马克思是对的》。5月4日,国家还召开了纪念大会,习近平总书记在大会上发表了重要讲话。

习近平同志指出:

“马克思是全世界无产阶级和劳动人民的革命导师,是马克思主义的主要创始人,是马克思主义政党的缔造者和国际共产主义的开创者,是近代以来最伟大的思想家。两个世纪过去了,人类社会发生了巨大而深刻的变化,但马克思的名字依然在世界各地受到人们的尊敬,马克思的学说依然闪烁着耀眼的真理光芒!”

马克思给我们留下的最有价值、最具影响力的精神财富,就是以他名字命名的科学理论——马克思主义。这一理论犹如壮丽的日出,照亮了人类探索历史规律和寻求自身解放的道路。

毫无疑问,我们纪念马克思,最为重要的就是把他所创立的科学理论——马克思主义传承下去。

怎样传承?这就需要我们培养的青年学生能够对马克思主义产生深刻的认同,能够把马克思主义作为认识世界和改造世界的锐利的思想武器。应当说,在对青年学生加强马克思主义教育方面,这些年我们做了大量富有成效的工作。但是我们必须要看到的是,在对青年学生进行马克思主义教育方面我们还有大量的工作要做,我们的教育还没有取得令我们十分满意的效果。原因是什么呢?

“马克思是对的。”对照对的,我们有哪些做得不对或不是太对呢?

我以为,我们要想更为有效地对青年学生进行马克思主义教育,在诸多不对中,必须首先改掉下面这三个不对。

(1)在对马克思主义的信仰上我们有些同志还没有做对

“马克思是对的。”对照马克思就会发现,马克思对科学社会主义抱着坚定的信仰。170 多年前,马克思、恩格斯发表了《共产党宣言》,标志着马克思主义的诞生。这是一个怎样的时间跨度?那时是一个怎样的社会环境?资产阶级诅咒马克思的学说是“幽灵”,他们竭尽一切手段要置马克思主义于死地。马克思逝世的时候,他们发表文章说,但愿马克思的学说能够随着这个“红色博士”的死去而一同死去。马克思就是在这样的恶劣环境中创立了马克思主义。马克思对他的学说的科学性坚信不疑。

《共产党宣言》中有这样一段话表明了马克思坚定的信仰:

“现在是共产党人向全世界公开说明自己的观点、自己的目的、自己的意图并且拿党自己的宣言来反驳关于共产主义幽灵的神话的时候了。”

170 多年后的今天,我们岂止是可以“向全世界公开说明”了?

科学社会主义思想已经在中国大地实践了快 70 年。中国共产党人在马克思主义中国化方面取得了令世人不得不刮目相看的最伟大成果,今日之中国已经成为世界第二大经济体,中国共产党员已经有九千多万名。但是有的同志对马克思主义却缺乏坚定的信仰,讲起马克思主义来总是底气不足。“以其昏昏”何以“使人昭昭?”我们的信仰不坚定,必然使我们的青年学生陷入迷茫、困惑之中。

(2)在人生追求方面我们一些同志还没有做对

“马克思是对的。”马克思算得上出生在一个富裕的家庭里,他的妻子燕妮更是出生在贵族的家庭里。燕妮的哥哥在当时的普鲁士王国担任显要的职位。凭着这样优越的家庭背景和社会关系,加上马克思的才学,如果他只想自己过上高官厚禄生活的话,那应当是易如反掌的事。

但是,马克思放弃了这些。马克思追求的是怎样使自己崇高、使人类获得解放,因此他陷入贫困潦倒之中。他有三个孩子都因饥饿、疾病先后夭折,小女儿去世的时候,马克思甚至连买棺材的钱都没有。马克思无钱就医,为了创立他的学说,他自己给自己做手术,并继续从事理论的研究。

马克思在给友人的信中谈道：

“为了《资本论》的写作，我一直在坟墓的边缘徘徊。因此，我不得不利用我还能工作的每时每刻来完成我的著作。”

马克思至于这样吗？可是事实就是这样。马克思的学识太渊博了，但是他并没有“评职称”，这在我们的一些同志看来是件多么不可思议、多么令人遗憾的事情！而在马克思看来，“如果一个人只为自己劳动，他也许能够成为著名的学者、大哲人、卓越诗人，然而他永远不能成为完美无疵的伟大人物”。马克思所追求的是“面对我们的骨灰，高尚的人们将洒下热泪”。差距就在这里。我们有的同志把马克思主义当成了谋生的手段。想的不是怎样让马克思主义走进学生心灵，而是怎么能通过传播马克思主义而快速致富。研究马克思主义是为了发文章、积累科研成果，以当上名学者、名教授。更有个别的同志为了评职称闹得同事之间很不团结，甚至弄虚作假。

一个教师是怎样一个人，学生心中清清楚楚。当他站在学生面前的时候，不用说自己是为什么教学的，学生通过他的言谈举止就会明明白白。为了追求个人利益而进行的教学、科研，对学生教育引领的效果自然就要大打折扣了。

(3)在理论与实际的结合上，也就是“知行合一”方面我们有些同志还没有做对

“马克思是对的。”马克思从来没有把他的学说当成空洞的说教。在马克思看来，一个实际的行动胜过一打纲领。我两次去英国都拜谒了马克思的墓。在马克思的墓碑上写着一句我们大家都熟知的话。

“哲学家们只是用不同的方式解释世界，而问题在于改变世界。”

马克思主义与空想社会主义的一个显著区别是：马克思主义不只是一种理论，更是一种实践。

习近平同志指出：“实践的观点、生活的观点是马克思主义认识论的基本观点，实践性是马克思主义理论区别于其他理论的显著特征。马克思主义不是书斋里的学问，而是为了改变人民历史命运而创立的，是在人民求解放的实践中形成的，也是在人民求解放的实践中丰富和发展的，为人民认识世界、改造世界提供了强大精神力量。”

尤其应令我们敬仰的是，马克思自己就是他所创立的科学社会主义理

论的积极践行者。恩格斯说,“马克思首先是一个革命家”,“斗争是他的生命要素。很少有人像他那样满腔热情、坚韧不拔和卓有成效地进行斗争。”习近平同志指出:“马克思毕生的使命就是为人民解放而奋斗。为了改变人民受剥削、受压迫的命运,马克思义无反顾投身轰轰烈烈的工人运动,始终站在革命斗争最前沿。他领导创建了世界上第一个无产阶级政党——共产主义者同盟,领导了世界上第一个国际工人组织——国际工人协会,热情支持世界上第一次工人阶级夺取政权的革命——巴黎公社革命,满腔热情、百折不挠推动各国工人运动发展。”

可是对照马克思,我们有些同志在自觉践行马克思主义方面还有不小的差距。

他们学习马克思主义只是为了把马克思主义当成知识讲授给学生,只是要求学生用马克思主义指导自己的实际行动。对学生而言,学校是践行马克思主义的第一场所,教师是践行马克思主义的“第一人”。要求学生践行马克思主义,作为教育者的教师却做得不好,这就会使学生产生疑问:“马克思主义真值得学吗? 真值得那样做吗? 如果值得,他们怎么不带头做呢?”

在对青年学生进行马克思主义教育方面我们还有做得不对或做得不是很对的地方,这里就不一一列举了。从思想政治教育者的视角来看,改掉上面提到的三点实在是大有必要、刻不容缓。这三点解决了,我们对青年学生的马克思主义教育一定会取得更好的效果。

“三进”解决了没有？

众所周知，“三进”指的是进教材、进课堂、进头脑。目前可以说“三进”既是思想政治理论课的出发点，也是落脚点。为了使思想政治理论课“三进”的任务得以完成，这些年抓思想政治理论课的力度前所未有。习近平总书记在全国高校思想政治工作会议上特别强调：从国家层面，多次召开会议，研究思想政治理论课建设问题；思想政治理论课成了中央政治局研究讨论的一门课；思想政治理论课被列入马克思主义理论重点工程项目，全国统一编写教材；除了思想政治理论课，再找不到第二门课有这么多的文件进行强调，下这么大的气力进行督导检查；去年还把思想政治理论课作为质量提升年，教育部部长带队“万里飞越”，到课堂听课，了解情况，发现问题就及时研究解决。必须上好思想政治理论课已经基本形成共识。

那么好的思想政治理论课的标准是什么？“三进”了是不是就是上好啦？这个问题很重要，它既关涉思想政治理论课的出发点和落脚点，也关涉思想政治理论课的着力点。如果我们的标准就是“三进”，如果思想政治理论课已经“三进”了，那我们岂不是没事可做啦？如果说好的思想政治理论课标准不只是“三进”，那还有什么？又需要我们做什么？

“三进”了没有？这要看“标准”是什么？进教材、进课堂这个好评价，应当没有什么问题。经过这些年的建设，“私自”编教材、使用“自选”教材的现象可以说从根本上得以杜绝；进课堂也没有什么问题，现在还没有哪所学校不开设思想政治理论课的，只是有个别的高校总是想着法减少课时，使思想政治理论课有“缺斤短两”的情况。这样看来，“三进”岂不已经解决了“两进”？应当是这样的。

我本人就持有这样的看法。现在关键的问题是怎样评价进头脑？我以为，进头脑的问题也可以说基本得以解决。就拿社会主义核心价值观教育来说，有多少学生不懂得“爱国、敬业、诚信、友善”的道理？有多少学生因为思想政治理论课考试不合格而没有毕业？又有哪个考上研究生的学生不是把社会主义核心价值观背得“滚瓜烂熟”装进了头脑里？当然，我们也可以说进头脑的问题没有解决（我的观点是没有很好地解决）。这是从马克思主义理论具有与时俱进的品质和理论的深度和广度来说的。理论之树常青。从这点来看，别说对青年学生，就是对我们这些进行马克思主义理论教育的教师来说，进头脑的任务也是永无止境的。

那么到底应当怎样把握和评价是否进头脑了呢？这就要看我们的思想政治理论课最终要实现什么了。如果我们就是为了让学生的头脑最大限度地装进马克思主义理论知识，那我们就会认为进头脑的问题没有解决，我们就会把着力点放在进头脑上，我们就会感到我们的马克思主义理论教育一定要不断地加强，对学生的马克思主义理论教育就不是有“一桶水”的问题（在我的公众号上我曾写过一篇《一杯水、一桶水、一缸水》的文章，大家可以参考），有“一缸水”，甚至“一湖水”才好呢。如果我们从“学习的目的全在于应用”这个角度考虑问题，我们就会认识到：现在“三进”的问题已经基本解决，对思想政治理论课来说，进教材、进课堂、进头脑不是目的，最为重要的是进心灵。

所谓“三进”一定是为进心灵服务的，“三进”只是一个过程，进心灵才是目的。所谓进心灵，就是思想政治理论课不只在于有统编的教材，列到了课表里，大学生的头脑装进了马克思主义理论的知识，更重要的是要使大学生能将所学到的马克思主义理论知识外化为自己的实际行动，不仅是真学了，更是真用了。其实现在人们内心里对思想政治理论课教学效果的一个主要评价标准，还是看大学生的行为表现离思想政治理论课所提供给大学生的理论要求有多大的差距。显然在这一点上我们要做的工作还有很多，也十分的繁重。因此，我认为，思想政治理论课的着力点就不能停留在“三进”上，而应当下大气力解决进心灵的问题。进心灵应当成为思想政治理论课的价值追求。

进心灵，思想政治理论课的价值追求

所谓进心灵,就是让青年学生将学到的马克思主义理论转化为具体的行动。用马克思主义这个价值尺度衡量自己的行为是对的还是错的。可以说,进心灵也是马克思主义理论的本质属性。

记得在大学读书时有一次课上讨论科学社会主义和空想社会主义的区别。我列举了这样一个例子：一个人骑在另一个人的身上,不停地殴打骑在他身下的那个人。那个骑在倒在地上的人身上的人就是资本家,而倒在地下挨打的那个人就是无产者。就在这时,欧文来了,傅立叶来了,圣西门来了,目睹了眼前这种状况后,他们非常愤怒,他们认为这个资本家太欺负人了。他们纷纷对这个资本家进行了谴责,他们希望资本家能够发发善心,不要再殴打下去了,可是那个资本家根本就不搭理他们,殴打在继续,那种不合理的社会现状毫无改变。接着马克思来了,恩格斯来了,列宁来了,毛泽东来了,他们告诉被打倒在地的无产者:“起来,不愿做奴隶的人们。”他们与这个无产者一道,掀掉了骑在无产者身上的那个资本家,现状被改变了。

什么是科学社会主义？什么是空想社会主义？区别就在于科学社会主义就是一种改变现实社会的学说,空想社会主义就是一种对现实社会毫无改变的学说。

在马克思的墓碑上刻着这样一句话:“哲学家们只是用不同的方式解释世界,而问题在于改变世界。”改变！改变！改变！没有改变,就是空洞的说教，就不是马克思主义。如今我们下了那么大的功夫对青年学生进行马克思主义理论教育，显然我们的目的不是让青年学生掌握了马克思主义的理论知识就完事了。绝不能让学生们只是记住了马克思主义理论知识，把学习马克思主义理论只当成了考试的需要。学习的目的全在于应用。

这就要求我们的马克思主义理论教育一定在进心灵上下功夫，使青年学生努力做到理论与实践相统一。正如习近平总书记 2019 年 5 月 2 日在北京大学与师生座谈时所指出的那样："学到的东西，不能停留在书本上，不能只装在脑袋里，而应当落实到行动上，做到知行合一、以知促行、以行求知，正所谓'知者行之始，行者知之成'。"毫无疑问，这样的马克思主义理论教育才有韵味，才应当成为我们理论课教学的价值追求，实践也是检验我们马克思主义理论教育教学效果的根本标准。

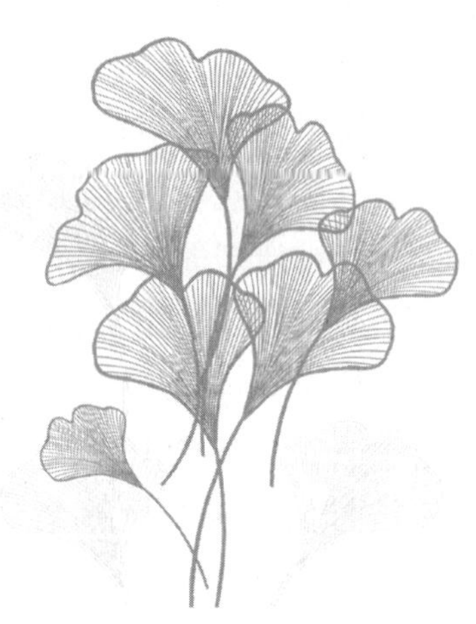

思想政治理论课怎样才能进心灵?

前天我推送了《“三进”解决了没有?》一文。有个粉丝在看了这篇文章后写下了这样的留言:

“想让思想政治理论教育‘进心灵’。我觉得以下三个方面很重要。

一是教学层面。要改变传统的思想政治理论课的授课方式,采用案例式教学,适当走出去参观考察,通过组织学生参加公益性活动等形式,让理论更好地内化于心,外化于行。

二是学校层面。不断提升每位教师和管理人员的思想政治理论水平,营造良好的校风,通过老师的言传身教,感染带动学生。

三是社会层面。社会整体道德文化水平的提高,社会主义核心价值观的深入人心,用人单位将德才兼备、以德为先作为选人、用人标准的明确,会激发学生努力完善自我,并成为学生争做品学兼优学生的内在动力。”

这个粉丝还不是从事思想政治理论课教学的教师,她是做行政管理工作的。应当说她的回答比我今天的回答要全面。我感动于一个跟她的工作一点关系都没有的人,能够拿出时间思考和回答本属于我们思想政治理论课教师应当回答的问题。这里我想说的是如果每一个思想政治理论课教师都能认真地思考我们的教学到底怎样才能走进学生的心灵,我们的思想政治理论课教学所追求的效果就一定会更好地得以实现。

进心灵的确是个系统工程，上面那个粉丝谈到了几个方面，还有其他一些方面涉及进心灵的问题。这里我不想全面论述，我只想谈一点，这个粉丝也谈到了，就是言传身教的问题。

我在上篇公众号文章中谈到，进心灵应当成为思想政治理论课教学的价值追求。这体现了马克思主义理论的本质要求，也就是我们常讲的理论要联系实际、知行合一。这就要求思想政治理论课的教学一定要使学生用所学的理论指导自己的行动。而要想推动别人前进，自己就应当是能够推动和鼓舞别人前进的人。要求学生做到的，教育者就应当先带头做到。

我常想，我们的思想政治理论课为什么离我们期望的效果总是存在一定的差距？其中一个原因，我们只是注重了对学生的理论灌输，而忽视了教育者的引领作用。我们要求学生的多，往往要求自己的少。

有一次我上思想政治理论课的时候，有个学生发高烧让班长跟我请假。我给了这个班长 100 元钱，让他买点东西替我去看看这个患病的同学。我跟班长说："你告诉那个同学，老师确实没有时间去看他，老师祝他早日康复。"当天夜里 11 点多了，这个患病的同学"顶着"高烧给我发了很长一段微信，他说他很感动，他将来一定做个像我这样温暖别人的人。

什么是社会主义核心价值观？我们要求学生友善，我们就首先要成为一个友善的人。我们要求学生相信马克思主义理论，把所学到的马克思主义理论外化于行，思想政治理论课教师就应当成为引领学生积极践行社会主义核心价值观的人。不然的话，学生们"绕过"你来践行从课堂上所学到的马克思主义理论就要大打折扣了。

学生不是傻瓜，要求他们做的教师能带头去做，他们才会觉得这件事真的值得去做。道理很简单，教师身上有光，学生才会受热。不然学生就会在心里画问号："既然教师说的事那么重要、那么有价值，那教师怎么不做呢？"教师都不做却要求学生去做，他们的头脑可不会这么的简单。

思想政治理论课教学要充满爱意

（一）

这是我2019年年初写的一篇文章，感谢《中国大学教学》杂志将这篇文章编辑后发表在该杂志2019年的第二期。

摘要：思想政治理论课教学的地位十分重要。它直接关涉我们党所开辟的伟大事业是否后继有人的问题；关涉广大人民群众对美好生活的追求能否实现的问题；关涉青年学子能否健康成长的问题。保证思想政治理论课教学效果的实现，既是思想政治理论课教学的出发点，也是落脚点。而要想取得思想政治理论课教学的最佳效果，就要充分体现这门课的特点，使思想政治理论课教学充满爱意。

任何一门课程的教学都有其价值的追求，思想政治理论课教学同样如此。

怎样才能更好地实现思想政治理论课教学的预期效果呢？与其他课程教学不同的是，思想政治理论课教学既要有教学的技巧，更要有教学的情感，即要使思想政治理论课教学充满爱意。

习近平同志指出："教育是一门'仁而爱人'的事业，爱是教育的灵魂，没有爱就没有教育。好老师应该是仁师，没有爱心的人不可能成为好老师。"教育的爱体现在多个方面，而教师的爱主要是通过教学过程来体现的，没有爱，自然也就不能取得好的教学效果。这一点，在思想政治理论课教学中体现得尤为充分。充满爱意的思想政治理论课教学,才能保证立德树人根本任务的完成。思想政治理论课教学是什么?说到底就是为取得马克思主义中国化最伟大的成果、为中国梦的实现培养建设者和接班人。

1848 年 2 月,《共产党宣言》的发表,标志着科学社会主义的诞生。人类历史由此产生了截然对立的两大思想体系,即马克思主义思想体系和资本主义思想体系,资本主义"天经地义"的说法受到了挑战。紧接着,在马克思主义思想的引领下,发生了巴黎公社、十月革命,资本主义统治永世长存的"神话"被打破了。20 世纪 80 年代末至 90 年代初,东欧剧变、苏联解体,社会主义遇到了巨大挫折,但是这并不意味着马克思主义失去了生命力。在中国,在"十月革命一声炮响,给我们送来了马克思主义"后,中国大地成立了以马克思主义为指导思想的中国共产党。中国共产党一经成立,就把实现共产主义作为党的最高理想和最终目标,义无反顾地肩负起实现中华民族伟大复兴的历史使命,团结带领人民进行了艰苦卓绝的斗争,谱写了气吞山河的壮丽史诗。正是在中国共产党的领导下,我们"站了起来",特别是在东欧剧变、苏联解体,整个世界几乎全部倒向资本主义一边的大背景下,中国共产党人不信邪,坚持马克思主义意识形态不动摇,坚定地走中国特色社会主义道路,使中国这样一个被西方世界一直瞧不起、一再遏制阻挠、一味西化和分化的社会主义大国富了起来、强了起来。如今马克思主义中国化在中国取得了举世瞩目的成就,我们站到了离实现中国梦最近的地方。但是,我们的目的还没有达到。

党的十九大又描绘了新的蓝图:"到 2035 年,基本实现社会主义现代化;到 21 世纪中叶,把我国建成富强民主文明和谐美丽的社会主义现代化强国。"到那时,中华民族将以更加昂扬的姿态屹立于世界民族之林,我们将为构建人类命运共同体、为人类进步事业做出更大的贡献。而这一切绝不是轻轻松松、敲锣打鼓就能实现的。青年兴则国家兴,青年强则国家强。当代大学生将全程参与中国梦的实现过程。

这就需要他们坚定地做到"四个自信",继往开来地行进在实现中国梦的伟大征程上。要想推动别人前进,自己首先就应当是能够推动和鼓舞别人前进的人。思想政治理论课是巩固马克思主义在高校意识形态领域指导地位,坚持社会主义办学方向的重要阵地,是全面贯彻落实党的教育方针,培养中国特色社会主义事业合格建设者和可靠接班人,落实立德树人根本任务的主干渠道。办好思想政治理论课,事关意识形态工作大局,事关中国特色社会主义事业后继有人,事关实现中华民族伟大复兴的中国梦。从某种视域来看,思想政治理论课就是为了保证人类业已起始的马克思主义理论不断走向更加完善、中国共产党人创立的伟大事业不断走向更加辉煌、中国特色社会主义道路不断走向更加广阔的课程。

爱是最好的老师。由此来说,思想政治理论教师只有充满对马克思主义理论、对中国共产党的领导、对中国特色社会主义道路的爱意,才能成为先进思想文化的传播者、党执政的坚定支持者;才能讲政治责任、急党的事业之所急,自觉用习近平新时代中国特色社会主义思想武装头脑,坚定理想信念,自觉爱党护党为党,把为党的事业奋斗作为终身追求;才能在思想政治理论课教学中真正肩负这门课所应肩负起的使命和责任;才能将思想政治理论课教学的知识体系转化为信仰体系,为马克思主义中国化在中华大地结出最丰硕的成果,为中华民族的伟大复兴培养一代又一代可靠的社会主义事业建设者和接班人。我们常说思想政治理论课教学要想取得令人满意的效果,思想政治理论课教师一定要做到"真学""真懂""真信""真用"。这里有个重要的环节需要把握好,思想政治理论课教学首先要解决"真爱"的问题。爱是一种思想感情,爱的问题解决了,思想政治理论课教师才能"欣赏"思想政治理论课,才能爱上思想政治理论课,也才会想办法上好思想政治理论课。毫无疑问,充满爱意的思想政治理论课教学才会充满真情实感,才会使马克思主义理论的魅力得以最大限度地展现,学生才会受到感染、受到启迪,才会相信老师讲的是对的,才能最终坚定"道路自信""理论自信""制度自信""文化自信"。如果爱意缺失了,思想政治理论课教学就不会关心培养什么样的人、怎样培养人、为谁培养人的问题,也就不会关心其教学的实际效果,再好的思想政治理论也只会当成知识来传授,思想政治理论课教学的过程就会平淡无味,就不会理直气壮,学生也就难以感受到马克思主义理论那种磅礴的气势、无穷的魅力、强大的穿透力,思想政治理论课教学所担负的立德树人根本任务的完成就要大打折扣。

(二)

充满爱意的思想政治理论课教学才能保证完成办人民满意的高等教

育任务。

中华民族有五千多年的文明历史,为人类做出了卓越贡献,是世界上伟大的民族。中华民族世世代代辛劳地安居在自己广袤的土地上,创造美好的生活是中华民族始终不渝的追求。但是,当历史进入近代社会,中国社会发展的链条被打断了。当时世界上的帝国主义国家都侵略过我们,腐败的清政府被迫签订了上千个大大小小不平等的条约,这些条约像锁链一样禁锢着中国社会的发展。加上封建主义、官僚资本主义的压迫,中国社会陷入内忧外患的黑暗境地。中国人民经历了战乱频仍、山河破碎、民不聊生的深重苦难。

哪里有压迫,哪里就有反抗。中国人民从来就没有在"三座大山"面前屈服过。从"三元里抗英"到"平型关大捷",再到解放战争时期的"三大战役",中国人民表现出了誓与敌人血战到底的英雄气概,谱写了一曲曲气壮山河的赞歌。"三座大山"被推翻了,人民翻身得解放。接着,我们又开始了社会主义建设,中国人民在一穷二白的基础上建立起了自己工业的基础,解决了吃饭问题,彻底甩掉了"东亚病夫"的帽子。改革开放以来,中国人民不断努力,建设美好的新家园,我们稳定地解决了十几亿人的温饱问题,总体上实现了小康,创造了人间奇迹。毛泽东同志指出:人民,只有人民,才是创造历史的动力。习近平同志指出:人民是历史的创造者,是决定党和国家前途命运的根本力量。

从某种角度看,思想政治理论课教学所揭示的就是近代社会以来,中国人民谋求民族独立、人民解放和国家富强、人民幸福的斗争史;揭示的就是没有人民,也就没有我们今天所得到的一切的历史。因此,我们什么时候也不能忘了人民;我们什么时候都要感谢人民:我们什么时候都要为了人民。党的十八大以来,以习近平同志为核心的党中央,确立了人民在经济社会发展中的核心地位,把实现人民幸福作为发展的目标和归宿,明确提出"人民对美好生活的向往,就是我们的奋斗目标"。

随着社会的发展,人民对美好生活的需要日益增长。怎样满足人民的新期待?从国家层面来说,一个更为重要的方面,就是办好人们满意的高等教育;从家庭层面来看,就是孩子(学生)能学有所成,懂得回报父母的养育之恩。特别是由于我国还处在社会主义的初级阶段,广大人民群众为孩子上大学付出了他们所能付出的一切。可以说每一个孩子(学生)就是每一个家庭能否过上幸福生活的希望所在。哪个孩子(学生)毁掉了,毁掉的就不只是他个人的幸福,而是一个家庭的幸福。

我们说对人民群众要有爱意,什么时候也不能忘了人民;我们什么时候都要感谢人民;我们什么时候都要为了人民;我们要帮助人民实现对美好生活的新期待。从思想政治理论课教学来说,最具体的体现就是让学生懂得他们的学习不只是自己将来生活是否幸福的问题,更是他们的父母,也是我们的人民将来生活能否幸福的问题。因此,学生首先就要增强自己的道德情感、道德责任,把父母放在心上。这个问题不解决,知识再多、能力再强,对于改变他们家庭的命运毫无帮助,他们的父母,即我们的人民,过上美好生活新期待的愿望就无法实现。教师是人民幸福的第一资源,尤其思想政治理论课教师的重要性尤为突出。从这点来看,这就要求思想政治理论课教学一定要为解决学生道德情感、道德责任服好务,要将以人民为中心的思想贯穿于思想政治理论课教学的始终。思想政治理论课教学马虎不得、含糊不得,其与人民的幸福息息相关。

总体来看,当下思想政治理论课教学过程还是充满了爱意的,大多数思想政治理论课教师表现出了一种对办好人民满意的高等教育积极负责的态度,在解决学生道德情感、道德责任方面下了很大的功夫,使思想政治理论课教学的效果得到了较好保证。这也充分地表明思想政治理论课教学充满爱意的重要性。

反观我们有些思想政治理论课教学,为什么达不到我们期望的结果?这与我们有的思想政治理论课教师在教学过程中缺少对人民的爱意有关。因为没有爱,就不会想方设法解决学生在道德认知、道德情感、道德责任方面表现出的偏差,就不会竭尽全力把思想政治埋论课教学搞好。不仅如此,极个别的教师还会和人民“讨价还价”,总觉得人民亏欠了他们什么。他们忘记了自己能有今天这样的工作环境(尽管这种工作环境还有许多不能令人满意的地方)、幸福生活(尽管这种幸福生活也有有待提高的方面)都是人民给予的,对人民只有付出之理,没有索取之由。不能只把思想政治理论课教学当成“不得已”的谋生手段。显而易见的是,这样的思想政治理论课教学,在解决学生道德认知、道德情感、道德责任方面与办好让人民满意的高等教育这样一个要求还是存在一定的差距。

（三）

充满爱意的思想政治理论课教学才能保证青年学生的健康成长。

作家柳青说："人生的道路虽然漫长，但紧要处常常只有几步，特别是当人年轻的时候……你走错一步，可以影响人生的一个时期，也可以影响一生。"大学生正处在人生的紧要处，他们怎样才能走对他们的人生之路？事实说明，思想是行动的先导。在人的思想品德形成的知、情、意、行过程中，"知"是起始点，"知"之对错，将直接导致行为的对错。某名校一硕士研究生因犯杀人罪被处死前留下的一段话就应当引起警醒。他说："当我还在自由世界里的时候，我在思想上是无家可归的。没有价值观，没有原则，无所坚守，无所拒绝。要成为一个什么样的人，对我而言，是很不清晰的。"我们完全可以这样认为，是错误的价值观毁掉了这个硕士研究生。因此，我们要想保证青年学生的健康成长，首先就要保证他们有正确的价值观。

正确的价值观从哪里来？在今天这样一个信息化时代，青年学生的价值观确实会受到多方面的影响，但是这并没有改变学校教育的核心地位，没有改变教育的基本规律，没有改变教师的主体地位，没有改变思想政治理论课教学在青年学生价值观教育方面的主渠道作用。这也就是说，要想使青年学生树立起正确的价值观，思想政治理论课教学就要切实肩负起塑造灵魂、塑造生命、塑造人格的时代责任，为青年学生解疑、释惑，点亮理想之灯，照亮前行之路。这就需要思想政治理论课教师充满对学生的爱意。自己的孩子是孩子，别人的孩子也是孩子。只有像爱自己的孩子那样爱学生，才能时刻想着学生，时刻提醒自己不能让学生在价值观上出问题，思想政治理论课教学也才能处处以德立身、以德立学、以德施教、以德育德，坚持教书与育人相统一、言传与身教相统一、潜心问道与关注社会相统一、学术自由与学术规范相统一，才能切实达到学生真心喜欢、终身受用的效果。

尤其在当前的环境下，思想政治理论课教学在帮助青年学生确立正确的价值观方面还是遇到了多方面的挑战。随着经济全球化的推进，国与国之间的联系日益紧密。你中有我、我中有你，已成为经济全球化过程中国家间的常态。从来也没有单纯的经济活动，与经济全球化过程相伴随的必然是主导这个国家的意识形态的相互渗透。特别是一些西方国家,他们希望的是借经济全球化这场“战争”,打赢“政治仗”,以极力推行其价值观的手段,取得通过军事手段达不到的效果。客观来看,我们有的青年学生已不同程度受到其影响。众所周知,社会转型指的是社会经济结构、文化形态、价值观念等方面发生深刻变化的过程。随着转型的加快,许多传统的价值观念需要重新审视、重新确立。尤其是在转型的过程当中,由于文化多元化的影响,使得在价值观确立方面鱼龙混杂,人们常常处在选择的两难困境中。今天的高等教育已经日益走进社会政治、经济、文化发展的中心,这客观上使得青年学生已经难以“两耳不闻窗外事,一心只读圣贤书”了,使得置身于社会转型中的青年学生不得不在价值观上做出或对或错的选择。而由于青年学生自身的弱点,决定了他们中一些人往往被错误的价值观所左右。

尽管我们一再阐明基础教育要突出素质教育,尤其是思想政治素质教育这个核心,但是在“片面追求升学率”这一指挥棒的引导下,素质教育被大打折扣,这导致一些学生带着错误的价值观来到了大学。家庭是孩子的第一学校,父母是孩子的第一任老师。家庭环境对孩子的言行有着潜移默化的影响。现在家庭教育中一个突出的问题是一些父母把孩子看成了私有产品,缺乏对孩子确立正确价值观的关注,这使得一些大学生的价值观刚来大学便“先天不足”。高校的根本任务是立德树人,这是明确无误的。但是在实际办学过程中,立德树人往往被看成是空洞的口号,即“喊起来重要,做起来次要,忙起来不要”,没有被摆放到应有的位置。

在对加强学科建设、专业建设的片面认识中,一定程度上青年学生的价值观教育被忽视了。价值观错了,人生的路必然走错。不管环境如何、其他方面怎样,思想政治理论课教学不能等闲视之,不能眼看着学生在价值观上犯错,要切实担负起教育责任。

何谓思想政治理论课教学要充满对学生的爱意?说到底就是教师要心中有学生、爱学生,想学生之所想,急学生之所急;就是学生越需要什么,我们越要帮助他们什么。特别在当前这样一个价值观教育遇到了诸多挑战的环境下,价值观教育越是有难度,思想政治理论课教学越要迎难而上,越要帮助学生战胜这些挑战。可以想到的是,思想政治理论教学越是充满了对学生的这种爱意,思想政治理论课教师就越是能够更加准确理解和把握社会主义核心价值观的深刻内涵，增强价值判断、选择、塑造能力，带头践行社会主义核心价值观；越是能将课上教学与课下实践结合起来，将集体教学与个体疏导结合起来；思想政治理论课教师越会自觉地深入到学生的生活当中，想方设法了解学生在价值观方面存在的困惑，增强思想政治理论课教学的针对性、感染力、说服力，使思想政治理论课教学切实起到帮助青年学生健康成长的作用。

充满爱意的思想政治理论课才有味道

思想政治理论课与其他专业课的一个最大不同是：其他专业课只要教师知识渊博，就能吸引学生，学生就会喜欢这个老师的课；而思想政治理论课不仅需要教师有深厚的理论知识，还要有情感，既要以理服人，又要以情感人。一名思想政治理论课教师一定要成为其所讲授的理论的第一践行人，只有这样，学生才会悦纳你的教育。

思想政治理论课要充满爱意，重要的一点就是不能让学生在价值观上出问题，能及时地解决他们思想上的困惑。这就要求教师在第一时间节点就要与学生的思想进行“无缝衔接”。特别是思想道德修养与法律基础这门课，往往是待军训结束后才能上，更有的学校将这门课安排在了第二学期，由此就造成了对学生思想引领的空档期，而相对来说，这一时期又是学生思想困惑最集中的时期，有些思想问题需要给他们打上“预防针”。

为了解决这个问题，每当给学生上思想道德修养与法律基础这门课的时候，我首先都要通过与辅导员进行沟通、翻阅学生登记表、下发问卷调查、走访学生寝室、深入学生军训生活等方式，对学生的情况进行详细的了解，对他们的思想进行梳理，及早同个别思想偏激的学生谈话，针对普遍性的问题通过微信、讲座对学生进行引导。就是说，这门思想道德修养与法律基础课在课堂教学还没有进行的时候就开始了。

正式讲授思想道德修养与法律基础这门课时，我会在第一节课上便对学生们说：“从自然年龄上看我是你们的父辈这没有问题，但是从社会年龄上看我不敢说我是你们的父辈,但我一定会努力成为你们的父辈。我向你们承诺这样两条:一是从现在开始,谁也不准饿着肚子上课、饿着肚子要求进步,吃不上饭找我,有我吃的就有你吃的;二是你们在大学四年里难免患些疾病,小病你们自己看看,大病找我,我送你们上医院,待你们的父母来恐怕就耽误了。”这样的承诺一下子就拉近了我和学生们的距离。我还真多次送学生去医院。

记得有一次上课正赶上第二天是五一假期。我上课前点了部分学生的名字。此前上课我从未点名,学生有点奇怪。后来学生明白了,他们发现站起的都是家庭生活困难学生。我给他们每人发了100元钱,让他们过节期间改善一下生活。过完节后,这些困难的学生每人亲笔给我写了一封信,表达他们的感受和谢意。这里选几封推送给大家。

学生甲:

最让我感动的是什么,您知道吗,曲老师?我们本是不认识的老师甲和学生乙,一个学期平均下来一星期只能见到1.5次。您有自己专业的学生,我们也有自己的专业课,而您还时刻想着我们这些外院的小伙伴。在五一假期前,给我们贫困生发了100元补助费,让我们改善一下生活。当时,心中有种说不出来的感觉。以前也接受过类似的帮助,不过那都是政策上的。而这次,是一个老师的真情和爱心,让我心中感受到了真正的温暖。您曾经说过,尽自己的力量去帮助那些需要帮助的人。这是人生的一种信仰。

学生乙:

在我的生活中,确实遇到过很多糟糕的事。在我的家里,我的父母以及我的妹妹,每当遇到困难以及不幸时,爸爸妈妈总会对我们说要有一颗向上的心,要用笑脸去面对世界。也许有时候,父母也会悄悄流泪,但是从来没有对我抱怨过这个世界,而我心中也始终坚信,未来总是美好的。在高中最后一个月时,我读到了一首小诗,上面写着“世界以痛吻我,我要回报以歌”。学着以爱去面对一切,虽然有时候你会发现,有更多残忍的事接踵而至,但那只是因为你的世界还不够大。世界总是美好的,总是有许多人在爱着这个世界,在关心着你我。

曲老师，说实话好久没写过类似的文字了，写得有些乱，但是真的很感谢您，感谢您的这份爱心，而我相信自己也会是它的中转站。

最后，祝您身体健康，万事如意，福如东海！

学生丙：

曲老师，您好！感谢您对我的关怀与帮助，您的帮助使我感受到在大学里又多了一份希望。我出生在一个并不富裕的农村里。在小学五年级以前，我一直觉得虽然家庭贫困，但只要家人能在一起就是幸福的，我从未觉得自己比别人过得差。但在那一年，父亲与病魔经历了漫长的斗争之后离我们而去了。虽然父亲生病多年，但我始终坚信只要活着就有希望，只要他能看着我成长就足矣。可惜天不遂人愿，病魔夺走了父亲的生命，这对我、对整个家庭而言，无疑是个沉重的打击。家里的顶梁柱垮了，母亲在开始的几天整天以泪洗面，她试图随父亲而去。我知道，在那段时光里，母亲过得有多艰难。我想，大概是因为我们几个姐妹使母亲最终冷静了下来。那一年，是我过得最艰难的一年，回到学校的我，一个人盯着操场，不知不觉就泪流满面。我很感激那些天曾安慰过我的朋友们。

父亲走后，母亲一人挑起家中的重担。那时的我和姐姐都还小，都需要母亲的照顾。靠着亲戚与社会的帮助，我和姐姐继续踏上学习之路。原本以为世界已抛弃了我们，而现实是社会上永远不乏爱心人士。我想，曲导今天对我的帮助也正验证了这句话。家庭经济虽然困难，母亲却坚持送我们姐妹上学，所以才有了今天的我。

从小到大，我都受到了社会上各界爱心人士的帮助，这些都使我的心灵得到了极大的温暖。曲导您曾说过："我绝不会让我的学生饿着肚子上课。"这句话听起来是那么有力，又是那么温暖。作为一名老师，您不仅传授了我们书本上的知识，还以实际行动让我们感受到了您那深沉的爱。我一直都坚信"知识改变命运"这句话，曲导对我们的帮助也是为了让我们更好地学习。家庭困难并不代表什么，因为这只是暂时的，我从未觉得家庭贫困意味着低人一等，相反，这磨炼了我们的意志，使我们变得更加坚强。

衷心地感谢曲导您的帮助，现在我能做的，就是努力学习，锻炼自己，使自己变得更加强大。滴水之恩，定当铭记于心。

学生们说出了他们的心里话。我常想,思想政治理论课要想取得令人满意的效果,就一定要让学生感受到你的心中装着他们。教师之所以敢于站在学生的面前,那是因为教师为他们储满了浓浓的爱意。教师不是为了评职称、当学者来的,而是发自内心地相信:学生的幸福需要自己的帮助!

为什么不让学生上课带手机？

这题目乍一看一定会让人以为我要讲不让学生上课带手机的理由了。其实正相反，我是主张学生上课带手机的。都什么时代了，上课不带手机难道还带蘸水笔不成？蘸水笔早已退出历史舞台了，现代科技把它替代了。我就特别感谢手机的出现，它太便捷、太有用了。

我在20世纪80年代做辅导员的时候，每个学生过生日要当面和学生谈话，祝他们生日快乐。若是外出了，苦于没有通信工具，就错过了机会。现在有手机了，能当面祝福就当面祝福，不能当面祝福就用手机给学生发生日祝福。对每个学生我少则发几百字，多则发上千字的生日祝福。我还每天给学生发一些对他们成长有所帮助的微信，给学生提供思想力。我从上大学起就没有午休的习惯。午休的时间我都用来看报。原来没有手机，一些好的文章我只能剪裁下来，甚至抄下来，再分类粘贴，很麻烦。现在有手机了，我将一些文章照下来，再分类整理。我不知照下了多少篇文章，这对我搞科研、开展工作太有帮助了。特别是有些图像资料，可以用手机将它们拍下来，有些可以直接用手机下载下来，然后将它们分类整理，这是多便捷的事啊！

我给学生发的微信有些是在地铁站口发的；有些是在等飞机的时候发的；有些是在出租车上发的；有些是在两节列车的连接处发的……我在四年的时间里给学生发了两百多万字的微信，没有手机怎么可能做到呢？

从我带的学生去年毕业后，我又开设了公众号，在不到一年的时间里，我写了七十多万字的原创文章，我实在是离不开手机。当然手机不能运用到你学习、工作的全部方面。比如有些书还是读纸质版的为好；有些新闻从电视中看为宜。所以，不在于你是不是离不开手机，而在于你用手机干什么了。

我为什么不反对学生上课带手机呢？就是因为从积极的方面看，手机可以为学生的学习提供帮助。课堂上我为学生准备了丰富的、大量有价值的信息，特别是有些图像信息都是我“独家占有”的。比如我利用各种机会参观了中外一千多所大学，拍了上百万张大学文化的照片，根据教学的需要，我会将其中有些照片放到我的课件中，如果学生不带手机上课，是没法把这些照片保存的；还有大量的文字信息学生也是来不及抄写的，可以让学生照下来课后慢慢消化。我告诉学生们，允许带手机上课，但是手机必须用于学习。我问学生们能不能做到？学生说能做到。

但是总有个别学生管不住自己。有一次课间我走到一个课上偷看手机的女生身旁。“你上课看手机了吧？”“没有。”她回答道。“你看了。”我坚持说。“老师我错了。”她承认了。“你知道你错在哪儿吗？你错就错在不诚信上。”我告诉她，做人不能言而无信。既然答应的事就要做到。“你想一想，你将来找个爱人若是和你撒谎，这是多可怕的事啊！”

让学生上课带手机也是教学自信的表现。教师要认真备课，讲好每一堂课的内容，要努力把学生的注意力吸引到你的身上。所以，让学生带手机上课，客观上也对教师的教学提出了更高的要求。不练“内功”，上课吸引不了学生，即便管住了学生不玩手机又能怎样呢？对学生来说，心在哪儿，课堂就在哪儿；对教师来说，形式一定是为内容服务的，讲好课才是真正的“王道”。

把爱传递下去

“只要人人都献出一点爱,世界将会变成美好的人间。”这句歌词可谓妇孺皆知。而在现实社会中,这种爱也总是在生活中不断传递着。

前两天的早间新闻中有过这样一则报道:四年前,安徽的李女士通过他人捐献,获取了一颗肾脏。后来在临终时,她又将自己的肝脏、胰腺、一对眼角膜捐了出去,成为我国首个从器官移植接受者变为捐献者的案例。虽然报道的文字不多,但读后让人心里暖暖的。生活告诉我们,爱的海洋就是这样汇聚的。每个人的身上都储藏着爱,关键是要把它挖掘出来,传递出去。

我们学校图书馆附近,矗立着一块刻着“爱”字的石头。有一年冬天下大雪的时候我把它照下来发给了我的学生。我问学生们看了这块几乎被大雪完全覆盖的石头有何感想?我说:“你们知道老师是怎么想的吗?老师想的是无论环境多恶劣,爱无处不在。爱,是掩埋不住的。”想来真是天公作美,整个一块石头偏偏“爱”字露了出来。作为一名思想政治教育工作者,我努力把学生放在心上,让学生无时无刻不感受到我对他们的爱。

在我出国的时候,我都会给学生买些礼物。一次我到香港考察,在要结束的时候,我到一个商场给每个学生买了一大块巧克力。因为看上去路途不是太远,我就没有舍得“打的”,我背着一大袋子巧克力步履艰难地朝我住的酒店走去。

我让我的同事把我背着袋子在山坡上吃力行走的样子照了下来。回到酒店我把这张照片用微信发给了我的学生们。我跟学生们说:“小伙伴们,知道老师为什么把这张照片发给你们吗?老师不是作秀。老师要告诉你们的是:‘你们始终在老师的心上。’心就那么大,腾出点地方装一装别人吧。千万别太自私了,一定做个有爱心的人。”

有个学生说:

做您的学生真的觉得好暖、好幸福啊!真的不知道该如何报答您对我们的爱。真的好幸运能遇到您这么好的老师。我希望我以后也可以做一个像您一样温暖的人。

还有个学生说:

老师每次出远门都想着我们,看您背着袋子上坡的照片,真的很感动。导儿辛苦了!

习近平同志在北京师范大学与师生座谈时指出,做好老师,要有仁爱之心。教育是一门“仁而爱人”的事业,爱是教育的灵魂,没有爱就没有教育。好老师应该是仁师,没有爱心的人不可能成为好老师。教师对学生的爱,是人世间最美好的情感。汇聚我们的爱吧!再把这些爱传递下去,用我们的爱“滋润浇开学生美丽的心灵之花”,当爱的花朵在学生的心灵盛开的时候,我们的生活一定会比蜜还甜,我们的社会一定会变得更加美好。

千万别活到你活没活着学生都不知道的份上

我教过的第一届学生入学三十周年的时候,他们要搞个聚会。他们商量一下就不打算到学校聚会了。因为我是辅导员,给他们上品德课,学生们自然邀请我参加他们的聚会。我跟几个筹备聚会的学生说:“你们不到学校聚会可以,但是我建议你们邀请几个专业教师一起参加。”学生们说:“您来了就代表了。这话说在那些老师面前不好听,他们现在怎么样我们不知道。”

我从学校调到省教育厅工作后,经常有校友跟我交流的时候问他们的哪个老师现在怎样,还活没活着,也有问他们的辅导员怎么样的。可见辅导员也是如此,学生不是“天然”地把你记住的。我想,一些老师整天还觉得自己活得很幸福,其实他活没活着学生根本不知道,当老师的怎能活到这个份上呢?这岂不也是一种悲哀?这里有学生的问题,但更主要还是我们老师的问题。作为一名老师,逼着学生把你记住是不行的,要想让学生把你记住,你就要把学生记住。你不把学生放在心上,学生怎么会把你放在心上?

我当辅导员、给学生上品德课的时候整天和学生摸爬滚打在一起,对学生的情况了如指掌。我详细地翻阅学生的档案,摸清他们家庭的情况和在中学时的表现;我深入他们的寝室、教室;参加他们的课外活动……那时候没有电话,每个学生过生日我都找他们聊一聊,祝他们生日快乐。假期的时候我还安排时间到学生家家访。

刚参加工作的时候,学校在学生宿舍给我安排了一间不大的工作室。尽管这样,我也没舍得自己住。我从我带的三个班级中每个班选了一个有特点的学生和我一起住:一个年龄最小,我怕他管不住自己;一个最内向,我怕他和同学不好交往;一个是非团员,我怕他表现不好。我把他们安排到我房间里,一是便于及时帮助他们,如性格最内向的那个学生我总是主动跟他讲话,建立平等的关系;二是为了随时了解学生情况。我那时就将思想政治教育带进了寝室。

因为我们这间寝室与别的学院的女生在一层楼,给她们的生活带来了不便,起初她们挺烦我们的。没办法,我就一间一间寝室做解释。学生们的心都是肉长的,她们知道了我为什么要让这三个学生住到我的房间后,调侃地说,她们的辅导员要是也这样关心她们,住到她们的寝室都行。

这三个学生现在都发展得很好:一个是厅级干部;一个是局级后备;一个是副教授。现在是厅级干部的那个学生的母亲经常念叨我。她告诉她的孩子可以忘了他的父母,但是不能忘了我。到现在我也会找机会给这个学生的母亲拜年,我不去拜年他母亲都觉得这个年过得没意思。

我今年六十一岁了,我带的第一届学生已经毕业三十多年了。我和我的学生保持着密切的联系。我的工作、生活情况学生们都很了解。他们经常给我打电话、发微信,把他们的祝福送给我。有的学生到大连看我,还有的学生带来了他们父母对我的问候。我从带这些学生那天起就把他们放在了心上,到今天再没有放下,他们也就没有把我忘记。同学聚会的时候,他们同学间有的都叫不上名字,但全年级每个学生的名字我张口就来。

有一次我到重庆听到这样一个故事,有个叫江津的盲人唱进了《星光大道》。他说:“虽然我看不见这个世界,但总有一天这个世界会看到我!”让这个世界看到我,说得多好啊!这不就是不能活到你活没活着学生都不知道的份上的诠释吗?一定要让学生记住我们,那就要在学生的生命里深深地刻上我们的印迹!

思想政治理论课是为学生开设的

大学里为什么要开设思想政治理论课？这本不是个问题，只是个常识。为什么呢？

说得简单些，就是为了让学生更好地接受马克思主义理论的教育。

应当说，这些年来，思想政治理论课教学在诸多方面的努力下，教学效果得到不断提升，较好地完成了这门课所要完成的任务。

我就是这样的观点：若是没有思想政治理论课，学生的思想就不知会混乱成什么样子，高校也难以保持这么多年的稳定。稳定是什么？稳定是思想的稳定。思想不稳定，行为就不会稳定。我在任省委高校工委副书记，主抓思想政治理论课教学的时候，动不动就会听到有的学校领导说思想政治理论课没有用。我就想，大学不是他家的，若是他家的就允许他不上思想政治理论课，看看这个学校还能正常运行下去不？

那思想政治理论课不是很好了吗？我为什么还要说思想政治理论课是为学生开设的？从题目上就能看出，我对思想政治理论教学还是有些看法的，但是这是从积极的方面来说的，是从爱护思想政治理论课教学的角度出发的，是从没有最好、只有更好的追求出发的。

思想政治理论课怎样才能更好？说起来很简单，就是回归到常识，就是别忘了我们为什么要开设思想政治理论课，要把我们的着力点打到对学生进行马克思主义理论教育上。

以这样的观点认真地审视一下现今的思想政治理论课教学，我们不得不承认的一点是：现今的思想政治理论课教学在一些方面还没有做到更好。

比如，在思想政治理论课教学过程中，我们存在过于学术化的倾向。什么意思呢？就是说我们对马克思主义理论课教学效果的评价，常常是看承担了多少课题、发表了多少文章以及这些课题和文章都是什么等级的。似乎等级越高，理论课教学效果越好。

我不反对在理论层面上不断地加强研究，使马克思主义理论得以更加丰富。但是我认为，这样一项研究任务，首先是由专职的马克思主义理论研究者来完成的，这是他们的使命和责任。当然也是少部分马克思主义理论教育工作者的使命和责任，而就绝大多数马克思主义理论课教师来说，他们的主要使命和责任就是让学生接受马克思主义理论教育，让学生知道马克思主义是什么，让学生把马克思主义理论“内化于心，外化于行”。这是一项很重的任务，有的同志说，自己没有一桶水，怎么能给学生一杯水？以此强调理论研究的重要性。这个基本的道理我们都懂。问题是教师有了一桶水，学生就能得到一杯水吗？事实并非如此。这要取决于有一桶水这个人是想解决给学生一杯水这个迫切的任务还是想再有一桶水，再有更多桶水……这就是问题的所在！

如果我们强调思想政治理论课是为学生开设的，不忘开设思想政治理论课的初衷，不违背思想政治理论课教学的常识，我们对思想政治理论课教学的评价就会以教学效果为根本标准，这样思想政治理论课教师的教学重心就会下移。一名思想政治理论课教师在有了一桶水之后，才会想尽办法向下使劲，就会先解决了学生一杯水的问题，然后再考虑怎么样装满下一桶水的问题。我们需要马克思主义理论家，这只是极少数，而对于思想政治理论课教师来说，即便你是马克思主义理论家，也还是要将理论和实践统一起来，也不能忘了你的马克思主义理论研究是要为学生更好地接受马克思主义理论教育服务的。当然，我们还需要马克思主义理论教育家，这是绝大多数。只有他们切实地担负起马克思主义理论的教学任务，对学生进行马克思主义理论教育的任务才能完成。

因此，我们一定要注意我们的教学引领，要“弱化”学术引领，“强化”实践引领。检验思想政治理论课教学好坏的标准一定是学生是否将马克思主义理论“内化于心，外化于行”。不然课题研究得再多，文章发表得层次再高，于思想政治理论课教学的实效又有什么用呢？

做有骨气的知识分子

日前，中组部、中宣部颁发《在广大知识分子中深入开展“弘扬爱国奋斗精神、建功立业新时代”活动的通知》，要求广大知识分子自觉弘扬践行爱国奋斗精神，不忘初心、牢记使命，增强“四个意识”，坚定“四个自信”，把个人理想自觉融入国家发展伟业；胸怀祖国、艰苦奋斗、开拓创新、无私奉献，在祖国最需要的地方建功立业，不负人民期望；勇于担当民族复兴大任，不辱时代使命，做新时代的奋斗者，为实现“两个一百年”奋斗目标、实现中华民族伟大复兴的中国梦贡献智慧和力量。

应当说，与国家和民族同呼吸、共命运是知识分子的秉性决定的。知识分子顾名思义就是有知识的人。有知识的人应当什么样呢？

宋代大学者张载曰：“为天地立心，为生民立命，为往圣继绝学，为万事开太平。”

这就是说有了那么多的知识，就不能只想自己这个小家的事了，要明明德，要止于至善。知识分子要主动承担起历史所赋予的神圣使命。

放眼中国社会，历来不乏为民族担当己任的仁人志士。像秋瑾，不愧为“鉴湖女侠”，明知被抓住了要被杀头，却昂胸抬头走向刑场；谭嗣同，拒绝了别人请他逃走的劝告，面对死亡，仰天长笑，留下了“望门投止思张俭，忍死须臾待杜根。我自横刀向天笑，去留肝胆两昆仑”这样慷慨悲壮的诗篇。闻一多先生为反抗国民党的黑暗统治，把自己的命献了出去。有人曾告诉他，李公朴被杀后下个目标就是他，闻一多仍不放弃“最后的演讲”。

这次演讲真就成了他的"最后的演讲",演讲结束后还没有走到家,闻一多就被国民党特务枪杀了。我去过闻一多先生的遇难处,闻一多先生当年那视死如归的身影立刻涌现在我的脑海里。抗日战争时期,大批的知识青年投奔到延安,他们中有的在中国人民抗日军政大学成为培养知识分子的人,有的英勇牺牲在抗日前线。

中华人民共和国成立后,国际上的反动势力总想"掐死"我们,他们对我们实行核讹诈。钱学森先生冒着生命危险回到了祖国。前些年我去美国考察的时候,特别去了加州理工学院,在那里亲身感受钱学森先生那坚定的爱国情怀。钱学森去世后,我在省委高校工委做副书记,同有关部门一起举办了钱学森事迹展览,组织驻沈高校师生前来参观学习钱学森的事迹。钱学森的儿子钱永刚先生也来了。钱永刚先生跟我讲,钱学森生前在他的床头摆放着神舟六号的模型,"我爸爸常跟我讲的一句话就是'不能让中国人受欺负'。"

什么是知识分子?

知识分子不就是这种有着"不能让中国人受欺负"的铮铮铁骨的有知识的人吗?知识分子就是要有这种为了国家死都不怕的精气神。知识分子不只是知识堆砌出来的,知识分子一定是在担当民族大任的过程中成长起来的。

遗憾的是我们有的知识分子,论知识也很丰富,但是他们并没有将所学到的知识都运用到祖国的改革发展当中,极个别的甚至与人民讨价还价,这十足没有知识分子那种使命和担当,着实让人瞧不起。君子不器啊!君子不是器物,君子是有灵魂的人,君子是懂得知识为何用的人。

《国歌》里有这样一句歌词:"中华民族到了最危险的时候。"

今天可以说中华民族到了最关键的时候。贸易战只是一种表象,一种遏制、阻挠我们发展的方式,我在较早的一篇文章中有所阐述,这里不再赘述。我们还能不发展吗?不发展人民群众坚决不答应!

我们的发展要是超越了美国呢?他们怎么能不在乎呢?他们又怎么会甘心呢?这里绝不是一个简单的谁做"老大"的问题,这是代表两种"主义"、两种价值观的较量问题,这场较量从马克思主义诞生那天就开始了。不管怎样,我们已经走到了这里,不管怎样我们绝没有退路,不管怎样我们必须坚定地走下去。

每个时代有每个时代的使命，每代知识分子有每代知识分子的担当。我们必须走好“最后一公里”。当代知识分子就应当向钱学森先生这样优秀的知识分子学习，将自己的理想同祖国的前途、自己的人生同民族的命运紧密联系在一起，扎根人民，奉献国家。一定做个有骨气的知识分子，让人瞧得起，千万不能让别人戳我们的脊梁骨。

人是要有点精神的

2018 年世界杯的烽火早已经散尽,但是这届世界杯留给我们的思考远没有结束。这个思考就是克罗地亚为什么能获得亚军?

这是一支由出生在战火中的孩子们组成的球队,这是一支来自被战争摧残得差不多要分崩离析的国家的球队。这支球队没有优良的训练条件,球队的球员更没有高额的报酬,为什么世界杯亚军这么高的荣誉偏偏让这样一支球队赢得啦?

这要是用足球教科书上的理论是无法解释通的,但是用人文理论来回答就很简单了,因为这支球队靠的是一种精神,一种为祖国而战的精神!他们在用脑子踢球,他们要获得的是民族的尊严和荣誉,而不是个人的奖金和名气!

毛泽东同志说:"人是要有点精神的。"

中国革命的环境那么艰苦,为什么能够胜利?说到底靠的也是一种精神,一种艰苦奋斗的精神,一种全心全意为人民服务的精神。

李大钊面对绞刑架,相信的是"将来的寰球,必是赤旗的世界";方志敏面对高官厚禄,"毫不稀罕美丽的西餐大菜";"三大战役"按照军事理论分析,共产党的胜率没有国民党高,但是我们打赢了。说到底靠的还不是共产党人那种为解放劳苦大众奋不顾身的牺牲精神吗?

毛泽东同志说:"真正的铜墙铁壁是什么?是群众,是千千万万真心实意拥护我们事业的群众。"

再高明的军事理论,没有人跟着干又有什么用呢?所以有人说淮海战役是老百姓用手推车推出来的。国民党将领杜聿明后来说,当时自己带兵打仗,从徐州出发,沿途村庄的老百姓全跑了,埋了粮食,填了水井,杜聿明感叹,这哪是和共产党打仗啊。

中华人民共和国刚建立的时候,我们百废待兴。毛泽东同志形容这叫"一穷二白"。但是中国共产党人就是有精气神,以豪迈的气概向世人宣告:"我们不但要破坏一个旧世界,我们还要建设一个新世界。"当时国际上的反动派极力地封锁阻挠我们。毛泽东说:封锁吧,封锁个十年八年,中国的一切问题都解决了。在共产党的领导下,我们什么人间奇迹都能创造出来。我们很快就完成了第一个五年计划,这里有苏联的帮助,但最根本的还是我们自己的力量,特别是我们有在自力更生的基础上重建家园的决心。

原子弹是怎样造出来的?

那是因为我们首先造了一颗"精神原子弹"。当时帝国主义对我们搞核讹诈,我们要捍卫我们国家的主权、民族的尊严!一定要打破核讹诈!

原子弹还能在城市里研究啊?那是在荒无人烟的青海湖畔研究的。我去过青海湖,现在那里成了旅游的胜地,想一想当年条件会是怎样的艰苦?一些有精神、敢于担当的知识分子到了那里。在如此恶劣的条件下还能搞科研?他们搞了,他们硬是把原子弹搞了出来,并且我们用的时间比美苏都要短!他们是好样的!什么是知识分子?这些人才是真正的知识分子,我们永远不能忘了他们。我们完全可以说物质的原子弹是精神的原子弹造就的。

还有我国第一枚鱼雷也是在青海湖实验成功的。在未名湖还能研究鱼雷吗?清华园也同样研究不出鱼雷。谁来研究?没有点精神是不敢研究鱼雷的,没有点精神就会望而却步。屠呦呦搞了科学的研究,获得了诺贝尔奖,为祖国争得了荣誉,为中国人争了口气。同样,屠呦呦要是没有点精神能有如此伟大的发明吗?屠呦呦在自己的身上做了多少次实验?在别人身上做实验,人家能让啊?无数事例说明,伟大的事业首先要有伟大的精神。

人就是要有点精神,物质条件永远不可能走在精神的前面,这就需要发挥主观的能动性,这就是我们讲的一定条件下精神也可以转换成物质的道理。

我在大学的时候曾是业余万米运动员,我创造过我们学校万米长跑的纪录。当我站在领奖台的时候,我的内心很平静,我知道我虽然没有优越的物质条件,但是我有强大的精神世界。我最喜欢的一句广告语就是“我能”。冬季寒冷的操场上常常就只有我自己在迎着刺骨的北风奔跑着,事实上这时我就已经是赛场上的冠军了。2005 年我患癌症的时候,拒绝了医生化疗、放疗、植皮等疗法。我缠着绷带,刀口没拆线就出院工作了。当我站在全省大学生纪念“一二·九”大会发言席的时候,我知道是精神的力量让我站到了这里。

昨天上午因为改个材料坐久了,结果我扭了腰,现在翻身都困难。为了保证周一能推送这篇公众号文章,我躺在床上,趴着写完了这些话。看到这些文字,我很是欣慰,它再次告诉我:无论在什么样的环境条件下,精神一定不能倒下。人活得就是一种精神!

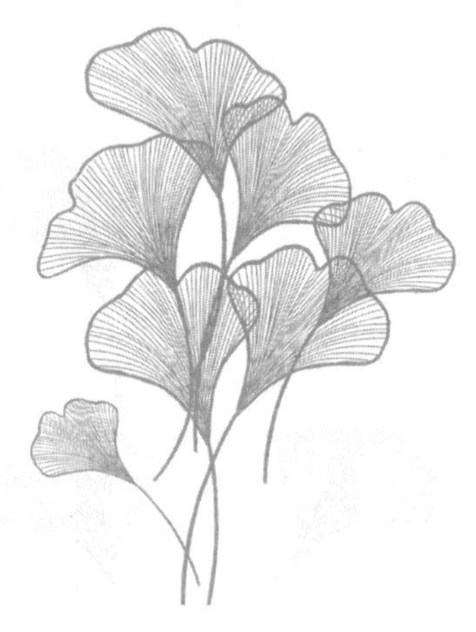

教育学生爱国应理直气壮

前两天在大连海事大学体育馆和辽宁中医药大学操场我分别给这两所高校2018级新生做了题为“大学·大学生·人生”的报告。

我给大学生们诠释了十个关键词:爱国、厚德、好学、明辨、乐群、责任、刚毅、向善、慎独、健体。场上气氛十分热烈。整个报告过程中,响起了数十次掌声。一些学生在我的公众号后台和微信里留下了他们的感言。

部分留言:

有个学生说:

那天,听哭了,真哭了。

有个同学说:

感谢老师的教诲。从懂事那天起,爸爸、妈妈,还有老师、朋友告诉我的都是好好学习,将来考上好的大学。从未听到您今天这样声音响亮地告诉我们要为祖国、为实现中国梦而刻苦学习。记住了,老师,我要像您刚才提到的××同学那样,为中华之崛起而读书。

还有个学生说:

曲教授，不知道您能不能看到这条消息，我是昨天听您演讲的学生。听了您的演讲受益匪浅，在您演讲的时候就关注了您的公众号，您说大学不是个人来使用的地方，对您每天起早去打扫教室这件事我深有感触。今天下雨过后，操场上全是垃圾，我去超市买了袋子去操场把垃圾捡起来，还有几个同学和我一起。把所有垃圾拾起丢掉后，心里有一种从没有过的快乐。这可能就是您说的，要把心里留出点地方装一装别人，不要做一个自私的人。昨天记得最深的就是您说的一段话："乱世道德堕落，历史上均是，但大学犹如海上灯塔，吾人不能于此时降落道德准则，切记：异日逢有作弊机会是否能'涅而不缁、磨而不磷'，此乃现代教育试金石也。"大学生的道德精神源于大学人总体的道德精神，毋庸讳言，大学人应该是社会中最有德性和理性的一族。您告诉了我上大学的意义所在，要懂得生活的尊严和活着的意义，读书是为了中华之崛起而读书，读书不是为了自己，人活着就是为了履行自己的责任，要把学习当成存在的方式。我昨天做了笔记，谢谢您的教诲，我终身受益。我文采有限，语言词语可能有错误，请您见谅。

我的报告从始至终贯穿着爱国这条主线。

2018 年 5 月，习近平同志在北京大学与师生座谈时，强调的第一点就是希望大学生们爱国。

爱国不是空洞的口号，需要大学生积极地践行。

从马克思主义诞生那天起，一切反动势力绞尽脑汁要置马克思主义于死地。今天我们站到了离实现中国梦最近的地方，西方某大国又在竭力阻挠我们前进的步伐。这就需要当代大学生努力做到像习近平所希望的那样："把自己的理想同祖国的前途、把自己的人生同民族的命运紧密联系在一起，扎根人民，奉献国家。"我们现在高等教育在校生规模已经世界第一，我们不能仅仅要满足数量，更要有质量，这就使大学生们一定要成为德智体美劳全面发展的社会主义事业建设者和接班人。不然我们办了如此规模的高等教育意义何在呢？在做辅导员的时候，我就紧紧抓住爱国主义教育这个主线。像我在报告中提到的有个叫××的学生，他毕业后到哈尔滨工业大学攻读飞机发动机专业。我跟他讲，这个专业太重要了，一定要好好学习。生活上有困难我来帮他。我三次去哈尔滨都见到了他，鼓励他为中国梦的实现而读书。

要理直气壮地对学生进行爱国主义教育,要让学生把爱国当成自己前进的强大精神动力。

今天准备着,明天奉献着。我们有的思想政治教育工作者,谈到爱国,觉得这是空洞的口号,甚至担心学生逆反,因此羞答答的。学生需要正能量,需要正确的引导。上面那几个学生的回复就是证明。

做一名思想政治理论课教师真挺好

我非常愿意做教师,尤其愿意做思想政治理论课教师。

我考大学的时候本来我的中文也是可以的,但是我喜欢政教,于是便报了辽宁师范大学政史系。当时我的成绩比省本财经类院校高几十分,有人建议我报财经类院校,我想将来做个教政治的教师不是挺好的吗?后来参加工作了,特别是在市场经济十分红火的时候,有的朋友还说:"你当初报财经类院校多好!"我真心感到做一名思想政治理论课教师挺好。

毕业前夕,辅导员了解我们的毕业去向,我在申请里写下了去西藏、新疆等边远地区,我要在这些文化欠发达的地区当一名教师,培养更多的学生,帮助他们实现读大学的梦想。

因毕业那年没有支边计划,学校让我留校了,把我派到历史系做辅导员。

我读书的时候政史还没有"分家",历史系的老师基本上都是政教系的老师,他们都给我上过课。特别是历史系的主任,对我很了解,我到系里报到后不久,有一天他私下对我说:"听我的,别当辅导员,你是把教学好手,不然是人才的浪费。"他认为我能教好中国史、世界史这样的课程,他认为这是专业课,教这些课才有出息。可我不这样看,我觉得在大学里学好知识、培养技能是重要的,但比此更重要的还是要树立正确的价值观。学了那么多的知识、有了能耐,如果不知为什么要学知识、要有能耐,那知识再多、能耐再大又有什么用呢?而思想政治理论课教师就是教给学生价值观的人。我跟主任说，我愿当辅导员，给学生上思想品德课。我们学校一直开这门课，当时叫“共产主义思想品德课”。我认为在大学的所有课程里，思想品德课对学生的影响最大、最直接、最深刻，能够帮助学生确立正确的价值观，就是学问，而且是很高深的学问。

我有很多的机会从事所谓的专业课教学，我都不为所动。我这一辈子可以说就上了一门课——马克思主义理论课。

从辅导员角度看，重点在实践层面帮助学生树立正确的价值观；从思想政治理论课教师的角度看，重点在理论层面帮助学生树立正确的价值观。所以，在做辅导员的时候，我兼上思想政治理论课；在做马克思主义学院教师的时候，我兼做辅导员。我始终把两者统一起来。现在看，我的选择是对的。

我经常说我就是个农民。我春天播种下种子，夏天洒下汗水，秋天有了收获。我现在可谓桃李满天下，我的学生做什么工作的都有。谈到他们的大学生活，他们感谢专业课老师给了他们专业知识，更感谢我对他们的人生引领。我有个学生是个厅级官员，他给我写过一封近5000字的信，信的题目是《我的精神导师》。

他说：“于我而言，您恰是我人生成长的精神导师。”一次上完思想道德修养与法律基础课，学生自发给我送上条幅——桃李天下，师恩似海，表达对我的感谢；有的学生家长几十年了仍念念不忘我对他们孩子的培养。有个学生家长嘱咐他的孩子说：“你可以忘了父母，但不能忘了曲老师。”还有个学生家长，经常念叨我。我1983年去她家家访的时候，给了这个学生20元钱，学生的母亲很过意不去。说当年亏了我，现在日子好了，希望我常到她家。七年前我在教育厅工作的时候，我去看过这个学生的母亲。她拿了个草莓让我吃，当我吃下这个草莓的时候，她对她的孩子说：“你妈能闭上眼睛啦。”我的眼角湿润了。上个月，我又去看望了这个学生的母亲。因为晚上要赶到丹东，3点多钟的时候我先到了这个学生家。这个时间根本不是饭点，我也是故意躲开了饭点。谁知学生的母亲准备了一桌丰盛的农家饭菜，硬是逼着我吃。我的眼里含着泪水，虽然一点不饿，还是强吃了许多。学生的母亲92岁高龄了，这一桌饭菜对我来说价值连城、情谊无限。

今天是教师节，从昨天开始，就有学生给我发节日祝福，还有的到学校来看我，这一早上祝福的话语像雪片一样纷纷飘来。有个我刚做思想政治教师时带的学生说：

虽然我们人分两地，不常见面，但老师的形象已经深深地印在我们的脑海里，永久难忘。

我带的去年毕业的学生说：

曲导好！教师节快乐呀！今天是一个多么美好的日子啊，这日子属于您和像您一样千千万万用心奉献的老师们。越发觉得教师是一个伟大的职业，不仅充分说明了知识的力量，像您这样有人格魅力的老师更会让学生受益终生啊！所以，一切的赞美和祝福送给您都不为过！老师您辛苦了！我以后争取也做一个像您一样有情怀的老师！

今天一定会有来自五湖四海甚至世界各地的人向老师发去祝福吧！我猜老师的手机会一直响。有时候被打扰也是一种幸福，老师您一定很开心吧。开心就好啦，您看到我的祝福就行啦，不用回我的，那么多信息哪能回完。今天总该休息休息了吧，这可是专门给你们放的假呢，知道您也还是闲不住。有时就真的感慨，到了这个该懂事的年纪，和父母、和老师您就像互换了身份。每次和家里打电话，每次给您发消息，都不忘叮嘱你们要注意身体，你们总是答应得好好的，可挂了电话还是依旧不知疲倦地工作着，不听叮嘱。其实我理解，你们都有重任在身，哪敢耽搁一天。我心里真的很愧疚，我会好好努力的！等等我！

记得有一年教师节给您送花来着，今年也想给您送的，预订鲜花本是很简单的事，但始终觉得太容易的事不足以表达我的真心。所以让妹妹为您做了一束手捧花，代表我们两人的心意，可能不如真花好看，不过心意是都在里面了。希望老师收到花时开心！祝您教师节快乐！以后也天天快乐！祝愿您身体健康，永远爱您！

做一名思想政治课教师有多好！真正可以体现“燃烧自己，照亮别人”那种蜡烛精神。

有个别的教师嫌学生麻烦、事多，嫌学生思想复杂、难引导，不也正是因为有了这些“麻烦”“复杂”才需要我们,才凸显了我们的价值,才奏响了我们人生的乐章吗?社会职业千行万行,哪一行有教师的职业最情深意长?教师培养的是人,而人是有感情的。正是在我们的奉献中,我们得到了学生们的思念,而正是在学生们的思念中我们得到了永生!2006 年 4 月,为配合全国辅导员工作会议的召开,《光明日报》的记者采访了我。他问了我许多问题,最后问我:“如果让你重新选择的话,你还会选择做辅导员吗?”我当时毫不犹豫地说:“一定会的。”我没有来生,如果有来生的话,我一定还做辅导员、上思想品德课,我会比现在做得更好。因为我不仅更加清楚地知道了一个思想政治教师的地位和价值,我还特别知道了我还有哪些地方做得不好。

值此第三十四个教师节到来之际,谨以此文纪念我们自己的节日。作为一名老思政人,衷心地祝愿老师们节日快乐!

钱学森——知识分子的崇高典范

2019年10月31日是钱学森同志逝世十周年纪念日。我十分敬仰钱学森,他是当代知识分子的崇高典范,展现了中国优秀知识分子的风骨。

1964年10月16日,我国爆炸了第一颗原子弹!毛泽东主席破例举办了生日宴。毛泽东把钱学森请来了,并安排他和自己一个桌,就紧挨着坐在自己的身边。毛泽东向大家介绍说:"今天,请各位来叙一叙,主要是因为我们的原子弹爆炸了,我们的火箭试验成功了,我们中国人在世界上说话,更有底气了!"接着,毛泽东望着自己身边的钱学森说:"我现在特别向在座的诸位介绍一下我们的钱学森同志,他是我们的几个王呢!什么王?'工程控制论王''火箭王'!他这个'王'用工程控制论一发号令,我们的火箭就上天。所以各位想上天,就找我们的'工程控制论王'和'火箭王'钱学森同志!"正是以钱学森为代表的一大批知识分子的努力奋斗,我们才打破了帝国主义的核讹诈,若是当年我们没有原子弹,真不知西方某大国会怎么欺负我们呢。钱学森为祖国做出了卓越贡献,祖国永远不会忘记!

钱学森的事迹大家都很熟悉,本文不再赘述,这里我想说点我间接了解的钱学森,以此作为对钱老的怀念。

我在辽宁师范大学做党委副书记的时候策划了一个活动:让我们化学学院的学生给钱老写封信,表达他们对钱学森的敬仰之情;向钱老学习,为祖国而刻苦学习。没有想到的是钱老那么忙,晚年身体还不太好,他却给学生们回了一封很长的信。信中钱老深深表达了对教育的关切之意,对学生的关爱之情。信中他语重心长地对学生们说:“你们一定能当好时代需要的老师。”

钱老的信在学校上下引起了强烈的反响。我组织全校学生学习钱老的信。学生们表示一定不辜负钱老的期望,做一名优秀的人民教师。有一年我们学校有四位同学坚决要求去西藏支教,我把她们送到了西藏。钱老的信成了我们学校教育学生热爱人民的教育事业的宝贵动力资源。后来学校还把钱老“你们一定能当好时代需要的老师”这句话镌刻在石碑上,矗立在图书馆的道旁,使每个来图书馆学习的学生都能记住钱学森的嘱托,刻苦学习。

钱学森逝世后,辽宁省有关部门在沈阳举办了钱学森事迹展览。

因为我当时在省委高校工委做副书记,因此有些工作由我具体负责。展览期间我们把钱学森的儿子钱永刚教授请到了沈阳,这样我就有机会与钱永刚教授进行交谈。钱永刚教授跟我讲了许多钱学森爱国的故事,特别是钱学森晚年即便在病床上的时候,也没有忘记对祖国发展的关心,尤其是对科技和教育的关心,对人才培养的关心。

我们党和国家领导人经常去看望钱学森,每次看望都是嘱咐他安心养病。但是钱学森每次都是放不下他对祖国发展建设的那份挂念,让他安下心来养病那是根本做不到的事情。钱永刚教授告诉我:“我爸爸对我说,他这辈子就关心一件事,不能让中国人受欺负。”这句话对我的心灵是一次强烈的震撼,让我至今牢记在心。

“不能让中国人受欺负。”一个知识分子,只有具有这种强烈的使命感和责任感,才能担当大任,才能有所作为。

钱学森的道路告诉我们,一名知识分子必须把个人的发展融入祖国发展的伟大实践中。今天我们正行进在实现中国梦的伟大事业中,我们需要成千上万个像钱学森这样勇于担当的知识分子。应当说广大的知识分子是有奉献和担当精神的。但是也有个别的知识分子,甚至是学术名气很大的知识分子,没有做到像钱学森那样,而是向祖国讨价还价。他们想的不是祖国哪里需要到哪里去,而是哪里钱多往哪里去。别说个别学生坚持的是精致的个人主义,我们个别的老师坚持的就是精致的个人主义。用钱学森精神审视一下,这样的老师真应当汗颜。

我每次做报告谈到爱国主义的时候,都会谈到钱学森。有一次有个学生留言说:“钱老是有骨气的知识分子,我要追寻他的方向。”钱学森已经逝世十周年了,钱学森的爱国精神永垂不朽！在实现中国梦的伟大实践中,钱学森精神一定会激励一代又一代年轻的知识分子奋力前行。我想,这应当是我们后来人对钱学森的最好纪念吧!

把命运掌握在自己手里

什么是命运？所谓命运就是生命的运行轨迹。

一帆风顺的生命自然属于好命;坎坎坷坷甚至戛然而止的生命自然命就不好。怎样才能一帆风顺？怎样才能避免坎坎坷坷、戛然而止？这里要将生命做两种不同的划分。

其实我们讲的生命有动植物的生命和人的生命,就动植物的生命来讲,它们的命运完全是一种适者生存的运行轨迹,就像一些动植物灭绝,气候的变化一下子使它们的生命戛然而止,这只能怪它们的命不好了,它们自身无法改变这种生命的运行轨迹。而人是从动物进化而来的,人的生命与动物的生命有着根本的不同,人不仅能够适应环境,而且可以改变环境,由此人的生命运行轨迹就有了自然生命和社会生命之分。就人的命运来讲,自然生命之命运是否一帆风顺还真有个“命”的问题;你的社会生命之命运是否一帆风顺,是否坎坎坷坷,是否戛然而止,这就不是自然生命所能左右的了,你的社会生命之命运如何完全掌握在你自己的手里。这就像乘坐在飞机上,飞机失事了,乘客的生命戛然而止,这就得认命了,飞机上的乘客是左右不了自己的自然生命的。可是能不能乘得起飞机,这就看你的社会生命了。你付出的多,你得到的就多,你就买得起机票,你就乘得起飞机,而你的自然生命之命运是无法帮你购买机票的。

把命运掌握在自己的手里,就是要创造自己的社会生命,不要把自己的生命只看作自然运行的过程,甚至祈求上苍的保佑。

在庙宇里，我们经常看到熙熙攘攘的人簇拥在那里烧香拜佛，有的还虔诚地在佛像面前摆上自己都不舍得吃的水果。每每这时我都会想："这些人也真是愚蠢，那么多人求佛，佛就一个，能顾过来这么多人吗？真不如把水果自己吃了，这还可以解决一下现实问题。"

在辽宁北镇有个"歪脖老母"，据说是相当灵验，拜拜她可以得到好命。我就听说有个领导去拜过，可是"歪脖老母"并没有保佑他，现在这个领导在监狱里。"从来就没有救世主，也不靠神仙皇帝，要创造人类的幸福全靠我们自己。"我常跟家庭生活困难的学生们讲："出生在什么样的家庭是无法选择的，但人生的价值是可以创造的。要相信自己，相信未来。"

当年我的一个学生家庭生活十分困难，但是他不气馁、不惧怕。他确立了考研的目标，寒假的时候他只是回家过个年便急忙赶回学校。空旷的大教室只有他一个人在学习，虽然寒冷，但他就这样坚持着。他考上了研究生，现在是一所大学的教授。这个学生把握了自己的社会命运。他说，若没有当初的奋斗，怎能有今天这样的生活？

人生就是一个把握社会命运的过程，谁不努力，谁一味地相信所谓的自然命运，谁就会被生活所捉弄。现在有的大学生看不到这一点，总愿抱怨，缺乏奋斗精神，把自己的人生建立在自然命运的基础上，这多幼稚、可笑，多不靠谱，这样会毁掉自己的。就像有的大学生，忽视了自己社会生命的发展，靠着自然生命活着，一进大学就谈恋爱，这都是不靠谱的事情。恋爱是种社会行为，不取决于你的自然年龄是否成熟，关键看你的社会年龄是否成熟。没有社会年龄的支撑，自然年龄很快就耗尽了，正如再美丽的花朵也有凋谢的时候一样。有些上了年纪的人也说自己的命不好。其实不是命不好，而是他们没有把握自己的社会生命。大学生们一定不要懒惰，不要抱怨，不要等待，要趁着年轻多为自己的社会生命注入丰富的物质和精神元素。无数实例告诉我们，只有那些把握了自己社会生命的人才能够"潇洒走一回"。

莫将“1”和“0”混为一谈

大家经常会看到英年早逝的报道。就在前些日子,很不幸,李咏年仅50岁就去世了。大家为之惋惜,为之悲痛。在悲痛之余有的人便大发感慨:身体是“1”啊,没有了“1”,后面有多少个“0”都没有用了。

一、增长社会生命

乍听起来,此话有些道理。若细论起来,这话就不怎么有道理了。

“1”是什么?“1”是自然生命;“0”是什么?“0”是社会生命。这两者是不能混为一谈的。

“1”的后面若是没有“0”,要“1”又有什么用呢?“1”不就成了本能的存在吗?即便长命百岁又有什么价值?如果再不小心把“1”变成了“-1”。那对社会不仅没有一点积极意义,还会给社会带来危害。

为什么对一些英年早逝的人大家为之惋惜、为之悲痛?那不是因为他们正处在“英年”,而是因为他们那么年轻就在“1”的后面有了那么多的“0”;为什么有的人即便刚成年,犯下了不可饶恕的罪行,被枪毙的时候人们拍手称快,那是因为他的“1”后面不仅一个“0”都没有,而且把自己活成了“-1”,简直禽兽不如。

从根本上讲,没有“1”这个自然生命,是不可能有“0”这个社会生命的,这就和物质决定意识差不多。但是一旦有了“1”,有了客观存在,那“1”就要为“0”服务了,就要不断地在“1”这个自然生命的后面排列上“0”这个社会生命,而且排列的“0”的数量越多,越说明这个“1”具有了社会性，具有了人的样子，越说明这个“1”超越了其自身的物质属性，超越了动物性，越具有了“0”这个社会属性的至善性。所以，没有“0”的“1”的存在对人的社会来讲是毫无意义的，有了“1”这个自然生命的存在，就一定要想办法在“1”的后面更多地排列“0”这个社会生命，这是由人的本质决定的。

二、“1”和“0”的关系

现实社会中“1”这个自然生命有和“0”这个社会生命发生矛盾的时候，有的人为了增加“0”这个社会生命，废寝忘食，鞠躬尽瘁，死而后已，直奋斗到“1”这个自然生命吃不消的程度，英年早逝的人就是这样。

大家还记得沈阳飞机工业（集团）有限公司董事长、总经理、党委副书记罗阳吧。他在2012年11月25日12时48分执行任务时，突发急性心肌梗死、心源性猝死。其实罗阳本人在随辽宁舰出航的时候已经感到身体不适，为了使辽宁舰早日入列，他隐瞒了病情。在实验结束返回港口后，如果罗阳说他的身体不舒服，也会得到及时治疗的。可是为了在第一时间分析出实验数据，罗阳又隐瞒了病情。就这样，直到病情发作他才被送往医院。结果耽误了救治，罗阳不幸因公殉职。

这么说吧，如果像罗阳这样的人能“认识”到身体是“1”，没有了“1”后面多少个“0”都没有用了，能够处理好“1”和“0”的关系，为了使“1”更长久地存在，那么“暂时”少几个“0”还是有意义的。待“1”牢固了，暂时损失的那几个“0”很快还会补回来。问题是越是像罗阳这样的人，越是不信身体是“1”这样的理论。我曾参观过沈阳飞机工业（集团）有限公司，见过罗阳，单位的同志都说罗阳是“拼命三郎”。

细心观察一下不难发现，恰恰是一些“1”后面没几个“0”，甚至一个“0”都没有的人对“身体是‘1’，没有了‘1’，有多少个‘0’都没有用了”的理论大加赞赏。他们无论做什么都想舒舒服服的。这就像有的大学生，不能冻着，不能饿着，歌不少唱，觉不少睡，桑拿不少洗，商场不少逛，抖音不少玩……总之，还没怎么学习就喊起累来，就担心把“1”弄倒下了，唯独不着急的是他们的“1”后面还一个“0”都没有呢！

课就是课，把它好好讲好就得了

一、课是什么

这里的课，指的是思想政治理论课。那么，课是什么？

“课”字是由“讠（言）”和“果”两部分组成。“言”就是说话，就是表达；“果”就是果实，就是收获或效果。在此我们可以把“课”简单地理解为通过语言表达所达到的授课效果。

但是这种表达不是随心所欲的，就是说不是谁都可以表达的，不是想表达什么就表达什么的……要想取得“课”的效果，就要依据“课”的要求来进行，就要好好地表达。总的来看，广大的思想政治理论课教师们还是能够依据“课”的要求，认真备课，努力使这门课达到“学生喜爱，终身受用”的效果。

但是实事求是地说，这门“课”还没有达到令人十分满意的效果。当然原因是多方面的，不能都怪在思想政治理论课教师的身上，不过有一点与我们思想政治理论课教师的教学还是有关系的，这就是有的思想政治理论教师的教学与“课”的要求还是有点相悖的。

二、谁来讲课

“课”由谁来讲？“课”由担负这门课的教师来讲，这是天经地义的。

可是事实上有些“课”都是“代讲”的。这里的“代讲”不是说这门课在主讲教师有特殊情况的时候由别的教师来替代讲授，说的是主讲教师在讲授的时候，以各种理由（包括以创新教学方法的名义）运用多种形式，尽量地使自己少讲,甚至不讲。

有的教师,以大学教学应培养学生研究能力的名义,把课堂"还给"了学生,让学生尽量地发挥,谈他们对课程内容的理解,然后教师再加以点评。有的教师,以"挖掘地方文化特色"为名义,课上让学生介绍当地的文化,学生讲的一些东西与"课"的内容根本不相关。有的教师,以学生"喜闻乐见"为名,过多地播放影视片;有的教师把别人的课件拿来,不加取舍,没有深加工,便照搬到课堂上。有的教师,尽量上讨论课,以此替代了教师的讲授。有的教师,课件制作得花里胡哨。本来就是为了说明问题的照片,自然地放到PPT上就完事了,结果为了追求艺术效果,每张照片都飞来飞去。照片飞行的时间越长,讲授的时间岂不是越短?

三、把课"讲好"

好好地把课讲好不就得了。

这里不是说不可以创新。特别在网络如此发达的今天,传统那种只有教师有知识,学生只有从教师那里才能得到知识的观念遇到了现实的挑战;教师的"一言堂"亦不合时宜。

如何充分地调动学生的积极性,进行研究性教学,增强"课"的效果,思想政治理论课教师还真是要认真加以思考。

不过我认为,既然是"课",就不是看电影,就不是座谈会,就不能七嘴八舌地弱化教师的主讲地位。

教师要深刻挖掘教材的内容,最大限度地占有属于教师的讲授时间,凭着"三寸不烂之舌"把要告诉学生的告诉学生,把学生应当记住的让学生记住。

我上课的时候都是先吃透教材,熟悉学生,然后结合我的人生体验跟学生娓娓道来。我的课件都是最初级的原始制作,我把和讲课有关的照片粘贴到模板上就完事。

我总觉得我有的是话说,真舍不得把课上这有限的宝贵时间给学生,我讲课时从来没有放过视频,也很少搞那种讨论课,我基本上都是"一言堂",效果也很不错。

这几年学生给我写了有几十万字的听课心得。有一次有个学生课间跟我说:"您征服了我。我刚来的时候,有个学姐跟我说思想政治理论课是最好翘课的课,但我感到我最愿上的课就是您的课。"

何谓实践教学？

“纸上得来终觉浅，绝知此事要躬行。”从事思想政治理论课教学的同志对这句话再熟悉不过了。简单理解，这句话告诉我们的是：要想认同一种理论的正确性，就一定要让实践来检验、来证明，以在实践中加深对理论的认识。于是我们很多同志便把这句话当成了思想政治理论课教学的一个原则，甚至把思想政治理论课教学的效果还不是那么令人十分满意的原因归结为实践教学不够。

在这些同志看来，学生们要是都能去井冈山、延安、西柏坡、红岩村等红色景区实践考察，那思想政治理论课教学的效果一定会得到很好的解决。

怎样理解实践教学？我以为就是把理论和实际结合起来，用事实说话。

这个事实可以是历史上发生过的，也可以是现实世界正在发生的；可以是在国内发生的，也可以是在国外发生的；可以是在教育者身上发生的，也可以是在别人身上发生的，还可以是在受教育者身上发生的……

总之，一切有助于学生加深对所学的马克思主义理论理解的客观存在，都可视为实践教学的范畴。

我常想，我们不可能使每个学生都到井冈山、延安、红岩村等红色景点进行实践教学，即便能去，学生们就真的相信我们在思想政治理论课上所告诉他们的那些马克思主义理论是正确的？恐怕不会这么简单吧？

有一次我在重庆一所高校做学术交流。我说在重庆对学生进行社会主义核心价值观教育格外有难度。为什么？因为红岩村就在重庆，而且重庆还有渣滓洞，学生们离这里太近了，他们溜达着就去了。他们对共产党人是什么样再熟悉不过了。怕是他们去一次回来看看身边一些党员太不像共产党员了，再去一次回来看看有些给他们上思想政治理论课的老师也不像是真信马克思主义的样子，显然这样的实践教学难以取得最佳的效果。

这就要求教育者一定要先受教育。教育学生成为什么样的人，自己首先就要成为这样的人。

我常讲的一个观点是，要想使思想政治理论课教学得到最佳效果，教师就是第一实践人，学校就是第一实践场所。

我在省教育厅工作的时候也是力所能及地资助学生，我和他们都是单线联系，在帮助他们的同时，通过他们我也更多地掌握了一手材料。我经常问他们对思想政治理论课的看法，结果常常是最满意的课是思想政治理论课，最不满意的课也是思想政治理论课。满意的这里就不说了，他们为什么不满意呢？

这里有许多原因，其中一个原因就是有的老师、有的学校没有从自身积极践行课堂上所传授给学生的那些社会主义核心价值观。学生举例说，有的思想政治理论课老师为了评职称和同事互相告状，都打起来了，学生根本不信服他。这不正是现代版的信其师才信其道吗？有的学校跟商场似的，不绝于耳的是叫卖声，学生的感觉就是学校想让他们把兜里的钱一分不剩地都掏出来。可想而知，学生抱有这样的看法，怎么能不为思想政治理论课教学取得最佳效果增加难度呢？

有一次我给学生上思想道德修养与法律基础课的时候，有个班长递给我个假条。他说他们班有个同学发烧 39 ℃不能来上课了，向我请假。我马上从兜里掏了 100 元钱给这个班长，让他买点牛奶、水果替我看看这个学生，让他告诉这个学生老师实在没有时间去看他，祝他早日康复。同时我还跟这个班长说别忘了替我谢谢他。“为什么要谢谢他？”“你看他发烧 39 ℃还不忘给我这个假条，对我如此尊重，我不应当谢谢他吗？”这个班长明白了我的意思。我在课前把这件事讲给同学们听，他们给了我一阵热烈的掌声。

当天晚上11点多,发烧的学生又给我写了一段较长的微信,他说他懂得了做人的道理,一定做一个顶天立地的男子汉。还有一次课间我跟一个学生交谈。这个学生每次都最早到教室坐在第一排。我问他:“我讲的你信吗?”“信啊!”“为什么?”“我信您啊!”他告诉我他上网查阅了有关我的信息。他说我是为了他们才下来的,令他敬佩,因为信我才选了我的课。

思想政治理论课一定要注重实践教学,但是实践教学是多方位的,有条件到红色景区亲身感受一下很有必要。不过要加强指导,盲目的实践是没有意义的。作为教育主体的教师和学校,千万莫忘了自身就是第一实践人、第一实践场所,学生从这里所得到的实践教育恐怕会产生更直接、更及时、更深刻的效果。

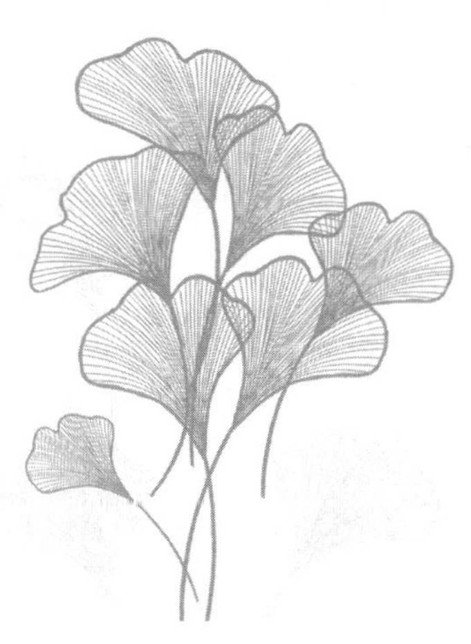

不要总拿思想政治理论课说事

这两天思想政治理论课在网上又着实“火”了一把。原因是近日有媒体报道，北海艺术设计学院毛泽东思想和中国特色社会主义理论体系概论课程的期末考卷上出现了多道与课程内容无关，甚至令考生感到被侮辱的试题，如“你与异性有过性交往吗？艾滋病好在什么地方？”“你将来想要小孩子吗？你想断子绝孙吗？”“你要不要借一个好的种？”

光明日报将这种试题称为“魔幻试卷”；有的网友认为出这样的试题就是“变态”；有的说这是在亵渎思想政治理论课。应当说正面的声音还是强有力的。

但是需要我们注意的是，由此有的人又开始拿思想政治理论课说事了。他们对思想政治理论课产生怀疑，总觉得思想政治理论课可有可无。其实，这种联系是大可不必的。

“魔幻试卷”的出现恰恰说明有的高校、有的老师对思想政治理论课还缺乏认识，对这门课的建设还没有引起高度的重视，甚至持消极态度。这也从另一个侧面提醒我们，思想政治理论课建设必须加强，且任重道远。

思想政治理论课在高校的地位、作用无可厚非。当学生离开学校的时候，不应只是带走了知识，更要懂得为什么要带走这些知识，这些知识要用到哪里。这也就是我一直在阐明的一个观点：“知”“识”是统一体，知识不可能天然地形成力量。知识成为力量需要“中介”，这“中介”就是正确的价值追求。

而学生的头脑里是不可能天然地存在正确的价值追求的，这就需要从外部灌输进去。思想政治理论课是干什么的呢？简单说来，就是为学生提供正确价值追求服务的。因此思想政治理论课绝不是可有可无的，必须上好。

“学生不喜欢思想政治理论课。”有的同志往往以此作为忽视思想政治理论课的理由。是学生不喜欢吗？恐怕是我们学校没有重视、教师没有上好。

我对思想政治理论课就情有独钟，也算取得了较好的教学效果。我在大学读的是政史系。毕业的时候政史系分为政治教育系和历史教育系。我被分到了历史系做辅导员。我们系主任对我很了解，知道我的专业知识不错，所以他多次建议我给学生上专业课，比如上中国古代史、中国近代史、中国现代史等专业课。

我当时既当辅导员，又给学生上今天叫“思想道德修养与法律基础”那时叫“共产主义思想品德”这门课。我跟我们系主任讲，我这就是在上专业课。系主任说：“那不是课，你别耽误了自己。”我理解他的好意，但我没有动摇过我的初心。因为工作需要，在历史系工作不到三年，我被调到政治系任党总支副书记，负责学生的思想政治教育工作。一些老师教过我，他们希望我能给本科生上像“青少年法学”“思想政治工作学”这样的专业课，我同样没有为之所动。

我从来没有想过换个学科教学。我评的就是德育教授。我还是硕士生、博士生导师，我的科研成果在许多学科申报硕士和博士点时都能用上。但是我只在马克思主义理论学科做博导和硕导。简单来说，我在高校里只上过一门课：这门课在本科阶段叫“思想道德修养与法律基础”，在硕士阶段叫“思想政治教育理论与实践”，在博士阶段叫“思想政治教育前沿问题研究”。

数十年来，我从来没觉得在别的专业教师面前矮三分，我充满了学科自信。2018 年年底，正是靠着思想政治理论课的教学，我被评上了“万人计划”教学名师，实现了我们学校零的突破。

更重要的是，我的学生现在有做省部级领导的，有做厅级官员的，有做大学博导的，还有大量在教学一线做教师的……谈到大学生活的时候，他们一致感谢我做辅导员、讲授的思想政治理论课给了他们正确的人生选择和价值追求。有个现任厅级官员的学生给我写过一封近 5000 字的信，信中说我是他的精神导师。我在从省里回到学校的时候，我还是做辅导员，上思想道德修养与法律基础这门课。我经常讲，博导可以不做，辅导员要做，本科生的课要上。每当一学期授课结束的时候，那场面着实让我动容。有时学生们会给我送条幅，有时学生们会给我送卡片，有时学生们会和我合影留念……有个学生在和我交流中说："您征服了我。我本来对这门课不感兴趣。现在我觉得您这门课是最有价值的课。"还有个学生说："谢谢老师的认真讲授，您使我懂得了我要成为一个什么样的人。"

实事求是地讲，思想政治理论课教学现在确实还有诸多令人不满意的地方。这说明了两方面的问题：一方面是思想政治理论课建设永远在路上；另一方面说明思想政治理论课"欠账"太多。这些年教育部社科司代表国家层面在思想政治理论课建设上做了大量富有成效的工作，不然不会有今天这样的局面。广大的思想政治理论课教师也付出了辛勤的汗水，他们"吃的是草（现在还没有像重视'双一流'建设那样重视思想政治理论课建设，在有的高校，思想政治理论课还没有得到应有的尊重），挤出的是奶"。不然哪来的连续三十年的高校稳定？行动受思想的支配，行动上的稳定是因为思想的稳定（当然还有思想政治工作司，这些年大力加强高校党的建设、辅导员队伍建设。辅导员在大学生人生成长过程中，较好地担负起了指导者和引路人的责任）。我在省里工作的时候跟有的校长讲，一定要重视思想政治理论课建设。我说大学不是他们家的。大学若是他们家的，他们可以不上思想政治理论课，那"他们家"的大学不乱套才怪呢！

不要动不动就拿思想政治理论课说事，这不是关心、爱护、积极的态度。思想政治理论课在高等教育完成"立德树人"根本任务中所起的作用必须充分肯定。进入新时代，我们当更加自觉、深刻地认识到思想政治理论课在高等教育发展中所处的战略地位。思想政治理论课建设只能加强，不能忽视，更不容亵渎！

马克思主义是科学，更是信仰

170多年前，马克思、恩格斯合著的《共产党宣言》发表了，由此标志着马克思主义的诞生。

恩格斯《在马克思墓前的讲话》中说道：

正像达尔文发现有机界的发展规律一样，马克思发现了人类历史的发展规律，即历来为繁芜丛杂的意识形态所掩盖着的一个简单事实：人们首先必须吃、喝、住、穿，然后才能从事政治、科学、艺术、宗教，等等；所以，直接的物质的生活资料的生产，从而一个民族或一个时代的一定的经济发展阶段，便构成基础，人们的国家设施、法的观点、艺术以至宗教观念，就是从这个基础上发展起来的，因而，也必须由这个基础来解释，而不是像过去那样做得相反。

不仅如此。马克思还发现了现代资本主义生产方式和它所产生的资产阶级社会的特殊的运动规律。由于剩余价值的发现，这里就豁然开朗了，而先前无论资产阶级经济学家或者社会主义批评家所做的一切研究都只是在黑暗中摸索。

习近平《在纪念马克思诞辰200周年大会上的讲话》新华网指出：

马克思主义是科学的理论，创造性地揭示了人类社会发展规律。在马克思提出科学社会主义之前，空想社会主义者早已存在，他们怀着悲天悯人的情感，对理想社会有很多美好的设想，但由于没有揭示社会发展规律，没有找到实现理想的有效途径，因而也就难以真正对社会发展发生作用。马克思创建了唯物史观和剩余价值学说，揭示了人类社会发展的一般规律，揭示了资本主义运行的特殊规律，为人类指明了从必然王国向自由王国飞跃的途径，为人民指明了实现自由和解放的道路。

人类社会正是因为有了马克思主义的指引，才发生了翻天覆地的变化：先是有了巴黎公社的诞生；紧接着有了十月革命的胜利；再接着有了毛泽东同志在天安门城楼上庄严宣告："中华人民共和国中央人民政府今天成立了！"对马克思主义的诞生，剥削者惊恐万状。马克思主义还在酝酿之中，他们便开除了马克思的国籍，对马克思进行人身的迫害；马克思主义诞生后，他们诅咒马克思主义是"幽灵"；马克思逝世后，他们欣喜若狂，"祈祷"马克思的学说能够随着这个"红色博士"的逝去而一道"死去"；巴黎公社诞生后，一切反动势力联合起来将她绞杀在"摇篮"当中，五万巴黎公社战士血流成河；十月革命胜利后，当时的十八个帝国主义国家一致联合起来像恶狼般扑向这第一个诞生的苏维埃社会主义政权国家；中华人民共和国诞生后，以某大国为首的西方国家对我们采取了百般的阻挠、遏制、封锁，在我们七十多年的社会主义发展历程当中，他们从来没有放弃过对我们"演变""西化""分化"，推行"普世价值"的企图。

回顾一下历史，在苏联解体的原因中，苏联自身的因素无疑是根本的，但是，一切反马克思主义的势力又怎能不是苏联解体的一个重要因素呢？"青山遮不住，毕竟东流去。"马克思主义并没有臣服于一切反马克思主义的势力，以中国共产党人为代表的马克思主义中国化的成果日益显著，我们已经站到了离实现中国梦最近的地方，到二十一世纪中叶我们将成为富强民主文明和谐美丽的社会主义现代化强国，到那时，马克思主义的科学性将更加彰显出真理的光辉！

今天我们站在历史的重要节点上，我们所面临的一项重要使命和责任就是将马克思主义发扬光大。

怎样发扬光大？毫无疑问，只承认马克思主义的科学性是不够的，还必须把马克思主义当成一种信仰，当成我们人生的追求。道理很简单，马克思从创立马克思主义的那天起，就把马克思主义思想融入自己的血脉之中。马克思的学问无与伦比，但是马克思从来没想过要用这些学问来“评职称”、为自己谋利益。马克思的社会关系也很是“厚实”的，他的妻子燕妮出身于贵族家庭，他妻子的哥哥在当时的普鲁士王国具有显耀的地位；马克思的父母也有着算是不错的家庭条件。同样，马克思从来也没有想过借此升官发财。

在马克思看来，之所以要创立马克思主义，那是要为大多数人谋幸福，而绝不是他个人想谋取些什么。马克思在十七岁的时候就立下如此豪言壮语：“如果我们选择了最能为人类福利而劳动的职业，那么，重担就不能把我们压倒，因为这是为大家而献身；那时我们所感到的就不是可怜的、有限的、自私的乐趣，我们的幸福将属于千百万人，我们的事业将默默地，但是永恒地发挥作用并存在下去，面对我们的骨灰，高尚的人们将洒下热泪。”马克思为此奋斗了一生，也因此贫困潦倒了一生。

2018 年 5 月，为纪念马克思 200 周年诞辰，中央电视台播放了《马克思是对的》五集大型通俗理论节目。对照马克思，我们哪些是错的？首先在信仰上我们就是有差距的。我们没有马克思那样的崇高追求。一些同志还只是把马克思主义当成科学来看待，甚至简单地把马克思主义看成一种学问，想通过研究马克思主义来评职称、来致富。事实上我们有些同志也确实靠着马克思主义“发家”了。当然现在时代不同了，我们是在和平的年代里宣传马克思主义的，从事马克思主义教育也不应成为“苦行僧”，不过我们的出发点不能建立在物质富裕的基础上。为什么我们的马克思主义教育引领工作还达不到令我们满意的程度，与马克思在信仰上的差距应当是个重要的原因。从事马克思主义教育的同志必须坚定马克思主义信仰。这也就是我们通常所说的，对马克思主义要真学、真懂、真信，更要真用。绝不能把马克思主义只当成科学“攥在”手里晃来晃去的，那就会使马克思主义陷入空想的境地。在马克思的墓碑上刻着这样一句话：

“哲学家们只是用不同的方式解释世界，而问题在于改变世界。”

这是在告诫我们，一定不能忘记了实践性这个马克思主义理论的重要品质。而要想体现这一点，就要以对马克思主义的信仰来激励自己、推动自己。从事马克思主义理论教育在一定程度上讲即意味着奉献、意味着付出，我们有我们个人的利益，但是我们更有党和人民的利益。如果我们的抱怨、发牢骚过多，就容易使人们对马克思主义的科学性产生怀疑。因为马克思主义的科学性，从某种程度上讲，也是由现实性来体现的。

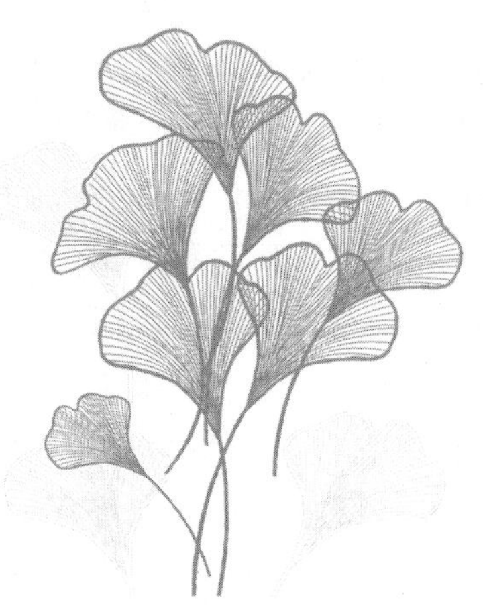

思想政治理论课要上出思想政治理论课的味道

这本是个常识，可是有些同志却又恰恰在常识上犯了错。

思想政治理论课上得怎么样，只要看上没上出思想政治理论课的味道就知道了，不用争来争去的。这就像我们要炒一道菜：炒韭菜就要炒出韭菜的味道，炒黄瓜就要炒出黄瓜的味道，炒角瓜就要炒出角瓜的味道……上思想政治理论课就要上出思想政治理论课的味道。

思想政治理论课是什么味道？《普通高校思想政治理论课建设体系创新计划》中明确提出："要着力推动思想政治理论课在改进中加强、在创新中提高，全面推动习近平总书记系列重要讲话精神和治国理政新理念新思想新战略进教材、进课堂、进头脑，切实引导广大学生正确认识世界和中国发展大势、正确认识中国特色和国际比较、正确认识时代责任和历史使命、正确认识远大抱负和脚踏实地，不断坚定道路自信、理论自信、制度自信、文化自信。"我认为，这就是为思想政治理论课定的味道。思想政治理论课上出了这样的味道，自然就是好的思想政治理论课。

可是事实上，我们的思想政治理论课还没有统一有这样的味道。这不是没有标准，而是一些老师各显其能、随意地发挥。以思想道德修养与法律基础课为例，教这门课的教师来自不同的学科背景：有学历史的，结果把思想政治理论课上成了历史课；有学法律的，结果把思想政治理论课上成了法律课；有学哲学的，结果把这门课上成了哲学课……

这样怎能讲出味道纯正的思想政治理论课呢？

思想政治理论课的纯正味道是让习近平新时代中国特色社会主义思想进教材、进课堂、进头脑,绝不是让某些教师个人的那些浅见进学生的头脑,更不允许用错误的思想影响学生。

教师只可以结合个人的思想实际,谈谈对习近平新时代中国特色社会主义思想的认识,以帮助青年学生更好地品尝思想政治理论课那纯正的味道。

千万别忘了思想政治理论课是有鲜明的阶级属性的,是中国特色社会主义大学的本质特征。把你讲的思想政治理论课用英语翻译一下,看看能不能看出你是在中国大学讲的,若是在西方的大学也能讲,显然你就没讲出思想政治理论课的味道。

信仰——上好思想政治理论课的根本

经常会有教师朋友问:“上好思想政治理论课有什么好的方法?”可以说上好思想政治理论课是大家的共同愿望。

思想政治理论课怎样才能上好?影响上好思想政治理论课的因素很多,好的方法无疑会有助于增强思想政治理论课的效果。不过,我以为,从思想政治理论课教师这个方面来看,上好思想政治理论课的关键还是思想政治理论课教师的个人信仰问题。

思想政治理论课是什么?从根上说,它是马克思主义中国化的理论成果。那马克思主义是怎样产生的?从某种角度来说,马克思主义就是信仰的产物。这样说来就不难理解了,马克思主义就是一种科学的信仰。这就要求教信仰的人一定要有信仰。

马克思是怎样创立和传播马克思主义的?那是在资本主义占统治地位的情况下创立、传播的。谁给他科研经费?马克思变卖家当,直至陷入贫困潦倒的地步。他的孩子因疾病、饥饿而在他的怀里离世。马克思至于活到这个份上吗?凭着马克思的学识,他只要为给那个占统治地位的阶级说两句好话,就什么都有了。马克思最初也是编辑出身,但是他背叛了有产阶级,硬是要为无产阶级说话。马克思主义被视为异端邪说,四处遭到封杀。马克思就像个战士,出现在哪里战斗就在哪里进行。他被开除了国籍,一生受到迫害。

马克思就是马克思,一生为信仰而奋斗,用坚定的信仰创立、传播马克思主义，绝不服输。试想一下，如果没有坚定的信仰，马克思能创立马克思主义吗？没有坚定的信仰，马克思主义能得到如此的传播吗？真理就是真理。真理的光芒是遮挡不住的。十月革命的胜利给马克思主义做了最好的诠释。

马克思主义在中国的传播靠的不也是信仰的力量吗？在白色恐怖的年代，宣传马克思主义不仅没有经费，而且一旦被抓住了是要被杀头的。

大家记得吧？《共产党宣言》在中国出版的时候，第一版书名印错了，印成了“共党产宣言”。为什么？不敢公开印刷，忙乱中出了错。李大钊站在绞刑架下的时候，面不改色，相信“将来的寰球，必是赤旗的世界”。

今天我们传播马克思主义同样需要信仰，我们不用担心被杀头了，但是马克思主义大众化的问题远没有得到根本解决。

马克思主义还没有成为人们内心的需求。从事马克思主义研究的人还常常被有些人误解，甚至被嘲笑。这使得有的思想政治理论课教师讲起马克思主义来理不直、气不壮，更有个别的思想政治理论课教师连自己是思想政治理论课教师的身份都不愿承认。

我在省教育厅工作的时候，有个朋友问我认不认识× ×学校一个教经济学的老师。我想了一下说：“你说的是不是× ×啊？”“是啊。”我知道这个教师就是教马克思主义原理的。在校内没有办法，他就得“认”他是名思想政治理论课教师；对外他就“不认”了，他觉得是做一名教经济学的教师更好听、更有面子。

我在省里工作时就知道，当初为什么在建马克思主义学院时有那么多的阻力。其中一个原因是我们有的同志不愿说自己是马克思主义学院院长，对外觉得还是行政学院院长之类的名字“响”，即便是社会科学基础部主任也比马克思主义学院院长更好听。

今天信仰的问题全解决了吗？恐怕不是这样。我们有的老师上思想政治理论课就是为了评职、为了课时费，把宣传马克思主义仅仅当成了“饭碗”。

今天我们宣传马克思主义的环境与当年马克思创立马克思主义相比、与我们中国共产党人早期宣传马克思主义的环境相比要好上万倍。可是有的思想政治理论课老师却缺失了坚定的信仰，这是不应当的。

我常想：上思想政治理论课时要是没有信仰，怎么能上得理直气壮？

怎么能想办法把科学的理论装进学生的头脑?

上课要讲究方法,但是产生好的方法的前提是要有信仰。信仰比方法重要,可以说有了信仰就有了方法。一个有信仰的思想政治理论课教师一定会千方百计地找到上好思想政治理论课的方法。只要想找,又怎么会找不到呢?

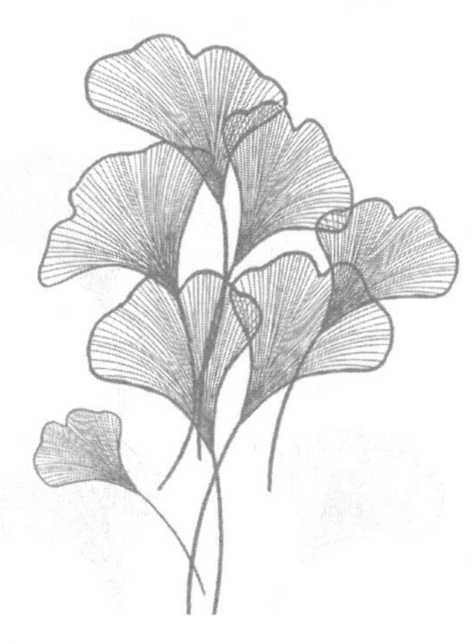

增强教育信心

半年前我在公众号上推送过我写的一篇文章——《我怎么就没觉得现在的青年不行啦?》。我的主要观点就是要相信我们的青年、相信教育的力量。

客观上讲,青年的身上确实存在这样或那样一些缺点,但这不是主流。我们应当相信的是,青年总是积极向上的。他们身上所存在的诸多不足,恰恰是因为他们年轻造成的;这也告诉我们,一定要增强教育信心,加强对青年的引导。

我的教育实践一再证明这一点:学生都是好学生,只要我们多关心和帮助他们,及时地为他们解疑释惑,学生就会跟着我们走。

前天我在上海海事大学给部分学生做了一场主题为"系好人生的扣子"的报告。报告结束后,许多学生给我留言。

有位同学说:

"曲老师您好,今天听了您的讲座,我受到深深的震撼,受益匪浅。我知道了作为一名大学生应当做什么了。谢谢您!"

还有位同学说:

"我是一名大一的学生,很高兴能够在大学的开端得到您的指引。我一定不会虚度光阴，做到爱国、励志、求真、力行，知行合一。谢谢老师！”

在做报告的过程中，我发现有个坐在会场前排的女生自始至终都在流着眼泪，会后和我照相的时候她的眼睛都有些红肿。前天晚上，她给我写了很长一封信。因为我要写昨天的公众号文章，就没有及时回复她。今天征得她的同意，我把她写给我的信和我昨天写给她的回信推送给大家。

这位同学的来信：

系好人生的扣子

——听曲建武老师的讲座有感

人喜欢感同身受，喜欢通过对话中的对象反射自己。

在这场铿锵有力的讲座中，我能看到曲老师身上的光芒，那种爱国情怀、那种兼济天下、那种以书为友、那种刚毅和善良的情怀让我敬佩不已。老师讲他的经历，我感慨万分又思绪万千，默默流泪又害怕打扰气氛。

我是一名思想政治教育专业的学生，未来的我或许从事着和老师一样的工作。回首，我经历过的老师有曲老师这样情操的不多。我不禁反问自己，未来面对这样一个重要的职位，我该如何扛起这面有分量的旗？

学生是祖国的未来，他们犹如一张白纸，字写得好不好，很大部分是靠老师的指引。我们不仅要关心他们、爱护他们，还要为他们传授道德知识，指点他们未来的方向，更要让他们反省自身、感恩祖国、奉献自己。说白了，老师的价值就在于让学生有价值。

我其实一直在思考什么是我活着的动力和价值，但我一直没有想明白。今天老师给了我堪称完美的答案——追寻生活的意义，从祖国的利益出发。现在的我们走得太急了，潜意识中，读书就是为了找个好工作，以后的日子稳定有序或想成为暴发户。我经常和我母亲说，我不想过这样的生活，一眼望到头，平凡而又没有意义，但我又找不到突破口，一直在徘徊。今天老师的话让我感到自己的困惑有了解答。去寻找生命的意义，脚踏实地地做好每一件对我们祖国有意义的事，像老师所说的那样，我们不仅要注重我们的自然生命，更要注重我们的社会生命，这样的自己才是拥有无尽财富、幸福、完整的个体。

老师的报告进行了两个小时，整个过程，老师的状态都是激情澎湃、昂扬向上的。想想我们有的年轻人，整天无精打采、垂头丧气，没有一点激情，稍微有一点小事就感觉自己被击垮了，没有一点承受能力。亲爱的年轻人啊，拿出我们中国人的斗志，重新寻找自己的追求，献身祖国，成就自己，珍惜时间，做有担当的中国人。在你感到没有力量的时候，想一想那些革命志士，想想西方对我们中国的虎视眈眈，你还能无动于衷吗？

我出生于农村，父母渴望我有一天出人头地，但我总是不争气，事与愿违。大学读了三本，大学四年学费靠贷款，生活费靠平日的兼职，生性好强，成年的我决定自己养活自己。我在老师资助的学生的身上，有点看到自己的影子。人的出生没有办法选择，但是我们有办法选择自己以后的路。爸妈经常和我说："能给你的我们都竭尽全力给了，至于以后，那就要看你自己了。"有时候我也觉得自己辛苦，但又会安慰自己："比你不幸的人有很多，你要更努力才能改变这种状况。"以前我觉得挣的钱多了，可能就会改变我的现状，现在发现不完全是这样的，幸福不是从这里来的，幸福是我为祖国所进行的点滴努力使我自身的生命有所升华。我人生的扣子，我希望它是系得整齐的、干净的、结实的。

感谢老师今天的报告，这让我从困惑中脱身，也感谢您为我日后的人生路指明方向。您朴素的言语让我倍感亲切，您的善良和大爱让我告诉自己，日后的自己也一定要成为像您这么优秀的人。遇到如知己的老师，三生有幸。

此致

敬礼

学生：××

××，你好！

这应当是你写的最长一封信了吧？字里行间浸透着你的真情、刚毅、执着、追求，我觉得沉甸甸的。

作为一名教育工作者，作为一名过来人，我有责任在你们行进在人生道路上的时候，特别是在你们正行进在青年这个重要"路段"的时刻，给你们以正确的引领，给你们加油，给你们助力。

你们现在正处在祖国发展最为重要的时间节点上，实现中国梦是每一个中国人的强烈愿望，你们恰逢其时，你们义不容辞，你们重任在肩。你们必须完成历史赋予你们的神圣使命，向祖国和人民交上满意的答卷。不过，诚如你说的那样，有的大学生还没有认识到这一点，他们整天无精打采、无所事事，没有紧迫感，缺乏责任和担当。但是不管别人怎么样，我们应当追求的是自己怎么样！爱国，从我做起，从现在做起。

你拿什么爱自己的祖国？我在当初读大学的时候，首选了师范教育。我当时的成绩超出许多财经类院校的分数，不过我觉得做一名老师挺好，可以培养学生的爱国主义精神，我的爱国主义精神可以通过学生的爱国主义精神展现出来。在你附给我的简历中看到，你现在学的是思想政治教育专业，这跟我在大学读的是一个专业。你还有志于当一名老师，对此我都非常赞同。学生离开学校的时候，最为重要的不是带走了多少知识，而是带走了什么样的价值观。思想政治教育正好解决的就是价值观的问题。你如果能够把你人生的追求牢固地建立在帮助学生培养正确的价值观上、建立在教育学生爱国上，那你爱国的愿望就会得以实现。

从你的信中能够了解到你生长在一个并不富裕的家庭里。父母为你的生活和学习已经尽了最大的努力。面对生活的困难，你不气馁、毫不畏惧，勇敢地战胜困难。这是一个人走向成功所需要的重要品质。你年轻，在未来的道路上难免会有这样或那样的困难，只要你刚毅坚强，困难就必然向你低头。谁的人生都不容易。我在像你这样年龄的时候，遇到的困难比你要多，不过我也是像你这样迎难而上。结局就是这样，困难最怕不怕困难的人。辩证地看，困难就是一笔财富，它会让你懂得你的责任和担当。

你的认识是对的。金钱不可能给你带来幸福，很多人的痛苦和不幸都是金钱带来的。你们生活在实现中国梦的伟大事业中，能够想象到的是，待到中国梦实现的时候，我们中国人的生活将是多么富裕！那时人们会谈论什么？到那时，追求精神生活应当是人的第一需求。其实这一点现在已经越来越有所凸显。记得改革开放后先富起来的一些人，要是谁走在大街上手里拿着一部大哥大（你们知道这是什么吗？就是一款早期的手机），那还了得？当时成为“万元户”成了多少人奋斗的目标。今天，各种款式的轿车早已进入寻常百姓家。谁要是拿家里有私家车来显摆，岂不贻笑大方？特别是有知识的人更应当懂得精神生活的价值和意义。正像你谈到的那样，“幸福是我为祖国所进行的点滴努力使我自身的生命有所升华”。这也是“大学之道”在“止于至善”的文化内涵。

你有了明确的目标就要坚定地走下去，我相信你一定会实现你的目标。不过有一点我要嘱咐你的是，一定要注意锻炼身体。健康的身体是你走向成功的重要物质基础。不要不舍得锻炼身体的时间。你现在“损失”的这些时间将来都会加倍地还给你。我嘱咐我学生的一项重要内容就是锻炼身体。我今天能够不知疲倦地四处奔波，每天超负荷地劳作，我在大学时的锻炼还是起了很大的作用。

谢谢你的点赞！我们共勉！我不过是年龄比你大，我走在了前面。我相信一代更比一代强，你们一定会超越我们。信心百倍地朝前走吧，你的人生之路一定比我走得更远。

你不是没去过大连吗？等你硕士论文定下来写什么的时候安排个时间到大连访学，我尽量为你提供方便。我也是思想政治教育方向的博士生导师，我还可以给你提供点参考意见呢。

先聊到这里吧，有需要我做的事情，你不要客气。我跟我学生们常说的一句话是：“谁为祖国服务，我就为谁服务。”你也享受我学生的待遇，你为祖国，我就为你。我是我学生的坚强后盾，这当然也包括你。

祝天天都有好心情！

思想政治理论课亦需要讲好自己的故事

教好思想政治理论课，是我们每个思想政治理论课教师的愿望。为此，大家也做了很大的努力。讲好中国的故事无疑会极大地增强思想政治理论课的效果。

看看我们这个国家，近代以来受了多少欺负，那真叫国破家亡。当时世界上的帝国主义国家都侵略过我们，他们哪有什么民主、自由、人权，清政府被迫同这群强盗签订了上千个大大小小的不平等条约。

马克思说过，“资本来到人世间，每个毛孔都滴着血和肮脏的东西”。马克思剖析得多深刻啊！

受到如此的压迫，中华民族哪能还喘得过气来！侵华日军南京大屠杀遇难同胞纪念馆、侵华日军第七三一部队遗址我都去参观过，中国人被日本强盗不是残忍地杀害就是活活地做了医学实验。什么叫惨无人道？什么叫令人发指？站在侵华日军南京大屠杀遇害同胞纪念馆、侵华日军第七三一部队遗址前，那种钻心的痛真是难以形容。是中国共产党改变了这一切，我们站了起来、富了起来、强了起来！中华人民共和国刚成立的时候，毛泽东同志形容说我们是“一穷二白”，西方侮辱我们是“东亚病夫”。中国共产党人不信邪，创造了人间奇迹。

中华人民共和国刚成立的时候，我们连个钉子都造不出来；现在我们的高铁里程数世界第一，我们有了自己的航母。今天我们站到了离实现中国梦最近的地方。我们的国际地位越来越高，话语权越来越重。这些都是鲜活的实例，思想政治理论课上充满了这样的中国故事，学生们自然就会形成正确的认识:中国为什么选择了中国共产党,为什么选择了马克思主义,为什么选择了社会主义,从而自觉增强道路自信、理论自信、制度自信、文化自信,增强自身的使命感和责任感,而这也正是我们思想政治理论课所要达到的目的。

问题是仅仅讲中国的故事,我们的教学效果就能充分达到吗?显然不是这样的。客观地讲,今天的理论课教学并没有达到令人十分满意的程度。

习总书记主持召开学校思想政治理论课教师座谈会,既表明了党中央对思想政治理论课的高度重视,同时不也说明思想政治理论课在教学效果上与我们的期望值还有差距吗?这差距是怎样形成的?当然有许多因素,但是正如总书记讲的,关键在教师。思想政治理论课教师在理论上搞懂了是一回事,实践中做不做又是另一回事。要求学生知行合一,自己就应当先将知行合一。

思想政治理论课教师必须有自己的故事,就是说要求学生做到的自己就要先做到。屠呦呦得了诺贝尔奖,她的那些药学理论首先是在自己身上实验的。不在自己身上实验,一味地强调其理论的重要,甚至要到别人身上实验,谁会相信你讲的理论的正确性?那还能得到诺贝尔奖吗?自然科学是这样,社会科学更是如此,尤其是思想政治理论课,离开了教师的示范引领,其教学效果是要大打折扣的。

道理很简单,学生会在心里问:"既然你讲的是真理,你为什么不做,却要我们做呢?"我常跟有的同志讲,不要一讲实践教学就要到红色景区。如果你有你的故事,再结合先辈的故事,那故事讲起来会更加生动精彩。反之,先辈的故事很悲壮,而你却没有一点你自己的故事,岂不麻烦啦?学生参观一次红色景点,对照一次你的表现,学生越看你越不像共产党员,越看你越不像思想政治理论课教师,那你的课就很难讲了。

"亲其师,信其道。"有一次课间,我问一个学生:"我讲的你信吗?""信啊。""为什么?""因为我信您啊!"这个学生说他们早就从网上把我的情况了解得透透的,我是一个什么样的老师他们清清楚楚。我在省里工作的时候,负责过思想政治理论课建设。当我向学生了解他们对思想政治理论课的看法时,很多同学谈的都是我们有的思想政治理论课老师只把思想政治理论课当成了知识传授课,要求学生做的老师自己做得并不是太好。

用事实说话：办好思想政治理论课关键在教师

（一）

2019年3月18日，习近平总书记主持召开了学校思想政治理论课教师座谈会，我十分荣幸地参加了这次座谈会，并且就坐在了总书记对面不到三米远的座位上，近距离地聆听了总书记关于办好思想政治理论课的重要论述。

总书记一共讲了四个大问题，第二个大问题他强调的就是办好思想政治理论课关键在教师。新华社发布的通稿对总书记强调的这个问题做了这样的报道：

办好思想政治理论课关键在教师。关键在发挥教师的积极性、主动性、创造性。思想政治理论课教师，要给学生心灵埋下真善美的种子，引导学生扣好人生第一粒扣子。

第一，政治要强，让有信仰的人讲信仰，善于从政治上看问题，在大是大非面前保持政治清醒。第二，情怀要深，保持家国情怀，心里装着国家和民族，在党和人民的伟大实践中关注时代、关注社会，汲取养分、丰富思想。第三，思维要新，学会辩证唯物主义和历史唯物主义，创新课堂教学，给学生深刻的学习体验，引导学生树立正确的理想信念、学会正确的思维方法。第四，视野要广，有知识视野、国际视野、历史视野，通过生动、深入、具体的纵横比较，把一些道理讲明白、讲清楚。第五，自律要严，做到课上课下一致、网上网下一致，自觉弘扬主旋律，积极传递正能量。第六，人格要正。有人格，才有吸引力。亲其师，才能信其道。要有堂堂正正的人格，用高尚的人格感染学生、赢得学生，用真理的力量感召学生，以深厚的理论功底赢得学生，自觉做为学为人的表率，做让学生喜爱的人。

我深深地感受到了总书记对广大思想政治理论课教师的信任和嘱托，我也深刻地认识到了作为一名思想政治理论课教师责任重大、使命光荣。直到今天，我的耳边还在回响着总书记那些亲切的话语，由此也翻开了我从事思想政治理论课教学的一个又一个画面。

我就愿意上思想政治理论课。我读大学的时候读的就是师范学院，尽管我的高考分数比有些经济类院校的录取分数要高很多。我觉得做老师很好，可以教学生知识。我读的是政史系，这又使我对政治产生了兴趣。我在大学期间认真地攻读了《毛泽东选集》《共产党宣言》《反杜林论》《哥达纲领批判》《马克思恩格斯选集》(1~4卷)等经典理论书籍，很多篇章我都能流利地背诵下来。

我坚定地相信“两个必然”的结论：“资产阶级的灭亡和无产阶级的胜利是同样不可避免的。”只不过是我看不到，你也未必能看得到罢了。我现在还能想起我趴在床上看着《共产党宣言》写入党申请书的情景，我要入党，并为共产主义事业奋斗终生。

1982年我毕业留校，从政教系分到历史系做了一名辅导员，同时还上共产主义思想品德课(就是今天的思想政治理论课)，时任党总支书记觉得我的到来对思想政治教育起到加强作用。我们系主任教过我，对我比较了解，想让我教专业课，他说我是把教学好手，教思想政治理论课是浪费人才，他还劝我可千万别耽误了自己。我跟主任说：“我就是在教专业课，就是在搞学问。”在大学里，对学生最有价值的东西是价值观，最难做的学问是育人。我要给学生的心灵埋下真善美的种子，给学生真理的力量，帮他们点亮理想的灯，照亮前行的路，引导他们走正路。我选择对了，我做对了，我坚持对了。

有个学生在给我写的信中说：

“理想,犹如煤炭:没有煤炭,高炉就不会有炽热的胸膛;没有理想,人们就会失去前进的动力和方向。我在高中写的一篇作文中曾引用过这段话,可是我却再没有想过它,以至于我在黑暗和盲目中徘徊了很久。我感谢您,感谢您真诚的帮助和提醒,并且为我在这半年当中能有您这样的一位良师益友而庆幸。”

他们毕业的时候都送给我一张照片做纪念,感谢四年里我对他们的人生引领。

在我从省里回到学校做辅导员、教思想政治理论课后,我曾经带过的现为厅级官员的学生给我写了一封近5000字的信。信的题目就是《我的精神导师》,其中说道:

“的确,在大学里与学生接触最多的应该是辅导员,彼此之间的距离也应该最近,但实际做起来则要看他的心是否愿意真正贴近学生,是否愿意把时间花在学生身上。我们当然不能期望总是在老师的护佑下生活,我们终要独立地成长起来,然而在这成长过程中,无疑需要一个精神导师的正确指引。于我而言,您恰是成长路上的一位精神导师。”

我是马克思主义理论学科的博士生导师。学校在申报博士点、硕士点的时候,我的材料也用到了教育、管理、社会学等学科,也就是说我也可以带其他专业的硕士、博士,但是我都没有带。我就带了马克思主义理论学科的博士、硕士。我不像有的老师那样,都不敢承认自己是教马克思主义理论的,本来是马克思主义原理课教师,硬说自己是教哲学的、教经济的,缺乏学科自信。

如果按照我个人的选择,我想做一辈子辅导员,教一辈子思想政治理论课。由于组织的信任,我先后做了校学生处长、校党委副书记、省委高校工委副书记,即便如此,我也没有放弃马克思主义理论教育。

我调到省里工作的时候,领导本来想让我管理高校班子建设。我跟领导讲,我熟悉学生工作,还是让我管理辅导员、思想政治理论课队伍建设和大学生日常思想政治教育工作吧。这样,我的研究和工作紧密地结合了起来,我继续做马克思主义理论学科的博士生导师,我的学术也就没有中断。

在省里工作期间我从问题出发,承担了国家社科基金项目,撰写了专著,发表了论文,有力地推进了思想政治理论课建设。我对教思想政治理论课一往情深。

2013 年,我向省委提出辞呈,要回到学校做一名辅导员,要上思想政治理论课。我跟组织部的一个领导讲:“我的心情就像足球教练想要下场踢球,再不下去比赛就结束了,我就不相信球踢不进对方的门。”有的同志说现在的学生不好教,和教师有代沟。有吗?有也是我们教师挖的。我们有的老师把思想政治理论课当成了饭碗,不得已而为之;有的老师成名成家,学问上去了,名利都有了,结果把学生落下了。我们有的思想政治理论课教学只注重了形式,忽视了走进学生的心灵。这样的课程就像油浮在水的上面,吃起来不是一股油腥味,就是腻得慌,这么好的原材料根本没有做出应当做出的味道。我坚信教育的力量,坚信学生一定会跟我们走。五年的教学实践证明我是对的,学生课程结束、毕业的时候给我留下了大量的留言,感谢我对他们的引领。

有个学生在微信中说:

“有些时候,觉得您像我的母亲,时时刻刻关心着我;有时候,又觉得您像我的父亲,指引我前进的方向。真的超级喜欢您,也因您是我的老师而骄傲!真希望能成为像您一样的老师,时刻关心学生并为学生指明方向,希望未来的某一天,我的学生也会因我而骄傲!”

有个学生毕业时说:

“昨天晚上您对我说期望二十年以后希望我成为院士,我不敢大言不惭,但是也不会轻言放弃,我郑重地跟您承诺,在将来的岁月里不断拼搏努力,硕士、博士、青年学者,我会勇往直前,一步一个脚印,踏实工作、努力研究,不敢说是“为中华之崛起而读书”,但愿为中国航空发动机而贡献自己微薄的力量!我也一定不会辜负您的期望,在将来中国航空发动机的创造史上一定会有您学生的成绩!请您放心!”

下面这段话是一个学生刚来大学时的思想状况:

“您说得对，我是一个急于打探这个世界的孩子。孤身一人置身大城市，犹如一叶扁舟漂泊于汪洋大海，偶尔会迷茫，偶尔会迷失方向。曾经来自家庭的压力、学业的压力、生活的压力，让我痛苦到无处倾诉，让我抑郁到无可救药。就像冥冥中注定，和您相遇，您来化解我内心的矛盾，治愈我遭受的创伤。您拯救了我，拯救了我的家庭。我曾经几乎想要放弃我的家庭，逃离那个令我绝望的环境。而您，抚平了我的伤痕，点燃了我的希望。”

下面这段话是上面这个学生现在的思想状况：

“我时常想起三年前的自己，无知而幼稚，生命轻薄得如落花流水。三年，只是短短的三年，我能在老师的熏陶和谆谆教诲下走出小我，提高思想境界，植大木以立长天，处江湖以忧国民。能放下尘世繁华，能做个勇敢的人，心之所向，神之所往。能舍小我而成就众我，能有好男儿立志天地间、纵横四海、驰骋边疆的雄心壮志。这都是老师爱的灌溉，学生无以为报。唯有传承这种爱，使之绵绵不绝，以光大之。”

下面这段话是一个来自西藏的学生来到大学一年级的时候写给我的一封信中的一段：

很感谢您对我的关心与照顾，很荣幸在这里能够遇到您。曲导真的很感谢您像父亲一样照顾我们、关心我们，身为一名您的学生，我感到万分荣幸。从小在山沟里长大的我，第一次受到这么多好心人的帮助，在这里，我感受到家庭的温暖，尤其是您——曲导，您对我的照顾，我无法用语言来形容。我本以为我到这里后，会很孤单、很无奈，但因为有了您，我摆脱了这些。我真的很感谢您，在这里，您是我最亲的人，就如同我爸爸。您对每一位学生都像对待自己的子女一样，我们在这里真的体验到了家的温暖。您说了很多令我们一辈子都铭记在心的话，您说了：“我决不会让你们任何人饿着肚子上课。”当时，我流泪了，因为第一次遇到这么好，对我们这么关心、为我们这么付出的老师，我真的很感动，这句话我会一辈子记在心上。

下面这段话是上面这个学生毕业时写给我的一段话：

“大家即将要各奔东西了，而我们选择了不同的人生道路。我也选择了回自己的家乡发展，因为那里更需要我们这些年轻人。希望越来越多的孩子能走出大山、走进课堂；希望他们能走出大山，看看外面的世界；也希望他们能受到更好的教育。走出来也是为了更好地回去。”

有个家在河南的学生，我去过他家家访。这个学生的家长在孩子毕业的时候到大连看我。

这个家长跟我说：“老哥，从今天开始× ×就是您的儿子。”

我上完思想政治理论课后，学生都会主动给我送条幅、送卡片，和我合影留念。有个学生跟我说：“您改变了我，征服了我。此前都说思想政治理论课没有意思，但您的课是我最愿上的课。”四年里，学生给我留下了几十万字的学习体会和感言。

2017 年年底，我获得了全国“时代楷模”的荣誉称号。

2018 年年初，我获得了“全国优秀教师”荣誉称号；2018 年新版《思想道德修养与法律基础》教材也把我的名字写了进去；2018 年年底，我获评中组部、教育部“万人计划”教学名师，我的思想政治理论课教学得到了充分的肯定。《中共中央宣传部关于授予曲建武“时代楷模”荣誉称号的决定》中有这样的评价：

“曲建武是大连海事大学 2013 级辅导员、马克思主义学院教师。工作 30 多年来，他无论是在高校辅导员岗位，还是担任地方教育行政部门领导职务，始终情系高校思想政治工作，不忘初心、牢记使命，积极传播先进思想文化，不断探索工作规律，立足本职岗位，在大学生思想政治教育方面做出突出业绩。2013 年，出于多年来对学生工作的热爱，他主动辞去领导职务，毅然回到高校教书育人第一线，做一名任课教师和本科生辅导员，把自己的学识和心血奉献给学生与课堂。”

《教育部关于授予曲建武同志“全国优秀教师”荣誉称号的决定》中有这样的评价：

“曲建武同志爱党爱教，淡泊名利，以别样的人生诠释热爱教育和服务学生的至诚情怀。从 1982 年毕业留校担任辅导员以来，无论从教从政、身处何地何职，始终心怀为党的事业奋斗的坚定信念和为学生服务的宗旨，倾心倾力投身到他所钟爱的人民教育事业。他不忘初心，立德树人，以丰富的经验身体力行贯彻党的教育方针。在教学中主动承担本科生思想道德修养与法律基础课的教学任务，将培育学生社会主义核心价值观贯穿教学全过程，将中华民族优秀传统文化融入教学活动，课上与课下、网上与网下相结合，使思想政治教育工作润物无声、入脑入心。他潜心钻研，敬业进取，以学研结合深入探求思想政治工作规律。先后完成国家社会科学基金重点项目、省部级研究项目20余项，公开发表著述500多万字，开通微信、博客坚持为公众答疑解惑，成为全国高校思想政治教育工作领军人物和权威专家。他爱生如子，无私奉献，以家长般的温暖悉心呵护学生成长，倡导并出资建立爱心基金，经常深入宿舍和学生家中，帮助解决学习生活和成长中遇到的各种困难，用长者的温情和师者的深情引领学生在爱国奋斗、服务人民中成长成才、建功立业。”

（二）

办好思想政治理论课的关键在教师。思想政治理论课教师的素养如何，决定了思想政治理论课教学的效果。一名思想政治理论课教师怎样才能给学生心灵埋下真善美的种子，引导学生扣好人生第一粒扣子呢？

习近平总书记讲了六个方面的要求。我就坐在总书记的对面，我们的目光不时地交织在一起，总书记说得千真万确，我深有体会。

一是政治要强。让有信仰的人讲信仰，善于从政治上看问题，在大是大非面前保持政治清醒。有信仰的人讲信仰才能帮助学生树立起坚定的信仰。

马克思就是有信仰的人。他的信仰就是解放全人类，实现共产主义。马克思用一生来追求他所创立的马克思主义。马克思知识那么渊博，但从来没有想过“评职称”的事；马克思有着很好的从政条件和背景，但从来没有想过追求高官厚禄。马克思因为创立了马克思主义而被开除国籍，遭到迫害。170多年前，那是资本主义猖獗的年代，但是马克思在《共产党宣言》中却庄严地宣告：

“现在是共产党人向全世界公开说明自己的观点、自己的目的、自己的意图并且拿党自己的宣言来反驳关于共产主义幽灵的神话的时候了。”

我在从省委高校工委副书记岗位回到学校的时候,组织部的领导关心地说:“正厅级没有了,你将来看病怎么办?”我想得很简单,老百姓怎样看病,我就怎样看病。

李大钊三十八岁就被杀害了,我都五十六岁了(2013 年时),够本了。我去北京的时候瞻仰过李大钊的墓,给他献过花。我说:“先辈我来了,我一定传承您的事业。”

我还参观过方志敏的墓,也给他献过花。方志敏三十六岁就被杀害了,毫不稀罕美丽的“西餐大菜”,留下了《可爱的中国》。

我们现在站到了离实现中国梦最近的地方,我国的 GDP 已经是世界第二了,可是有的思想政治理论课老师却信仰模糊了,甚至动摇了,这样是教不好思想政治理论课的。

我在上课的时候,我告诉学生们我就是为了他们而来的,老师就是不相信“球”踢不进对方的门。学生给我报以热烈的掌声。

二是情怀要深。保持家国情怀,心里装着国家和民族,在党和人民的伟大实践中关注时代、关注社会、汲取养分、丰富思想。

我爱我的祖国。我选择了教育就是选择了爱国。我的爱国就是教育学生爱国。爱国是我课堂教学的主旋律。我教育学生们,大学就是爱国的产物。大学生就应当把爱国放在第一位,不然不会有大的出息,到头来会后悔的。

有个学生跟我说:

“曲导好!

我是××。前几天报名去参加支教,之后面试、体检,今天通知终于下来了,我被录取了,所以想第一时间把这个消息分享给您,也是借此机会感谢您一直以来对我的教导与鼓励。

大学到现在也算是到了尾声,在这个人生的十字路口上,我选择了就像您所教育的那样,到西部去,到基层去,到祖国最需要的地方去,作为一名大学生党员,真正地去为国家做点事,去给那里的孩子们送去温暖与微薄的帮助。我愿意也非常渴望用一年的时间去做一件令我一辈子难忘的事。”

还有个学生说：

“感谢曲导这三年对我的照顾和栽培，我今天下午签约了中铁十七局，报名的工作地点是西藏。在以后的工作岗位上我一定会谨记曲导的教诲，做人民满意的事，到祖国需要的地方。

再次感谢曲导，祝您身体健康，阖家幸福！”

三是思维要新。学会辩证唯物主义和历史唯物主义，创新课堂教学，给学生深刻的学习体验，引导学生树立正确的理想信念，学会正确的思维方法。

我在课堂上教会学生正确地看待中国的今天，不忘中国的昨天，相信中国的明天。告诉学生们我们现在所存在的问题都是发展中的问题，都不是我们的社会制度带来的，慢慢地都会得到根本的解决。

我不断创新教学方法。在正式上课前，我通过联系辅导员、查阅学生登记表、发放调查问卷等方式，对年级学生的情况已经基本了解。对生活困难的学生，我力所能及地及时给予帮助；对极个别思想偏激的学生，我约他们谈话，尽早转变他们的思想。

四是视野要广。要有知识视野、国际视野、历史视野，通过生动、深入、具体的纵横比较，把一些道理讲明白、讲清楚。

我考察了世界上 1000 多所大学，国外排在前 100 的大学我去了 70 多所；国内本科高校我去了 800 多所；我去过几十个国家；我去过 500 多位名人的墓地、400 多位名人的故居；我收集了 6000 多幅撰写（镌刻）在名人故居、墓地和著名庙宇里的楹联；我考察了数百个红色景区、博物馆、纪念馆、人文景观……我挖掘其中的文化元素，把它们生动、深入、具体地展现在我的课堂上，增强课堂教学的吸引力和感染力。

五是自律要严。做到课上课下一致、网上网下一致，自觉弘扬主旋律，积极传递正能量。

我课上课下一致。我课上教学相当于集体谈话，课下谈话相当于因材施教。我是博士生、硕士生导师,还有一些科研任务,但是我和学生的谈话是常态。个别谈话增强了课堂教学的针对性。我网上网下一致,我和学生有三百多万字的微信(公众号文章)交流。有时为了将微信及时发出去,我在火车车厢连接处发送,有时还在火车站、地铁站的站口发;每个学生过生日我都发几百字到上千字的生日祝福;还有节假日都会给学生发祝福。

这是一个学生过生日时我发给他的生日祝福:

××你好!

时间过得太快,尤其对我这样一个已年届六十的人啊!我有一种感悟,人生不能叹息,用来奋斗的时间真是不够用!你的大学生活也即将过去,四年的光阴就是眨下眼的工夫。还有一个月的时间就要毕业了,想必你的感想也很多。今天是你在大连海事大学最后一个生日,我正在去大连开发区的路上,教育部要求我们到高校听思想道德修养与法律基础课,我给你发条微信,祝你生日快乐、幸福满满!

我的脑海里总是会闪现出去重庆家访时你母亲的身影,那和蔼的微笑和温馨的话语。你没有辜负你母亲的期望,即将以优异的成绩结束你的大学生活。你母亲一定以你为骄傲吧!老师也替你高兴。你还年轻,未来的路还很长,一定走好今后的每一步。有些人失败不是在大学,而是在大学之后。这是因为没有持之以恒的结果。无数实例说明,成功往往在坚持之中。老师相信你是一个目标坚定、做事持久的人!

你家里好吧?你毕业前你母亲能来大连吗?若是来大连一定告诉我,我请你们吃顿饭,以表达我去重庆时你母亲对我的热情接待。即便你毕业了,大连也是你的第二故乡,我在这里随时欢迎你的到来。

给你母亲问好。我快到大连大学了,就聊到这儿吧。有什么需要我做的,你别客气。

生活如此美好,要珍惜、投入。

祝天天都有好心情!

下面这封微信是五四青年节发给学生的。

小伙伴们好！

今天是你们的节日，也是你们来大学的第三个五四青年节，老师向你们的节日表示祝贺！愿你们青春永驻，谱写人生美丽的华章！

青年，一个多么富有青春活力的群体，在青年的身上寄托着祖国的未来和民族的希望。我也有过我的青春，不过与你们相比，我的青春之路就没有你们这么平坦了。我十九岁的时候响应毛主席号召，到农村广阔天地干革命。在那里与贫下中农一道战天斗地，吃了不少苦，那时经常是吃了上顿没下顿。幸运的是两年后恢复了高考制度，我考上了大学，有了学习的机会。但是那时“文化大革命”刚结束，国家百废待兴。学校的教学条件很差，使用的教材有的就是老师手写后用油印机印刷的。记得我上课时有间教室就是学校后勤加工木器的地方，那边是隆隆的机器声，这边我们就坐在长条板凳上听老师讲课。学校为我们提供的伙食，即便是现在最贫困的学生，比我们那时家庭最富有的学生吃得还要好。可以说我们的青春就是在贫困中度过的。现在看来，这又有什么！不是说困难是最好的学校吗？我非常感谢这段岁月，它使我懂得了责任，懂得了奋斗，懂得了坚强。我现在知足的心态与那段岁月的经历有很大的关系。青春就是这样，奋斗的青春才有意义，有坚定信念的青春，前行的脚步才能坚定！

诚然，每代人的青春环境会有所不同，但是青春的本质是一样的：青春不是用来浪费的。无论在什么样的环境里，永不停歇都是青春不变的旋律。老师知道你们也很不容易，我去过你们中有些困难的学生家进行家访，有的同学家庭生活困难的程度超过了你们的想象。我跟这些困难的学生讲，越是这样越是要把自己变得坚强！打开你家幸福大门的钥匙就在你的手里。我多次出国，最初的时候我们国家还不富裕，外国人瞧不起我们，现在我们强大了，西方又来干扰我们，不断给我们制造麻烦。当然这也从另一面说明我们还不足够强大，在国际事务中还没有更重的话语权。这也正是你们青年一代的使命。修身、齐家、治国、平天下。孝敬父母的事要管，国家兴旺的事更要管。须知国家强大了，你们自己的小家自然就会跟着富裕起来了。

六是人格要正。有人格，才有吸引力。亲其师，才能信其道。要有堂堂正正的人格，用高尚的人格感染学生、赢得学生，用真理的力量感召学生，以深厚的理论功底赢得学生，自觉做为学为人的表率，做让学生喜爱的人。

我在第一节课都要给学生讲这样一段话：

"世界上七十亿人口，缘分使我们聚在一起。我们不是一门课的关系，我们是四年的师生、一生的朋友。从自然年龄上我是你们的父辈，从社会年龄上我不敢说是你们的父辈，但是我会努力地成为你们的父辈。从今天开始我先答应你们两条：一条是谁也不准饿着肚子来上课、饿着肚子来要求进步，吃不上饭找我，有我吃的就有你吃的，老师这一辈子就是靠诚信活着的；再一条是你们来到大连，四年里难免会患有疾病，小病自己看，大病找我，别等你父母来，那就来不及了。不要怕麻烦我，老师就是不怕麻烦才来到你们身边的。老师答应了你们两条，你们能不能答应老师一条：上课不要玩手机，好好听课。请举一下手（学生们都把他们的手举起来），手放下。你们都是大小伙子、大姑娘了，可千万别撒谎，一定要诚信做人。"

我到学生家家访，力所能及地帮助解决学生生活中的困难，要求学生做到的我都自觉地先做到。学生说："老师就是积极践行社会主义核心价值观的人。"

下面是学生写给我的一些感谢和祝福的话语：

曲老师，您好！

今天是父亲节，首先祝您节日快乐！昨天的粽子和鸡蛋很好吃，真是谢谢您！两年来，您作为中队的家长，作为每一个中队同学的"代理父亲"，对我们的关心，大家都有目共睹。每逢节日的小礼物虽然并不贵重，但是让大家在远离家的时候能感受到一份亲情。真的很庆幸能遇到您这样的一位长辈，在今天这样的节日里，谢谢您的付出！

曲老师：

感谢您这两年来陪伴我们成长，在学校里，您本色出演了同学们慈父的角色，让大家心里暖暖的。我们在什么时候都知道，有一个父亲一般的老师深爱着我们。您每一次的言传身教，同学们虽然嘴上不说，但是心里潜移默化地受着您的影响。今天是您的生日，祝您笑口常开，身体健康。

曲导，祝您生日快乐！

真的很感谢您一直以来对我们的关心、帮助和教诲，我觉得这比学再多的文化知识都宝贵。在您上次教育我作为预备党员要以更加严格的标准要求自己为身边同学树立榜样之后，我一直牢记在心，并努力着，我想我的成长对您来说就是最大的欣慰。您为我、为我们做的，我们说再多感激的话都无法完全表达。我们也是您的孩子，就像您爱我们一样爱您，我也爱您！希望您身体健康，工作顺利。

有一次我课间问一个学生："老师讲的你信吗？""信啊。""为什么？""因为我信您啊！"学生说我是一个什么样的人他们在网上已经了解得清清楚楚。

思想政治理论课教师不能把思想政治理论课的内容只当成了知识装进头脑里。这就需要我们思想政治教育工作者走在学生的前面，给学生做出样子。道理很简单：要想推动别人前进，自己首先就应当是能够推动和鼓舞别人前进的人。要求学生一个样，自己另一个样，这怎么能行呢？

我将无我，不负人民

2019年3月22日，习近平总书记在罗马会见意大利众议长菲科时讲道："我将无我，不负人民。我愿意做到一个'无我'的状态，为中国的发展奉献自己。"

"我将无我，不负人民。"十八大以来，习总书记就是带着这样的执政理念带领亿万中国人民为实现中国梦殚精竭虑，勇往直前！心中有人民，自然就会忘我，就会有力量。

我想起了我去延安参观习总书记当年下乡时居住的窑洞的情景。即便在今天看来，梁家河也应当算条件艰苦的地方。四十多年前，习总书记十五岁的时候就去了那里，而且一待就是七年。可以想到习总书记在那里吃了多少苦。也正是在那里，习总书记和人民群众结下了深厚的感情，从此他把人民时刻放在心上。

"总书记，您辛苦了！"这是党的十八大以来我一直憋在心里的一句话。令我十分兴奋的是这个月的18号，我荣幸地参加了习总书记主持召开的学校思想政治理论课教师座谈会，并受到了习总书记的亲切接见。当习总书记和我握手的时候，"总书记，您辛苦了"这句话我脱口而出。

中国梦是我们每个中国人的梦。我将无我，不负人民。我们每个中国人都不能辜负了习总书记的嘱托，要撸起袖子加油干。习总书记用举杠铃的例子来比喻为人民他要有更大的担当，我们每个中国人也应当为了美好的未来而"不用扬鞭自奋蹄"。

我是一名思想政治教育工作者,我的担当就是为青年学生点亮理想的灯,照亮前行的路,在他们的心灵上埋下真善美的种子,让青年学生在全程参与中国梦实现的伟大事业中放飞梦想,实现他们的人生价值。

“我将无我,不负人民。”我要向习总书记学习,我将无我,不负学生,为学生的健康成长尽自己最大的努力。

关键是你想成为一个什么样的人

有的学生说他毕业后不打算从政，原因是仕途有诱惑力，容易出现问题。这未免有些绝对。这里过于强调了客观环境，忽视了主观因素。今天是包拯的生日，我想起了包拯的从政生涯。

包拯生于北宋时期，小时候他的家境就很好，是富贵人家的独生子，从小备受宠爱，受到了极好的儒家教育。包拯少年得志，19岁时便中了进士甲科。按照现在的官职说法，他被任命为一县之长。但包拯婉拒了这个职位，原因很简单，包拯生活的年代是一个提倡"父母在，不远游"的年代，包拯一心在家陪伴父母。后来，在乡亲邻里的苦心鼓励和劝说下，包拯离开了家，正式踏上了仕途。

包拯以"包青天"的美名誉满天下，刚正不阿，清正廉明，不畏权贵。在那个封建专权的时代，他做了许多在别人看来想都不敢想的事。他六次弹劾国丈，硬生生把仁宗宠妃的堂伯父张尧佐给"弹下马"；七次弹劾酷吏王逵；四次弹劾皇亲郭承佑，让仁宗下不来台……

前年我到开封，专门考察了包公祠。面对这位伟大的历史人物故居，我不禁肃然起敬。我在想，你是一个什么样的人，关键在于你想成为一个什么样的人。

抗日战争时期，日本帝国主义要炸平浙江大学，学校被迫迁移。途中学生们围着竺可桢校长问了一个问题："我们怎样才算读完了大学?"老校长语重心长地说："乱世道德堕落，历史上均是，但大学犹如海上灯塔，吾人不能于此时降落道德准则，切记：异日逢有作弊机会是否能‘涅而不缁，磨而不磷’，此乃现代教育试金石也。”老校长这里强调的就是人的主观能动性，不要总是抱怨客观环境。

说到这里，我又想到了河北省国税局原局长李真。李真可谓风光一时，他 35 岁就做了正厅级干部，本应前途无限。可是他却被判处了死刑。李真开始也做过些好事。有一次他看到一个老农在地里艰难地收割庄稼。他问这个老农为什么不雇一台收割机。老农说太贵了。李真给了他 1000 元钱，让他雇台收割机。老农感谢地说：“你真是党的好干部。”那时的李真想，他一定要做个焦裕禄式的好干部。可是后来他变了，大肆贪污受贿，最终受到了法律的惩处。死前，他给年仅 6 岁的儿子写了一封信，告诉他的儿子将来一不要从政，二要做个好人。做个好人是对的，不做官就太过绝对了。官同样是可以做的，关键是别做贪官，做个好官有什么不可以的呢？党的全心全意为人民服务的宗旨从党诞生那天起就没有变过，变的是有的党员同志忘记了党的宗旨。李真的可悲之处就在这里，他没有牢记党的宗旨，结果走上了犯罪的道路。如果主观上能够始终不忘一个共产党员的使命和担当，那他怎么会有如此可悲的下场呢？

常在河边走，就是不湿鞋。这样的党员干部大有人在。关键是他们不被环境所左右，而是在改造自己的主观世界上下功夫。所以，从政没有什么可怕的，可怕的是有的人确实抵挡不住客观环境中的一些诱惑，没有成为客观环境的主宰者却成了客观环境的奴隶。

试看将来的寰球，必是赤旗的世界

李大钊是我十分崇拜和敬仰的一个人。我在大学读书的时候就认真地读过他的一些文章，他那对共产主义所抱有的坚定信仰对我的一生都有着深刻的影响。1927年4月28日，李大钊英勇就义。今天写下这段文字，算是对他的缅怀和纪念吧。

李大钊，河北乐亭人，是伟大的马克思主义者、杰出的无产阶级革命家、中国共产党的主要创始人之一。

谈到我们党的历史，不能不谈李大钊在我们党的历史上所具有的重要地位。

李大钊早年生活在动荡的年代，这使他较早地产生了忧国忧民的思想。在日本留学期间，正赶上日本帝国主义提出灭亡中国的“二十一条”。李大钊愤慨至极，积极投身到留日学生的抗议斗争中，他起草了《敬告全国父老书》通电全国，由此成为著名爱国志士。

十月革命胜利后，马克思主义开始在中国传播，李大钊在进步的刊物上陆续发表了《法俄革命之比较》《庶民的胜利》《我的马克思主义观》等著名文章。1927年4月6日，奉系军阀张作霖逮捕了李大钊，4月28日将其杀害。临行前，李大钊宁死不屈，坚定地相信“试看将来的寰球，必是赤旗的世界”。他说：“不能因为反动派今天绞死了我，就绞死了伟大的共产主义，共产主义在中国必然得到光辉的胜利。”

真正的共产党人就是有这样崇高的信仰。在那何等恶劣的环境下，李大钊却看到了未来中国之光芒。

我要从省里回到学校做辅导员、上思想政治理论课的时候，省委组织部的一个领导关心地说："正厅级不要了，你将来看病怎么办?"我说："老百姓怎么看病我就怎么看病。李大钊 38 岁就被杀害了，我都 56 岁了，够本了。"有一年我到北京开会，去了李大钊的墓地，给他献了一束鲜花。我说："前辈，我来了，我一定传承您的遗志。"我时常想，先辈们开创了党的事业，我们只是在继承；先辈们献出的是生命，我们只不过是少睡点觉而已。为什么我们工作的时候有时会觉得这难那难的，说到根本，是境界不够，我们没有李大钊这样坚定的共产主义信仰。

当下我们正行进在实现中国梦的伟大征程上。习近平总书记说，中国梦不是轻轻松松、敲锣打鼓就能实现的。

中国梦的实现需要我们努力地奋斗。不过再难又能难到哪里去? 不就是少睡点觉吗? 那权当减肥了。我荣幸地参加了习近平总书记召开的学校思想政治理论课教师座谈会，我就坐在习总书记的对面。当会议结束时习总书记和我握手，我说了一句从十八大以来就憋在我心里的一句话："总书记，您辛苦了!"

九十多年前，李大钊就坚定地相信"将来的寰球，必是赤旗的世界"。在今天这样的时间节点上，我们更是应当对中国梦的实现充满必胜的信心，只是需要我们跟着以习近平同志为核心的党中央再加把劲而已。

将培育学生社会主义核心价值观贯穿教育教学全过程

青年的价值取向决定了未来整个社会的价值取向。一名思想政治理论课教师必须将培育学生社会主义核心价值观贯穿教育教学全过程。为此应当切实解决好下面三方面的问题。

一、切实解决好理论灌输的问题

理论是行动的指南,没有革命的理论就不会有革命的运动。中国共产党就是用马克思主义理论武装起来的政党,中国革命、建设和改革开放之所以能够取得如此伟大的成就,与马克思主义理论的指引分不开。理论对于个人来讲,同样具有重要的作用,理论上清醒,行动上才能自觉和坚定,才能在正确的道路上勇往直前。青年学生正处在价值观形成的关键时期,他们的头脑里不可能天然地存有马克思主义的理论,这种意识只能从外面灌输进去。我既担负着马克思主义理论的教学任务,又是辅导员,在培育学生社会主义核心价值观上我首先抓住理论灌输这个关键环节。

党领导下的高校,是中国特色社会主义高校,肩负着培养德、智、体、美、劳全面发展的社会主义事业建设者和接班人的重大任务。这就要求高校一定要注重对学生社会主义核心价值观的培育。思想政治理论课是对学生进行社会主义核心价值观教育,帮助大学生树立正确世界观、人生观、价值观的核心课程,而思想道德修养与法律基础课在培育学生社会主义核心价值观方面具有更为突出的地位。因为培育学生社会主义核心价值观是思想道德修养与法律基础课的核心内容,从一定视角来看,培育学生社会主义核心价值观的效果如何直接关系到这门课教学的成败。基于此,作为思想道德修养与法律基础课的任课教师,我将培育学生社会主义核心价值观作为我教学的重中之重。

二、教学成果实现的途径问题

过河就需要架桥,想要达成目的就需要找准实现目的的途径。教学成果实现的途径在哪里?毫无疑问,它一定要从教学过程当中去寻找,因为教学过程是教师根据一定的社会要求和学生身心发展的特点,借助一定的教学条件,指导学生主要通过认识教学内容从而确立价值观,并在此基础之上发展自身的过程。因此,为实现良好的教学效果,我将培育学生社会主义核心价值观贯穿教学全过程,紧紧把握教学过程的关键环节。

(一)教学理念:教育者先受教育

要想推动别人前进,自己首先就应当是一个能够推动和鼓舞别人前进的人。培育学生价值观教学的一个重要特点,就是教师必须成为积极践行社会主义核心价值观的人。践行比说教重要。我爱党、爱国、爱社会主义,努力做到真懂、真信、真用。我将这种情感融入教学过程当中。我告诉学生们,以我几十年的人生经历说明,个人的价值只有和祖国、民族的利益结合起来才能实现。有一次课间我问一个学生:“我讲的你信吗?”“信啊!”“为什么?”这个学生毫不犹豫地说:“我信您啊!”

(二)教学信仰:坚定教育价值

没有不愿接受教育的学生,只有不会教育的老师。在“教”和“学”这对关系中,教师处于主导地位。在当前的环境下,培育学生社会主义核心价值观面临诸多挑战。一名教师如果动摇了教育信仰,就不可能进行有效的教学。我相信学生是可以转变的。在教学过程中,我理直气壮、信心百倍地给学生灌输社会主义核心价值观。有个学生刚来大学时思想消沉,后来在给我的课后感言中说:“您改变了我。”

(三)教学中心:紧紧把握课堂教学关键环节

课堂是培育学生社会主义核心价值观的主渠道。为了取得课堂教学的最佳效果,我在讲课前便通过问卷、谈话、深入学生寝室、询问辅导员等方式,对学生的思想状况进行梳理,有总体的把握。我珍惜课堂讲授时间,结合教学要求,“吃透”教材,认真备课,与时俱进,精准、及时地回答学生在培育社会主义核心价值观方面存在的重点、难点问题。我调动学生课堂学习的积极性,经常让学生举例回答他们对社会主义核心价值观的理解。对诸如大学生为什么要理性爱国、如何实现人生价值这样一些关涉大学生价值观培育的重要问题,我都要求学生认真思考,结合讨论来进行。我参观了国内外1000多所大学、数百个人文景观,我将丰富的培育学生社会主义核心价值观的红色文化元素融入课堂教学。我改变一卷“定乾坤”的考试办法,期末采取开卷考试的方式,满分为50分,鼓励学生平时多读书、多思考,我还先后买了上万元励志的书籍送给学生阅读。课堂互动满分为5分,鼓励学生聚精会神地听课;课堂纪律满分为5分,要求学生保持课堂教学秩序,从细微之处做起,培养学生遵纪守法的价值观念。

(四)教学方式:牢牢做到“七个结合”

(1)集中教学与个别辅导相结合

每个学生的思想会表现出差异性,因此,我在教学过程中既注重课堂集中教学,也针对个别学生采取因材施教的办法。课堂上,我将课前了解到的对培育学生社会主义核心价值观普遍存在的一些有影响的思想问题讲清楚,同时,我和了解到的个别思想偏激的学生重点谈话。我多次找一个学生谈话,跟他进行微信交流近万字。这个学生说感谢我对他的关心帮助,不然他就会犯错误。

(2)传统教学手段与现代教学手段相结合

传统教学的一种方式就是老师念讲义,学生记笔记。这种教学的一大不足就是信息量少,信息传递不及时、不便捷。我在教学过程中充分利用现代教学手段弥补这一不足。我的教学都在多媒体教室进行。我允许学生上课带手机,但是要求学生使用手机必须是为了学习服务。一些重要的教学信息我会提醒学生拍照,一些教学答疑都在网络上进行。我和学生建立了微信群,我将一些我收集和原创的关涉培育学生社会主义核心价值观的信息(如励志照片、对重要人物和重要事件的评述、人生感言)发给学生,思想政治理论课考试成绩中还包含学生平日阅看这些信息的体会,满分为10分。

(3)课上教学与课下教学相结合

课上教学要紧紧围绕教学大纲来进行,其一大教学优势是保证了知识的系统性、完整性，但是其不足在于对一些较重要的理论问题阐述的深度相对不够。为弥补这一不足，我采取了课上“损失”课下“补”的办法。我为学生们开设了“大学—大学生—人生”“出生在什么样的家庭是无法选择的，人生的价值是可以创造的”等关涉培育学生社会主义核心价值观的讲座，阐释大学文化的“至善”性；阐释奋斗的人生才有价值的道理，帮助学生系好人生的第一粒扣子，这深受学生的欢迎。

（4）以理服人与以情感人相结合

培育学生社会主义核心价值观，“理”是根本，“情”是“融合剂”。我在课堂教学中首先把道理讲清楚，然后以情来感化学生。有次我得知有个学生因病不能来上课了，我给了这个学生的班长100元钱，让他代我看望一下这个学生。夜里这个学生给我发了很长一段微信，感谢我对他的关心，说他心里好温暖。一次节日的前夕，我上课的时候将3000元报告费分给了年级生活困难的学生，让他们改善一下生活。有个学生在给我的信中说：“老师用实际行动告诉我们爱就在身边，我也要做个温暖别人的人。”学生生活上有困难，我都力所能及地帮助他们。学生过生日的时候，我都会给学生发上少则几百字，多则上千字的生日祝福。

（5）理论与实践相结合

“纸上得来终觉浅，绝知此事要躬行。”价值观培育不能“坐而论道”，要让学生在生活实践中体验价值观的正确性。为此，我要求学生积极参加社会实践活动，注重平日里用社会主义核心价值观引领自己成长。我把这种社会实践纳入教学考试当中，与辅导员联手对学生践行社会主义核心价值观的情况做出评价，根据具体表现打分。学生的社会实践满分为10分。

（6）学校教育与家庭教育相结合

大学生确立什么样的价值观受家庭的影响很大。培育大学生社会主义核心价值观有必要同学生的家庭教育结合起来。我给学生家长写信，给有的家长打电话，跟家长交流怎样培养孩子（学生），提请家长在嘱咐孩子学好文化知识的同时，一定要引导孩子确立起正确的价值观。我还利用各种机会到学生家家访。我把家访时家长对孩子的期盼通过微信发给学生，收到了课堂教学所得不到的效果。有个学生说：“我选择的路，跪着也要走完。”我把家访中了解到的有益于教育的元素融进教学里，增强了教学的针对性、吸引力和感染力。

(7)科研与教学相结合

以科研为依托的教学才有宽度、厚度和深度,为此,我将科研与教学结合起来。对在培育学生社会主义核心价值观教学中学生所暴露出的诸多思想问题加以学术审视,为学生提供科学、前沿的思想理论武器。我主持了国家社科基金项目“高校宣传思想工作合力研究”,阐释了思想政治理论课教学如何与培育学生社会主义核心价值观同向同行;我参与了国家社科基金重点项目“创新大学生社会主义核心价值观培育模式研究”;围绕培育学生社会主义核心价值观,我在近四年里公开出版了近200万字的著述,这些研究对我的教学起到了很好的帮助。

培育学生社会主义核心价值观展现的是一幅立体的教学“画面”,描绘了我和学生在其中的“色彩”。从根本上讲,展现在我们面前的这幅教学“作品”是为学生而“创作”的。学生喜不喜欢、对学生有没有用是评价这幅“作品”最重要的标准。应当说,将社会主义核心价值观贯穿教学全过程,较好地实现了教学目的,在学生中产生了很好的反响,取得了令学生满意的教学效果。

首先,学生的课上课下学习积极性得到了很好的调动。学生课上注意力集中、互动性强,课堂教学秩序好;课下结合课堂教学要求,积极思考问题,完成布置的学习任务。在四年的教学过程中,学生给我写了几十万字的学习体会,谈他们在价值观培育方面我对他们的教育引领。他们感谢我对他们成长的付出。每堂课结束的时候,学生会给我送来掌声;每学期课程结束的时候,学生会举行简短的答谢仪式,有时会送上写满感激、祝福的卡片,有时会和我合影留念,有一次他们送给了我一幅写有“桃李天下,师恩似海”的条幅。

其次,该教学方式较好地实现了教和学的一致性,使学生将理论与实践统一起来,解决了培育学生社会主义核心价值观教学中的难点问题——价值观不只是知识的传授,更是行动的指南。“教”是手段,“做”才是目的。学生们表示要把个人价值的实现同中华民族的伟大复兴紧密地结合起来,更有的学生要求到祖国需要的地方去,让理想在实现中国梦的伟大事业中飞扬。学生甲说:“我要植大木以立长天,处江湖以忧国民,到西藏奉献自己的一生。”学生乙说:“祝老师父亲节快乐!在祖国未来的航空发动机史上一定会有您学生的成绩,请您放心。”学生丙说:“将来我要像老师一样，不图名、不图利，做一名名副其实的共产党员。”

再次，该教学成果使学生终生受用。学生不仅把我当成课堂上的老师，更是把我当成生活中的朋友，思想上有了困惑时会主动找我交流。一些学生说，能做曲老师的学生感到很幸运、很自豪。一些我教过的学生也慕名约我汇报思想状况，希望我能对他们的人生进行指导。学生和我不只是在课堂上有关系，一些学生把我当成了一生的引路人。有的学生虽然毕业了，但当有思想困惑的时候，也会跟我联系，征求我的看法。

党的十九大提出到21世纪中叶要实现中华民族的伟大复兴。这个时间节点意味着当代大学生将全程参与到这一伟大的实践中，这就要求高等教育必须培养一代代积极践行社会主义核心价值观的社会主义事业建设者和接班人。而思想道德修养与法律基础课是对学生进行社会主义核心价值观教育，帮助大学生树立正确的世界观、人生观、价值观的核心课程，该门课程在培育学生社会主义核心价值观方面所具有的重要地位越来越凸显出来，也越来越受到重视，这为本教学成果的应用提供了无比广阔的前景。

教改的问题主要是教师的问题。培育学生社会主义核心价值观教学的一个突出特点是教师的知识水平只是保证教学效果的一个必要条件，信仰比知识重要。从某种意义讲，教师的师德如何对教学效果有着重要影响。中共中央国务院下发《关于全面深化新时代教师队伍建设改革的意见》，其中明确提出，要全面提高高等学校教师质量，建设一支高素质创新型的教师队伍。高等学校高层次人才遴选和培育中要突出教书育人；要深入推进高等学校教师考核评价制度改革，突出教育教学业绩和师德考核。当前，担负思想道德修养与法律基础课教学的教师也越来越认识到，一定要把培育学生社会主义核心价值观的教学，由知识体系向教材体系转化，再由教材体系向信仰体系转化，使培育学生社会主义核心价值观教学入脑、入心，切实实现这门课在培育学生社会主义核心价值观教学中所担负的任务。

纪念马克思诞辰200周年

“如果一个人只为自己劳动,他也许能够成为著名的学者、大哲人、卓越诗人,然而他永远不能成为完美无疵的伟大人物……如果我们选择了最能为人类福利而劳动的职业,那么,重担就不能把我们压倒,因为这是为大家而献身;那时我们所感到的就不是可怜的、有限的、自私的乐趣,我们的幸福将属于千百万人,我们的事业将默默地,但是永恒发挥作用地存在下去,面对我们的骨灰,高尚的人们将洒下热泪。”

——青年马克思

这段话我再熟悉不过了,它出自马克思十七岁的时候写下的《青年在择业时候的思考》一文。与我在大学学的是思想政治教育专业有关,马克思的这篇文章我背得滚瓜烂熟。一个十七岁的中学生就能够写下如此有见地的文章,我对马克思佩服得五体投地。

我大学毕业做辅导员时,有九本工作手册,上面密密麻麻地、详细地记录着每个学生的情况。在这九本工作手册的扉页上我都写下了一句我最崇敬的几个人说过的话,有毛泽东的,李大钊的,方志敏的,邓小平的,伏契克(第二次世界大战时期捷克斯洛伐克反法西斯战士,被法西斯分子杀害了)的,再有就是马克思的。

关于马克思的我选的就是上面那段话,这些话始终激励着我在为学生服务的路上勇往直前。我对自己的要求是:眼睛“向下”,不要追求“高大上”,多想“形而下”。

在和一些学者交流的时候常谈到我的这个观点。大家搞学问是对的,但是千万不能学问上去了,学生落下了,这样的学问有何价值呢?

当前我们正在认真学习和贯彻习近平总书记在学校思想政治理论课教师座谈会上的讲话精神,马克思这句话对我们也是有启示意义的。

我们为什么要上思想政治理论课,说到根本还不是要让马克思主义理论走进学生心灵?何谓走进心灵?那就是让青年学生将马克思主义理论内化于心,外化于行。做不到这一点,任你把你的学问说得天花乱坠,说得高端、大气、上档次,那也只是在“为自己劳动”而已。

今天是马克思的生日,我又想起了马克思说过的那段话。

马克思于1818年5月5出生在德国一个犹太律师家庭。马克思个人有着卓越的学识,马克思的妻子出身于贵族家庭,马克思妻子的哥哥就是普鲁士王国的一个部长级官员。马克思的伟大在于他没有借助这些优越的条件“为自己劳动”,他追求的是成为“完美无疵的伟大人物”。

马克思由此放弃了高官厚禄,也放弃了“评聘职称”。马克思用他的渊博学识“换来”了遭受迫害,贫困潦倒,被开除国籍……他宁可舍弃生命,也要创立一种新的学说,一种为全人类带来幸福的学说。马克思做到了。今天,他所创立的科学社会主义思想已在中国大地结出丰硕的果实。

马克思的伟大还在于,他不只是创立一种主义,为了这种主义他还积极地投身到无产阶级推翻资本家阶级的伟大实践当中。恩格斯说,“马克思首先是一个革命家”,“斗争是他的生命要素。很少有人像他那样满腔热情、坚韧不拔和卓有成效地进行斗争”。习近平说,“马克思毕生的使命就是为人民解放而奋斗。为了改变人民受剥削、受压迫的命运,马克思义无反顾投身轰轰烈烈的工人运动,始终站在革命斗争最前沿。”

对马克思的最好纪念,就是把马克思主义理论传承下去。这就要求我们思想政治教育工作者,尤其是思想政治理论课教师,首先要有马克思那种坚定的政治信仰,为最广大人民的幸福搞学问,这是马克思主义理论教育取得实效的重要前提。再就是要向马克思那样,不只是创立了马克思主义,而是亲身践行马克思主义,不只是“解释世界”,“问题在于改变世界”。在前些天的一篇公众号推文中我说过这一点,在此我再重复一遍:“从一定意义上讲,我们今天的马克思主义理论教育之所以还不那么令人满意,一个重要的原因就是我们要求学生的太多了,要求自己的太少了,‘高大上’的东西太多了,‘形而下’的东西太少了。”学生成长的现实需求告诉我们,我们需要马克思主义理论家,也迫切需要马克思主义教育家,当然能将这两者统一起来更是我们需要的。

谨以此文纪念马克思诞辰200周年。

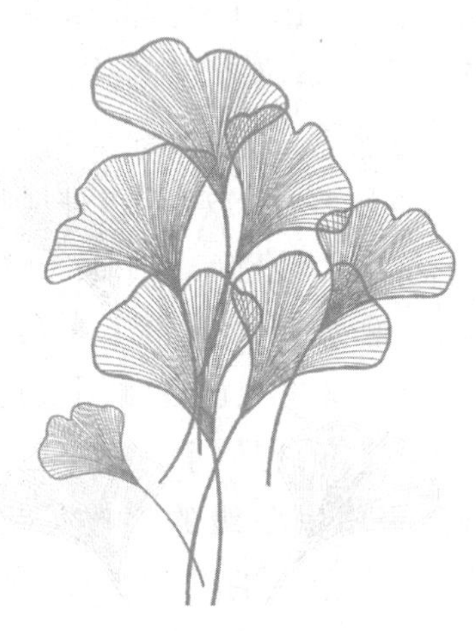

在我省学校思想政治理论课教师座谈会上的发言

昨天上午，我省学校思想政治理论课教师座谈会在友谊宾馆召开。因为我参加了2019年3月18日在北京召开的学校思想政治理论课教师座谈会，所以，我也参加了我省的学校思想政治理论课教师座谈会，并被安排在第一个发言。这里把我的发言稿推送给大家。

总书记指出，青少年是祖国的未来、民族的希望。他们正处在人生的“拔节孕穗期”，我们办中国特色社会主义教育就是要全面贯彻党的教育方针，解决好培养什么人、怎样培养人、为谁培养人这个根本问题，引导学生增强中国特色社会主义道路自信、理论自信、制度自信、文化自信，厚植爱国主义情怀，把爱国情、强国志、报国行自觉融入坚持和发展中国特色社会主义事业、建设社会主义现代化强国、实现中华民族伟大复兴的奋斗之中。这就要办好思想政治理论课。思想政治理论课是落实立德树人根本任务的关键课程，其作用不可替代。思想政治理论课教师队伍责任重大，办好思想政治理论课关键在教师。

我一边听着总书记的讲话，一边在心里琢磨着：我也算是一名老思想政治理论课教师了。1982年我毕业留校做了辅导员，同时教思想政治理论课。虽然其间我有很多机会教其他专业课，但是我都未所动。在我看来，大学里最重要的课就是思想政治理论课，它是管学生人生价值观的，一定要把它教好。我在辞去省厅领导职务回到学校的时候，照样坚持给本科生上思想政治理论课。我告诉我自己，当今时代，我们站到了离实现中国梦最近的地方，但是中国梦不会轻轻松松、敲锣打鼓地实现的，西方社会一定会竭尽各种手段来影响和阻挠我们。这就需要我们一定要培养出一批又一批德智体美劳全面发展的社会主义建设者和接班人。

多年来，我坚定理想信念，相信“两个必然”，用习近平中国特色社会主义思想武装学生的头脑。我深深地热爱我的祖国，我教育学生到祖国需要的地方去。为了解决一个要去西藏奉献青春的学生的后顾之忧，我用我受表奖获得的奖金帮他家盖了房子。我将网上与网下结合起来，先后给学生发了200万字的微信，为学生解疑释惑。我以人格来影响学生，帮助学生解决生活上的困难。学生说我就是他们人生的引路人。

站在新的历史起点上，作为一名思想政治理论课教师，我深感使命光荣、责任重大。我将牢记总书记的嘱托，不忘初心，切实担负起培养好社会主义建设者和接班人的任务。为学生点亮理想的灯，照亮前行的路，帮助学生走好人生之路，在服务学生中实现我的永生。

科技与人文

人类在不断地攀登一个又一个科学的高峰,在创造一个又一个人间的奇迹。

2010 年 5 月 20 日,在美国,一项历时十年,耗资 4000 万美元,由 20 位伟大的科学家参加的研究项目——完全由人造基因控制的单细胞菌在克莱格·凡特教授的主持下诞生了。这项伟大的研究成果,预示着一个新时代的到来。

人类到底应当做些什么? 又能做些什么? 我对人类的无限创造力毫不怀疑。但是我认为,人类的科学研究一定要遵循人类社会的法则,我把它理解为增进人类的文明和进步,无论自然科学还是社会科学都是如此。所谓科学的最高峰,是由人文精神引领的,否则科学研究就没有价值,攀登人类科学的高峰就失去了意义。

伟大的科学家爱因斯坦说过:“科学虽然伟大,但它只能回答‘世界是什么’的问题,‘应当如何’的价值目标,即在它的视野和职能的范围之外。”

由此我又联想到我们今天的教育。有一次我到一所中学,一进教学楼,映入眼帘的是一幅从三楼悬挂到一楼的十分显眼的对联。

上联是:争上游,身手显,四百学子进重点;

下联是:奔北大,去清华,十五目标定拿下。

我问该学校校长:“今年毕业多少学生?”“一千多吧。”“减去四百一十五个,剩下的那些学生都要进监狱吗？教育不是为了一切学生,为了学生一切,一切为了学生吗?”

这就是我们基础教育的折射。高等教育当前也存在类似的问题。建“双一流”不错,但是对“双一流”的内涵一定要科学地理解。为什么建“双一流”？在当代中国就是为实现中国梦服务的。

这就要关注学生的人文精神的培养,也就是要让学生树立正确的价值观。知识再多、能力再强,不为人民服务,不为中国共产党治国理政服务,不为巩固和发展中国特色社会主义制度服务,不为改革开放和社会主义现代化建设服务,又有什么意义呢?

所以,大学不能只聚焦就业率,要培养价值观。在此,我又想起来爱因斯坦先生说过的另一段话:“用专业知识教育人是不够的,通过专业教育,学生可以成为一种有用的机器,但是不能成为一个和谐发展的人,要使学生对价值(社会伦理准则)有所理解并产生热烈的感情,那是最基本的。”

孔子早在几千年前就说过“君子不器”。说的就是君子不能把自己当成器物,君子是有灵魂的人。君子应当懂得责任、使命和担当,在当下,就是为中国梦的实现而奋斗。这就要求我们的教育一定要给学生的心灵埋下真善美的种子。让当代青年懂得把个人发展同祖国命运结合起来的道理,努力为实现中国梦去攀登一个又一个科学的高峰,这样的学习才有味道,这样的研究才有价值。千万不能只为自己搞学问、搞研究,那对社会发展没有太大的意义。

知识分子实当忧国忧民

1052 年的今天(6 月 19 日),范仲淹卒于徐州。

大学生对范仲淹的了解,一定是通过《岳阳楼记》这篇不朽之作吧!"不以物喜,不以己悲。居庙堂之高,则忧其民;处江湖之远,则忧其君:是进亦忧,退亦忧。""先天下之忧而忧,后天下之乐而乐"充分表达了一位知识分子忧国忧民的情怀。

范仲淹可算得上一位大知识分子。童年的时候,他的继父曾想让他经商,而他坚决不肯,执意求学。他学习十分刻苦,从他在滨州时流传下来的那段"划粥断齑"的故事,足见范仲淹的勤奋精神。

因生活艰苦,范仲淹只得晚上熬一小盆稀粥,经过一个晚上的凝固,第二天划成四块,早晚各取两块食用,这便是"划粥"。佐餐的菜蔬就是自然生长的野菜,他把野菜弄碎,拌上油盐就餐,这便是"断齑"。正可谓"学海无涯苦作舟"。

难能可贵的是,作为封建时代的一个知识分子,范仲淹功成名就之后,不忘百姓的疾苦。在任泰州西溪盐税监官时,他发现当地海堤年久失修,范仲淹率万名民工奔赴海滨。施工经费不足,他还将自己的体己贴上。他以"宁鸣而死,不默而生"的气节,开创了朝廷政治清明的先河。

《宋史》评价说:"每感激论天下事,奋不顾身,一时士大夫矫厉尚风节,自范仲淹倡之。"

今天的大学生也算得上是知识分子了,然而"为什么学习"对他们来说还真是一个现实的问题。

学习确有自我利益的需要，将来找个工作，成个家，孝敬父母，但对于当代大学生而言，恐怕还不能止于此。这只是“小德”，也就是“齐家”之德。知识分子应当有“大德”，就是要“治国平天下”“止于至善”。范仲淹的“先天下之忧而忧，后天下之乐而乐”讲的就是“大德”。

眼下离中国梦的实现就剩“最后一公里”了，大学生必须走好这“最后一公里”，这关系到中华民族的命运问题。看看今天的世界，有人仍抱有霸凌思维，对弱小的民族和国家想干什么就干什么。

他们动不动就把军舰开到了我们的海域、让战斗机飞行在我们的防空识别区。这不就像有人私自闯进你家的后院吗？他们还张狂到通过他们自己的“法律”管我们的事情。

“厉害了，我的国！”可是我们还没有厉害到想不让他们干什么他们就不敢干什么的程度，我们不能容忍这种状况永远存在下去。那怎么办？每代人有每代人的使命和担当。当代大学生就是要把自己的学习同祖国的命运结合起来，像周恩来同志那样“为中华之崛起而读书”，今天的大学生就是为实现中国梦而学习。

想想千年前封建时期的知识分子都能做到“居庙堂之高则忧其民，处江湖之远则忧其君。是近亦忧，退亦忧。”“先天下之忧而忧，后天下之乐而乐”，当代大学生还能差过古人吗？

一定要自己看得起自己

很多辅导员跟我讲,别人看不起他们,因此他们工作没劲头,总想早点离开辅导员队伍。

这样想是不对的。别人看不起你,你就趴下啦?就当“逃兵”?那不更让人瞧不起吗?

我倒认为,别人越是看不起你,你却越要看得起自己,不然就真是趴下了,永远站不起。

要相信自己!

当哥伦布没有使鸡蛋立起的时候,谁会相信鸡蛋能立起?有几人不以为哥伦布是在痴人说梦?当哥伦布真的使鸡蛋立起来了,谁还敢说哥伦布是在吹牛?所以,许多事情必须用事实说话。

我有个朋友曾经也是辅导员。20世纪90年代初,他费了很大的劲去了澳大利亚。他很关心我,在他爱人回国探亲的时候,他让他爱人带给我一封信。信中劝我赶紧离开辅导员队伍,免得将来后悔。我不以为然,没觉得辅导员有什么不好。后来他在国外待不下去了,回到了国内,这时我已经是学校党委副书记、教授了,他说我比他看得远。

很多同志一留校便想尽一切办法到机关工作,离学生远远的。我在做党委副书记的时候,常跟机关的同志讲,辅导员挺好的,不要怕接触学生。在学校工作最大的资源就是学生。你一天辅导员不做,眼下清闲了,可是当你退休了,一个学生也没有,这是多大的遗憾!

我留校做辅导员的时候，很多专业老师看不起我，他们觉得辅导员就是“管理员”“消防员”“保姆”“警察”，什么都干不了的人才干辅导员。我不跟他们争辩，更不当“逃兵”，我默默地做。

我给学生上思想政治理论课（当时叫共产主义思想品德课），我认真备课，我的课很受学生欢迎。年底学生评课的时候，我的课排在了前几位。

我还带着问题意识开展工作，积累到一定程度便把我的所思所想写成论文。结果评职称的时候，不分专业，我在全校所有参评教授的人员中排在前几位，评上了教授职称。教过我的很多老师都是在我之后评上的教授，有的老师退休了还是副教授。

有为才有位。现在更是如此了，我当上了二级教授，我是国家社科基金评审委员，我被评为全国教学名师，当上了“时代楷模”。这一切的取得我要感谢组织的培养、大家的帮助，当然也离不开我个人的努力。从我留校到今天，无论在哪个时期、哪个阶段，只要我气馁了，怀疑自己了，就不能在原有的台阶上再上一个台阶。

我最欣赏的一个广告语就是“我能”我能什么？我相信我能做到在别人看来做不成的事情。我能就是我相信我不会忘了初心，被别人左右。不管别人怎么看，我会在我选择的路上坚定地走下去！

当然，瞧得起自己不是狂傲自大，也不是目中无人，而是把自己的信心建立在科学的基础上，正确地认识自己，不要管别人瞧不瞧得起你。要想让别人瞧得起你，就得做出令别人不得不对你刮目相看的事。

给一个思想政治理论课教师的回信

前些天，在东北师范大学，我为中宣部、教育部主办的高校思想政治理论课教师培训班做了一场主题为“践行新时代高校思想政治理论课教师‘六个方面’素养”的报告。报告后，有找我合影留念的，有要签名的，还有的在我的公众号(仍然在路上)后台留言的……看到有个老师的留言，正好引起我想跟有的思想政治理论课教师说的话，于是我便给她回了一封信，在这里我将这位老师的信以及我的回信推送给大家。

曲老师好：

我是在东北师范大学参加培训的学员××，来自吉林省××大学，是今天您讲完后第一个在现场得到您签名的人。您说如果还想要另一本签名的书，以后可以寄我一本，是真的吗?

我是去年刚从社会学专业教师转到马克思理论教研部的新入职老师，原来教了十年社会学的本科生。许多同事说我从专业教师主动调到马克思主义理论教研部教毛泽东思想和中国特色社会主义理论体系概论课是个退步，今天有幸现场听您讲自己的故事，我觉得我的选择可能是对的，因为我肩负着更加重大的使命。

我觉得自己以前为学生做的那些事是值得的，即便我还只是个讲师。如果您方便时，可以寄给我一本您签名的适合我看的书吗? 谢谢前辈! 从此以后我会关注您的公众号，从中汲取营养，很幸运我这次培训遇到了一块瑰宝，愿我以后能过更有意义的生活。

××老师，您好！

本想早些给您回复，结果拖到了今天，实在是抱歉，请谅解。我每天都很忙，真是忙到了有时连在公众号后台给大家回复“谢谢”的时间都没有，只能恳求大家理解了。

您提出的这个问题我比较感兴趣。今天我们有些思想政治理论课教师看不起自己的学科，总觉得自己教的课程与其他人文哲学社会科学课程相比是“矮人一等”。

我知道有的思想政治理论课教师印名片的时候，不说自己是思想政治理论课教师，明明是教马克思主义原理课的，却硬说自己是教哲学、经济学的。没有自信，怎能理直气壮地站在讲台上呢？

我1982年毕业留校做辅导员的时候就同时上思想政治理论课，我没觉得有什么不好，当时还叫共产主义思想品德课呢。我们系主任对我很好，他说我是把教学好手，别耽误了自己。他要给我安排教世界史、中国史之类的专业课程。我感谢他，但是我认为我教的就是专业课。在大学里，思想政治理论课是一门很重要的课。“厚德载物”，没有德，即便知识再多、能力再强，又有什么用？

我是博士生导师，本、硕、博上的可以说就一门课，即思想政治理论课。我被评上了“万人计划”教学名师，靠的就是思想道德修养与法律基础这门课。我上完课，学生会主动给我送条幅、送卡片，有的还要合影留念。我十分喜欢思想政治理论课。

我认为您的选择没有什么不对，您还照样是专业教师，只不过您现在从事的是马克思主义理论的教学任务罢了。这门课在学生品德培养中所起的作用不可替代。希望您能潜心研究，做到像习近平总书记提出的“六要”那样，给学生心灵埋下真善美的种子，使思想政治理论课真正成为学生真心喜欢、终身受用的一门课。我说给您寄一本书是一定会寄的，这怎能不是真的呢？我在外地，回大连后就再给您邮寄一本我签名的书。谢谢您的认同！

到大连可以联系我。

祝好！

共产党人应把读马克思主义经典当作一种精神追求

习近平总书记提出,共产党人应把读马克思主义经典当作一种精神追求。

这是对共产党员的政治要求。一名共产党员,只有用马克思主义理论武装自己,才能坚定为共产主义奋斗终生的信仰,才能不忘初心、牢记使命,自觉践行党全心全意为人民服务的宗旨,彰显共产党人的本色。

为什么有的共产党员信仰动摇了? 这与没有科学的理论指引有直接的关系。道理很简单,坚定的信仰只能建立在科学理论的基础上。

记得改革开放后被枪毙的第一个副省级干部胡长清,他在悔过书中说,他以为社会主义不行了,共产主义是渺茫的,因此动摇了信仰,改变了初心,这就自然把践行党全心全意为人民服务的宗旨丢在了脑后。

我去过革命先烈夏明翰的故居。当年夏明翰的家庭是很富裕的,但是他确立了共产主义信仰,走上了解救劳苦大众的道路,后来他被敌人杀害了。夏明翰说:"砍头不要紧,只要主义真。杀了夏明翰,还有后来人。"正是这种对"主义"的崇拜,才坚定了夏明翰的信仰,因而才做到了宁死不屈。

我在大学学的是政治教育专业,这对我学习马克思主义经典提供了得天独厚的条件。

我进大学不久就认真地攻读了《共产党宣言》,我坚信马克思得出的"两个必然"的结论:资本主义必然灭亡,共产主义必然胜利。只是我看不到了,你也未必能看到罢了,但人类社会发展的规律是不可改变的。

我要加入中国共产党。我现在还能想起我写入党申请书时的情景:我看着《共产党宣言》,在灯光下,趴在床上写了入党申请书。我们那时候发展的党员很少,只是在毕业前才发展了一批,也是唯一的一批党员。我们年级4个班,135人,一共只发展了3人,包括我。

三十七年了,我努力要求自己不忘初心、牢记使命,做一名合格的共产党员。在我辞去省厅领导职务回到学校做辅导员、教思想政治理论课的时候,有的领导同志关心地问我:“这能行吗?”我没觉得有什么不行。我入党那天也没想自己要当多大的官,发多大的财。入党本身就是对真理的追求,对马克思主义科学理论的深信不疑。

我常想,科学社会主义的发展历史出现过曲折,但是这并不意味着共产主义不能实现,人类社会的发展是漫长的过程。中国特色社会主义正日益显示出强大的生命力,人类社会正朝着共产主义的方向不断前进。

韩磊的《向天再借五百年》中有这样一句歌词:“我真的还想再活五百年。”当然谁也不可能再活五百年。不过可以想象一下,五百年后人类社会会是什么样子呢?毫无疑问,这一定是我们向往的共产主义社会。

我们这个年龄的同志都熟悉这样两句话,一句是“不能成为事务篓子”,再一句就是“不能只拉车,不看路”,这两句话都告诉我们要加强学习。只有不断提升自己的理论水平,才能清楚地记得来时的路,才能不忘自己要往哪里去。共产党员一定要做清醒的革命者,而离开了理论学习就必然浑浑噩噩,那就会丢掉理想信念,就如同习近平总书记说的“缺钙”那样,就站不直、就走不远。

辅导员是大学生的人生导师。一定要高度重视马克思主义理论的学习,只有自身找准了人生的扣眼,才能帮助学生系好人生的扣子,才能在学生心灵埋下真善美的种子。

问题的根子在哪里?

美国是个多民族的国家,表面上看美国似乎一片祥和,但是其国内的种族问题很严重。

1967 年的今天——7 月 23 日,美国第五大城市底特律爆发了一场大规模的黑人抗暴斗争。

先是数百名,后是数千名黑人同上千名美国警察发生了冲突,黑人向警察投掷石块和砖头。由底特律开始的黑人骚乱波及美国多个大城市。骚乱中共有 40 多人被打死,350 多人受伤,3800 人被捕。黑人烧毁了属于白人资本家的许多房屋和商店以及数处警察局。这次暴动还使美国最大的三家汽车工厂的装配线完全停产,底特律市内的商店、银行、饭店全部关闭,学校也全部停课。

我几年前去美国的时候,正赶上美国一些城市举行“占据华尔街运动”,游行示威的队伍浩浩荡荡。美国政府采取了驱赶的态度,占据华尔街的示威者最后硬是被强制驱散。这些年,美国也总是有种族问题出现。

美国那么有钱,怎么还会不时出现这样的社会问题?

我想这跟社会制度有关。美国人均 GDP 按照整数算,约为 6 万美元,但是绝大多数的财富集中在少数有钱人手里。所以说美国很有钱,应当说的是美国的富人很有钱,但他们是不会舍得用这些钱救济穷人的。无论民主党执政,还是共和党上台,美国都不会把改善民生作为价值追求,那样的话,岂不成了无产阶级政党?特朗普上台之后,大讲所谓的“美国优先”。

何谓“美国优先”？那是美国人民利益第一吗？这样的话共和党岂不成了共产党吗？特朗普奉行的同样是大资本家的利益第一，他最为关心的还是资本主义的制度不能动摇的问题。问题很明显，资本主义制度动摇了，特朗普的31亿美金身家恐怕就要被分掉了。

我们现在也有很多贫困人口，但是这不是我们的政治制度带来的。我们是社会主义国家，虽然我们的国已经“厉害”了起来，但是我们毕竟还处在社会主义初级阶段，我们还是发展中国家，还比较穷。

虽然我们的人均GDP同样按照整数算只是1万美元，也就是美国的六分之一，可是我们却做成了很多大事。习近平总书记下了飞机坐火车，下了火车坐汽车，下了汽车进山沟，不就是要实施精准扶贫吗？他就是要解决每个贫困人口的生活问题。

这是由社会主义制度的性质决定的，是由中国共产党人的价值追求决定的。我们应当相信，我们不用富到美国那样的程度，我们的民生问题就会比美国要解决得好得多，我们的社会就会更加文明和谐，因为我们是坚持社会主义制度的国家。中国特色社会主义必将日益显示出其强大的优越性。

“姓马”“言马”只是“纠偏”，“信马”“行马”才是正道

我没当过马克思主义学院院长，更没进过马克思主义理论研究和建设工程的大门，关于马克思主义学院的建设我本没有什么资格来谈，但是我也算是一匹“老马”了。

我大学留校做了一名辅导员，同时教思想政治理论课，当时叫“共产主义思想品德课”。我还参与了教材的编写，记得我写的那章是“树立正确的劳动观”，后来这章不知怎么没有了。现在又提出了“劳”的问题，这样看，我的观点还是有点超前的。

作为一匹在思想政治理论课教学的“田野”奔腾了三十七年的“老马”，我对思想政治理论课教学自然是有点自己的看法，尽管我的看法不一定对，我还是愿意跟大家交流一下，以引发大家的进一步思考。我认为我在这里要谈到的这个问题解决得怎样，对马克思主义学院的建设还是十分重要的。

这段时间，我看了很多马克思主义学院院长写的文章，听了一些马克思主义学院院长在“高端论坛”上的发言。有些马克思主义学院院长在全国马克思主义学院院长中还有着举足轻重的地位，也就是说有着很大的影响力，他们自己也是这样认为的；有的说他们的马克思主义学院要起到引领全国马克思主义学院发展的作用。

我一点都不怀疑他们所能起到的引领作用，我所担心和怀疑的恰恰是：若是真像有的马克思主义学院院长们讲的那样，在全国马克思主义学院建设中起到了引领作用，那全国马克思主义学院的建设会是什么样子呢？会实现建设马克思主义学院的初心吗？马克思主义学院的初心在哪里？此前我写过一篇相关的微信公众号文章，在我看来，建设马克思主义学院的初心应当是让马克思主义理论进心灵，真正让思想政治理论课成为学生内化于心、外化于行，真心喜爱、终身受用的课。

怎样才能解决进心灵的问题？

2019 年 3 月 18 日，习近平总书记在学校思想政治理论课教师座谈会上对思想政治理论课教师明确提出了六点要求，即政治要强、情怀要深、思维要新、视野要广、自律要严、人格要正。显然进心灵是一个立体化的教学过程，做到了这些，才会解决进心灵的问题。因此，这就不仅是一个思想政治理论课教师要自觉遵循的问题，也是建好马克思主义学院应当遵循的原则。

那么现在的马克思主义学院的建设是否遵循了这些要求？

实事求是地讲，我认为离这样的要求还是有不小的差距的。为什么会有这样的差距？这与马克思主义学院院长们对马克思主义学院建设的定位（当然也与外部对马克思主义学院的评价）有着极为密切的关系。为什么这样说呢？

现在全国的马克思主义学院院长谈到马克思主义学院建设，共识是马克思主义学院"姓马"，马克思主义学院"言马"，并把这个作为马克思主义学院建设的方针。上面提到的一些能够起到引领作用的马克思主义学院院长也是这样对外宣讲的。

马克思主义学院"姓马"，马克思主义学院"言马"有什么不对吗？这没有什么不对的。马克思主义学院就应当"姓马""言马"。之所以提出了这个问题我认为只是为了纠偏的问题。有那么一个时期，说起马克思主义，很多同志都不理直气壮，在很多学校中马克思主义理论教育处于被弱化的境地。有的思想政治理论课教师在课堂上太随意，对很多问题不敢旗帜鲜明地"亮剑"。

为了扭转这个局面，这些年党中央下了很大的功夫，应当说这种状况得到了改变。马克思主义学院纷纷成立了，马克思主义学院"姓马"了，马克思主义学院“言马”了。既然马克思主义学院“姓马”了，马克思主义学院“言马”了，建设马克思主义学院的任务是不是就到此为止了呢？

上面谈到的一些马克思主义学院院长也确实就是这样认为的，我却不这样认为。我的看法是，马克思主义学院“姓马”了，马克思主义学院“言马”了，这本是天经地义的事，做到了这一步只是对马克思主义学院建设的纠偏，这是针对有那么一段时间马克思主义学院不“姓马”，马克思主义学院不“言马”，而马克思主义学院建设要解决的是“信马”“行马”的问题，这才是马克思主义学院建设的根本。

这就像饭店若是不卖饭，显然是不务正业，也就算不上是饭店了一样。我们说要把饭店办好，显然不是针对饭店要卖饭来说的，关键是饭店的饭菜质量要搞上去。那么对马克思主义学院建设来说呢？就不是马克思主义学院“姓马”“言马”的问题了，如上所述，这个问题已经解决了，眼下的关键是教学质量（这相当于饭店饭菜的质量）要上去，也就是要解决马克思主义理论走进学生心灵的问题。以这样的建设标准看马克思主义学院，就不是马克思主义学院“姓马”和“言马”的问题了，马克思主义学院建设的重点恐怕就不在有多少“高大上”的论文、课题了，而应当是“信马”“行马”的问题解决得怎样了。道理大家都懂得，任你把马克思主义理论讲得天花乱坠，你若不信、不做，学生是傻瓜吗？他们会信吗？不信自然就不会做。

所以，当前的马克思主义学院建设一定要乘势而上，在“信马”“行马”上下功夫。马克思主义学院是“信马”“行马”的第一场所；马克思主义学院教师是“信马”“行马”的第一践行人。这才是马克思主义学院建设的正道，做到了这样才不会忘记马克思主义学院建设的初心，才能真正完成使思想政治理论课成为学生真心喜爱、终身受用课程的任务。

昨天上午我又和习近平总书记握了手

昨天上午,“庆祝 2019 年教师节暨全国教育系统先进集体和先进个人表彰大会”在北京人民大会堂举行。中共中央总书记、国家主席、中央军委主席习近平在人民大会堂亲切会见受表彰代表,向受到表彰的先进集体和先进个人表示热烈祝贺,向全国广大教师和教育工作者致以节日的问候。

中共中央政治局常委、国务院总理李克强,中共中央政治局常委、中央书记处书记王沪宁参加会见。

上午 11 时,习近平等来到人民大会堂北大厅,全场响起热烈掌声。习近平等党和国家领导人走到代表们中间,同大家热情握手,不时交谈,并同大家合影留念。

我非常荣幸地作为中组部、教育部组织评选的“万人计划”教学名师的代表参加了大会,并和大家一起受到习近平总书记的亲切接见。我被安排站在第一排,在习总书记座位的右侧。习总书记与站在前排的代表一一握手。与第一排代表握完手后,习总书记回到他的座位。落座前他与坐在他身后的几个代表又握了手,这样我也同总书记再次握手。

这样算来今年我和习近平总书记握了三次手。

今天我第四次走进人民大会堂

今年,2019 年,中华人民共和国成立 70 周年,我非常荣幸地第四次走进人民大会堂。

第一次是 3 月 18 日,在人民大会堂,我参加了习近平总书记主持召开的学校思想政治理论课教师座谈会,我就坐在习总书记的对面,聆听了习总书记在座谈会上的讲话。

我很激动,有些讲话就是看着我讲的。会议结束的时候,习总书记还亲切地和我握了手,我兴奋地脱口而出:“总书记,您辛苦了!”

第二次是 9 月 5 日,也是在人民大会堂,我受到中央政治局常委、中央书记处书记王沪宁的接见,并获得了第七届道德模范的荣誉称号。

第三次是 9 月 10 日,依旧是在人民大会堂,习总书记接见了参加庆祝第三十五个教师节会议的代表。我作为“万人计划”教学名师代表参加了这次会议。我被安排在离习总书记很近的位置,和习总书记握了手。

第四次是 9 月 25 日,还是在人民大会堂,中央政治局常委、中央书记处书记王沪宁接见了“最美奋斗者”,而我荣幸地获得了这一荣誉称号。

一年之内,四进人民大会堂,两次受到习总书记的接见,作为一名辅导员、思想政治理论课教师,我感到无比的自豪和光荣!

昨天晚上,当会议组织者将“最美奋斗者”证书和奖章送到我房间的时候,我凝视了许久,这是我第一次对荣誉如此地“看重”,此前我得到的一些证书都不知放到哪里了。看着红彤彤的证书和闪闪发光的奖章,我的眼角淌下了泪水。

三十七年的思政路程，一路走来，多少领导给予了关怀，多少同事给予了帮助，多少朋友给予了支持，多少学生给予了配合，还有我的爱人和孩子亦是付出了很多。这一路走来，我不是一个人在走，我不孤单，有无数的人在陪伴。

想想我刚走上思想政治这条路的时候，有的人不理解，他们认为什么干不了的人才做辅导员！上不了专业课才上品德课！

我坚信思想政治理论课就是大学里很重要的课程，大学里最难做的学问就是培养人。三十七年，我也遇到过阻力，但是我从未退缩，我相信脚下的路一定会走通，关键是不能停下前进的脚步。

当前国家对思想政治教育愈加重视，为辅导员、思想政治理论课教师开辟了广阔的道路，现在需要大家以培养能担当民族复兴大任的时代新人为己任，自觉地担负起时代赋予的使命和责任。

路在脚下。只要我们不忘初心、牢记使命，把祖国放在心上，莫负人民的嘱托，不忘学生那期待的眼神，我们就会形成排山倒海的力量，就会形成摧枯拉朽之势，还能有什么困难可以阻挡住我们前进的步伐！为了中国梦，我们付出的一切都值了。

我登上了国庆观礼台

小时候我最熟悉的一张照片就是北京的天安门的照片。那时老师也教育我们,好好学习,长大了到北京看看天安门。

长大了,我真有了到北京看天安门的机会。除了我工作生活过的大连和沈阳这两座城市,北京是我到过最多的地方,天安门自然也是我看过次数最多的一座建筑。

我的耳畔时常响起毛主席站在天安门城楼上庄严宣告“中华人民共和国中央人民政府今天成立了”的声音。在中国共产党的领导下,中国人民推翻了“三座大山”的压迫,当家做主人。七十年过去了,中国人民从站起来,到富起来,再到强起来,向世人演绎了中国故事、中国气派、中国声音、中国模式、中国未来,如果不是戴着有色眼镜和别有用心的话,谁人不赞叹中国的风景独好!

我始终把天安门城楼看成神秘和神圣的地方。那时根本想都不敢想能上天安门城楼上看一看。改革开放后,天安门城楼对外开放了。有一年我到北京办事,我带上我的儿子一起登上了天安门城楼。那一刻,我真是心潮澎湃。

站在天安门城楼上,远眺天安门广场,广场上矗立着的毛泽东纪念堂、人民英雄纪念碑、中国革命历史博物馆、人民大会堂等雄伟建筑尽收眼底。我的脑海里涌现出毛泽东的一句词:“问苍茫大地,谁主沉浮?”伟大的胸怀,成就了伟大的事业。我登上了天安门城楼,满足了我多年的心愿。我本以为这一生和天安门的情缘也就到此了,谁知故事还在继续。

作为代表,我被邀请到北京参加建国七十周年的庆典。在电影和电视里我也是无数次地观看过天安门广场上的阅兵和游行,不过做梦也没有想到我还能站在天安门观礼台上目睹这一盛况。

昨天晚上,我躺在床上久久不能入睡。我为祖国做了什么?前些天出席第七届全国道德模范和"最美奋斗者"表彰大会,看到了黄旭华老人、马旭老人、杜富国等英模,想想他们,我深感自己做得还不够。

今天,站在观礼台上看到我们祖国如此的强大,我作为一个中国人既感到无比自豪,又感到责任在肩。

中国梦一定要实现,每个中国人都应奋勇当先,而不是坐而论道、评头论足、袖手旁观。我虽然六十二岁了,还能发些余热,我要把学生培养好,让他们在实现中国梦的伟大事业中放飞希望、绽放异彩。虽然我可能等不到中国梦实现的那一天,可是想到此,想到为中国梦的实现我尽了最后一把力,我也就死而无憾了!

祝大家节日快乐!

祝我们的祖国繁荣昌盛!

和人民在一起

此时我刚参加完国庆联欢活动回到宾馆,匆忙吃了一口饭,回到房间已经快到夜里12点了。

写不写明天的微信公众号文章啦?今天早上我们5点就被叫醒,到现在一直没有休息过。我一天都在兴奋中,确实有些累了。但是我还是决定写明天的微信公众号文章:一是从2019年开始,到目前我没断过一天推送我的微信公众号文章;二是在一天的兴奋中,我的脑海也不时地掠过一丝丝忧虑。我要把这些写下来,不然我即便躺到了床上也会无法入眠。这也是我的一种坚持。如果说我还算有点成绩的话,那是因为常常在有九千九百九十九个理由放弃的时候,我却偏偏选择了那个唯一剩下的坚持的理由。

中华民族有过伟大的辉煌,到了近代却受了欺负,因为我们落伍了。那些野蛮的民族野蛮成性,他们吃了我们的、抢了我们的,还想永远奴役我们。

中华民族历来不乏仁人志士,在那个苦难深重的年代,各种"主义"、多个政党纷纷产生和建立,但是历史选择了马克思主义,选择了中国共产党,选择了社会主义制度,由此在中国共产党的领导下中国人民走上了翻身求解放的道路。中国共产党无愧于炎黄子孙,使一个饱受苦难的国度坚定地站立了起来。如今,我国已经发生了天翻地覆的变化,正如习近平在庆祝中华人民共和国成立70周年大会上的讲话指出的那样:"70年来,全国各族人民同心同德、艰苦奋斗，取得了令世界刮目相看的伟大成就。今天，社会主义中国巍然屹立在世界东方，没有任何力量能够撼动我们伟大祖国的地位，没有任何力量能够阻挡中国人民和中华民族的前进步伐。”我作为一个中国人，特别是作为一个在国庆观礼台上聆听到总书记的讲话的中国人，感到无比的振奋和自豪。我想起毛泽东同志说过的一句话：“让那些说我们这也不行那也不行的人见鬼去吧。”中国人民从来没有像今天这样意气风发、幸福美满。晚上我坐在观礼台上，当看到广场上那成千上万的群众载歌载舞的时候，当看到夜空中万紫千红的焰火绽放的时候，我实在是忍不住了，激动的泪水伴着激昂的乐曲顺着脸庞淌下，我们真是可以向世人庄严地宣告我们走进了新时代！

新时代是催人奋进的时代，新时代与中国梦的实现紧密相连。我这个人是不是有点怪？本来建国70周年国庆是大喜的日子，何不欢天喜地？何不一醉方休？我为什么今夜无眠？为什么我的心中会掠过一丝丝的忧虑？

我想起来二十几年前香港回归的时候，大江南北也唱遍了《今夜无眠》，谁曾料想今天的香港却变成这个样子？我想起了习总书记说的中国梦不会是轻轻松松、敲锣打鼓实现的；我还想起了列宁差不多在百年前总是提醒全党和人民的一句话：“不能忘记我们是被那些公开表示极端仇视我们的人、阶级和政府包围着”“只要世界帝国主义存在，经常威胁着我们的危险就不会消除”。

列宁的话过时了吗？我们为什么要搞“不忘初心、牢记使命”教育，不就是我们一些共产党人，甚至领导干部心中根本没有人民吗？中国梦真是等不来、“欢呼”不来的。

我就坐在观礼台的第一排。广场上无数大学生的欢呼我尽收眼底。我高兴，高兴的是这些孩子多可爱啊！他们有着满腔的爱国热情，中国梦一定会在他们的手上实现。同时我又想提醒他们，生活不都是节日。在当今这个如此复杂的国际环境当中，大学生一定不能把多元化的世界看成同质化的世界，必须以“四个自信”作为“定海神针”。在他们的前进道路上，某种程度上，可以说是荆棘密布，大学生能经得住这种考验吗？这就要求大学生一定要清醒地认识到，中国梦是“欢呼”不来的。伟大的事业必然伴随着伟大的斗争。

大学生朋友们一定要成为伟大的战士。战斗从来都是你死我活的。这就看谁准备得充分、谁的战斗力更强大了。这就要和人民在一起。人民是我们的根本力量。正如毛泽东同志所说的:真正的铜墙铁壁是什么?是群众,是千千万万真心实意拥护我们的群众。这就要我们眼睛向下、脚踏实地。看看我们现在,一面是广大的边远地区、落后地区需要大量的人才,一面是大量的人才“蜗居”“蚁族”在城里,这是多么大的浪费!(当然这也是多方面的原因造成的,不能全怪我们的学生。)我以为,对祖国生日最好的庆祝就是把个人的发展融入祖国和人民的事业当中,扎扎实实地为人民做事。我从年轻的时候就去学生家家访,有一次车出了事故,算我命大,若是车翻到山沟里我的命恐怕就没了。直到今天,我有机会就到学生家看看。

和人民在一起,我知道了人民需要什么,也知道了课堂上讲些什么,更知道了我应当为人民做什么。

长期以来,我形成了一个工作理念——每逢佳节倍思“贫”。从留校当辅导员到当省委高校工委副书记、教育厅副厅长,再回到学校做辅导员,教马克思主义理论课,我从未改变过。我前天晚上还联系我今年授课的年级辅导员,筹划了今天回去请生活困难的学生吃饭的事,我还要到学生家、寝室看望学生。大学生一定要牢记:没有人民我们什么也不是。

当然,我们这些培养筑梦人的思政人,也必须和人民在一起。我们可以和课题在一起,和论文在一起,但更要和人民在一起。我们需要马克思主义理论家,而当前更迫切需要马克思主义理论教育家。我们要为人民搞学问,学生就是我们的人民。我这几年和学生有三百万字的微信交流,虽然这些微信连一篇C刊都不顶,但是我坚持写了下来,它对学生很有用。

人人都应当记住:“人民万岁!”人民不万岁,共产党能万岁吗?祖国能万岁吗?

衷心地祝福我们的人民万岁!万岁!!万万岁!!!

人民万岁!祖国万岁!昨天点赞、留言太多,还有打赏的,实在没有时间一一回复,在此一并致谢!

知识分子当有钱学森先生的那种爱国情怀

我已记不起是从什么时候知道钱学森先生的,反正钱学森先生是我人生的一个楷模。1955 年 10 月 8 日是钱学森先生从美国冒着生命危险回到祖国的日子,我写下这篇短文,也算是一种纪念吧。

钱学森先生是享誉海内外的杰出科学家和中国航天事业的奠基人,中国"两弹一星"功勋奖章获得者之一。

今天,我们的神舟飞船已遨游在浩瀚的太空,这其中亦包含着无数像钱学森先生这样的科学家做出的贡献。钱学森先生的事迹无须赘述,我只想简单地谈谈他的爱国情怀,以激励当代大学生向他学习,在实现中国梦的伟大事业中奉献自己的聪明才智。

钱学森先生是一位伟大的爱国科学家,早年他在美国攻读博士学位的时候,我们的祖国正遭受着日本帝国主义的践踏。听闻南京大屠杀事件,钱学森先生义愤填膺,彻夜难眠,他决心用各种方式为国效力!

中华人民共和国刚成立的时候,钱学森先生在美国已很有名气了。美国给了他优裕的科研和生活条件,但他毅然地放弃了这些,于 1955 年 10 月 8 日经过一番曲折,冒着生命危险从美国回到了祖国。美国海军部部长丹·金布尔曾说过:"钱学森顶 5 个师。"

钱学森先生回到了祖国便说:"我终于回到了日夜想念着的祖国,今后要贡献自己的全部力量为祖国的建设事业服务。"从此,他将自己的语言身体力行。今年暑期我在呼和浩特市博物馆参观,看到了钱学森先生当年不辞辛苦从北京来到内蒙古考察、调研、指导航天基地建设的照片。那个年代条件十分艰苦，但是钱学森先生为了祖国的发展毫无怨言。

我崇敬钱学森先生。有一年我到美国考察大学文化，还专门到加州理工学院看了看。当年钱学森先生曾在这里生活和学习过。

我在辽宁师范大学做校党委副书记的时候，我组织化学学院的学生给钱老写了封信，学生们表示要向钱老学习，当好人民教师，为祖国培养人才。钱老看到学生们的信后，不顾年事已高，给学生们回了一封信，勉励学生们好好学习。信中说："你们一定能当好时代需要的老师。"

这句话后来被雕刻在一块石头上，矗立在学校图书馆前的道路旁。每当学生路经这里的时候，我想他们的耳畔都会响起钱老的嘱托吧。

钱学森先生逝世时，我那时在辽宁省任高校工委副书记，主抓大学生思想政治教育工作。教育厅和其他有关单位在沈阳举办了钱学森事迹展览，组织驻沈高校大学生前往参观。我们还把钱学森先生的儿子钱永刚先生请来了。交谈中钱永刚先生跟我说："我父亲这辈子最大的心愿就是中国的教育能够搞上去，把我们的国家建设得更加强大，不能让中国人受欺负。"我多次跟我的学生们说，一定要记住钱老的这句话。

我现在做报告的时候，常常想起钱永刚先生告诉我的钱老的这句话，也时常让大家铭记钱老的教诲。我也对比了一些知识分子，确切些说是有的"大知识分子"。应当说他们有些学问，在各自的专业属于"大咖级"的人物，但是他们缺少钱学森先生这种执着的爱国情怀。他们把自己当成了"个体户"，四处"交易"，哪里钱多往哪里去，没有"君子不器"那种刚毅的品格。严格来讲，这也不太像"大知识分子"了，太过功利。不管有多少学问，千万别成为"精致的"个人主义者，这样会让人瞧不起。知识是用来为国服务、为人民服务的，如果仅仅是为自己，那知识就变味了。

践行"六要" 铸魂育人

2019 年 3 月 18 日,我十分荣幸地参加了习近平总书记主持召开的学校思想政治理论课教师座谈会,聆听了习近平总书记对思想政治理论课教师提出的"六要"要求。我深刻地体会到,上好思想政治理论课必须以"六要"为遵循。

一、政治要强。思想政治理论课有着极强的政治属性,关涉培养什么人、怎样培养人、为谁培养人这个根本问题。教师只有政治强,才会信仰坚定,才不会把这份职业只当成"饭碗"、视作"名利场",才会真心实意听党的话,才会想方设法培养跟党走的人。我认真地读过《共产党宣言》,坚定地相信"两个必然"的结论。我也拜谒过李大钊、方志敏等许多革命前辈的墓地,我在心里默默地想:"我一定传承你们的遗志。"我有个学生,在中学时就入党了,上大学后受一些思潮影响,曾经有过思想波动。为此,我给她发了几万字的微信,进行了无数次的交谈。我告诉她,党的宗旨从来就没有变,也不会变,只是个别党员忘记了党的宗旨,忘记了自己的初心。毕业时,她毅然选择攻读马克思主义理论专业研究生,并立志做一个不图名、不图利的响当当的共产党员。

二、情怀要深。今日之中国正行进在实现中国梦的伟大征途上,但中国梦不是轻轻松松、敲锣打鼓就能实现的。思想政治理论课教师一定要有家国情怀,不仅自己要爱国,更重要的是教育学生爱国,教育学生将来报效祖国。我有个学生因为弟弟患病,想弃学回家帮助父母。我跟他说:"你的任务就是为中华之崛起而读书,有困难我帮你。”后来,这个学生考上了哈尔滨工业大学的研究生。入学报到那天我陪他去了,领他参观了侵华日军第七三一部队遗址。我告诉他,当没有学习动力的时候就到这里来,莫忘中国人曾经被欺负到什么程度！他打着胜利的手势立下大志。每个学生都是他们家庭幸福的源泉。为了培养好他们,我利用各种机会,到过十几个省份,去学生家家访。有个考上研究生的学生,他的家长到学校感谢我说:“老哥,从今天开始,我的孩子也是您的孩子。”

三、思维要新。思想政治理论课教师是给学生心灵埋下真善美种子的人。在学生人生的“拔节孕穗期”,思想政治理论课教师一定要给足学生“阳光雨露”,也就是要成为传播知识、传播思想、传播真理,塑造灵魂、塑造生命、塑造新人的灵魂工程师。我要求自己理直气壮地上好思想政治理论课,多给学生正能量,决不能让学生在思想上出问题。我帮助学生树立辩证思维,历史、全面、发展地看待我们党、我们国家在前进道路上存在的问题、遇到的困难,要相信这些问题和困难一定都会得到解决。我在问卷调查中发现有个少数民族学生思想偏激,就经常跟他交谈,给他发信息,给他买很多书,帮他解决生活上的困难,跟他一起过了四个“古尔邦节”,后来这个学生的思想改变了。毕业晚会上他主动发言说:“谢谢老师四年来在我身上的付出,我回去一定为民族团结做贡献。”

四、视野要广。大学与社会的联系从来没有像今天这样紧密,大学生对各种思想的接触从来没有像今天这样直接、便捷。因此,思想政治理论课必须紧密结合学生思想实际,提升学生的价值判断能力,凸显教学的育人引领作用。“以其昏昏”,又怎能“使人昭昭”？思想政治理论课教师只有不断加强学习、扩大自己的视野,才能站位高远、旁征博引,深入浅出地把学生关切的道理讲明白、讲清楚。这些年来,我系统地阅读了大量经典著作,下大功夫学习习近平新时代中国特色社会主义思想,努力以科学的理论视野帮助学生坚定“四个自信”;我参观考察了上百个红色景区、先烈故居和墓地,我将红色文化生动、具体地展现在我的课堂上,增强课堂教学的吸引力和感染力。我的学生说:“是老师的视野决定了我们一定为实现中国梦努力学习,不断奋斗。”

五、自律要严。思想没有真空地带。当今时代的大学生们,无时无刻不在思考着发生在校园里、社会上的一切。教师必须自觉弘扬主旋律,积极传递正能量，做到课上课下、校内校外、网上网下一致。为了做好对学生思想的引领工作，我和学生建立了微信群，给学生累计发了三百多万字的微信，一天发几千字是常态。每个学生过生日，我都会给他们发少则几百字、多则一两千字的生日祝福，嘱咐他们在自然年龄增长的同时，一定要增长社会年龄；平安夜，我给学生发两千多字的微信，帮助他们正确地看待宗教问题；在毛泽东同志诞辰纪念日，我给学生发三千多字的微信，让他们向毛泽东同志学习，做担当民族复兴大任的时代新人。有个学生说："谢谢老师的祝福，我要做个温暖别人的人。"还有个学生说："我懂得了，我应当做个志存高远的人。"

六、人格要正。要想推动别人前进，自己就应当是能够走在前、做表率的人。思想政治理论课教师不仅要"言马""信马"，更要自觉"行马"，用高尚的人格吸引学生、感染学生、赢得学生，将以情感人与以理服人结合起来，做让学生喜爱的人。每逢佳节，我都会给学生买鸡蛋、粽子、月饼、元宵等食品，让学生感受到家的温暖；每逢寒暑假，我都会帮助困难学生解决回家的路费，嘱咐学生路上别饿着，注意安全；我还用自己个人获得的50万元奖金，建立了宗旨为"你为祖国服务，我为你服务"的励志基金，专门用于鼓励那些为祖国刻苦学习又生活困难的优秀学生。学生们说："老师是把我们放在心上的人，我们一定把老师的爱传递下去。"还有个学生说："我也要像老师那样爱国，当一名教师，培养好学生，希望未来的某一天我的学生也会因我而骄傲。"

引导学生历史地、辩证地、发展地看问题

习近平总书记在学校思想政治理论课教师座谈会上提出,思想政治理论课教师要做到“六要”。这不仅是对思想政治理论课教师说的,也是对所有教育工作者说的。

“思维要新”就是“六要”中的一“要”。我在做辅导员的时候,和学生们建立了微信群,开辟了《历史上的今天》栏目。我每天都从中外历史中选择一件重大事件或某个重要人物进行评述。例如,10 月 21 日是诺贝尔的诞辰,我便借机对诺贝尔奖进行评述,让学生以正确的思维看待诺贝尔奖。今天是诺贝尔出生日,我把我六年前写的这篇微信推送给大家。

今天是诺贝尔的诞辰。诺贝尔(1833 年 10 月 21 日—1896 年 12 月 10 日)是瑞典化学家、工程家、发明家,一生有 355 项专利发明,并在欧美等五大洲 20 个国家建设了约 100 家工厂和公司,积累了巨额财富。他在逝世的前一年立遗嘱,将其遗产的大部分(约 920 万美元)作为基金,将每年所得利息分为五份,设立物理、化学、生理学或医学、文学及和平五个奖项(即诺贝尔奖),授予世界各国在这些领域对人类做出重大贡献的人。

诺贝尔早期接受了较好的教育,这为他后来的发展奠定了很好的基础。虽然诺贝尔从小就身体较弱,但是他意志顽强,敢为人先。诺贝尔在事业上,蒸蒸日上,爱情上却不顺心如意,他所倾心的三位女性,一个早逝,一个与他有情无缘,一个无知而自私。

诺贝尔留下了这样的人生格言：

- 生命，那是自然付给人类雕琢的宝石。
- 我看不出我应得到任何荣誉，我对此也没有兴趣。
- 人类在新发现中得到的好处总要比坏处多。

诺贝尔奖是人类迄今为止设立的最高奖项，能够获得诺贝尔奖那是至高无上的荣耀。可是，现在的诺贝尔奖也有点变味儿了。自然科学我一点不懂，不敢妄加评论；社会科学还是可以说上几句的。达赖喇嘛凭什么获得诺贝尔和平奖？还有奥巴马一上任便获得了诺贝尔和平奖，又凭的是什么？我们中国领导人把一个十几亿人口的大国治理得也是可以的，特别是解决了人们的温饱问题，实现了小康，现在又成了世界第二大经济体，我看这完全可以得诺贝尔和平奖，可是，这哪里会有我们的份儿，这都是政治在作祟。

大家会经常听到这样的声音："我们不行，拿不到诺贝尔奖。"这里除了政治的因素外，也与我们的发展阶段有关。我们毕竟是发展中的大国，起步晚，在经济、科技方面被落下了很大的距离。中华人民共和国刚成立的时候，我们是一穷二白的，那时我们连个铁钉都造不出来。我们现在正在奋起直追。我相信，待中国梦实现的时候，我们得诺贝尔奖恐怕就是常态了。

事物都是两个方面的

这些年思想政治理论课教学越来越得到重视，尤其是2019年3月18日习近平总书记主持召开学校思想政治理论课教师座谈会以来，从办好中国特色社会主义大学，培养德智体美劳全面发展社会主义建设者和接班人的政治高度，思想政治理论课更是被提高到了前所未有的地位。这极大地鼓舞了广大思想政治理论课教师。

但是与此同时我们应当看到这样一个问题：一些思想政治理论课教师产生了“依赖性”，甚至需要哄着来上思想政治理论课了。什么意思呢？就是有的思想政治理论课教师过于强调客观的环境，却忽视了主观的努力。

各级党委要从政治站位上来看思想政治理论课，思想政治理论课教师岂不同样需要从政治要强的立意来上好思想政治理论课。

由此大家应当明白了，思想政治理论课教师只有政治强才能理直气壮、信心百倍地想方设法上好思想政治理论课。我在和思想政治理论课教师交流的时候常强调这一点。

回想一下马克思为什么要创立马克思主义？不就是要为最广大的劳动人民谋幸福吗？马克思主义与以往一切学说的一个重要区别就是这个学说不是为自己说话，不是为了谋取个人的利益。

马克思被评为“千年伟人”。马克思是一百八十多年前的博士，那叫名副其实的知识渊博，不像我们有的博士就怕“查重”，可是马克思“评职称”了吗？马克思妻子的哥哥是普鲁士王国的部长级官员，马克思的妻子出身贵族家庭，他从政的社会背景相当可以的，马克思想过什么级别吗？马克思恰恰用自己所准备的这些丰厚的资本，把自己推向了“苦难”的深渊：被开除了国籍；三个孩子因疾病、饥饿而死在他的怀里……应当说马克思完全可以一生享有安稳的富裕的物质生活，可是他却偏偏选择了在颠沛流离、贫困潦倒中逝去。

怎样才能上好思想政治理论课？

其关键在教师，关键在教师的政治要强，关键在教师要有坚定的马克思主义信仰，关键在思想政治理论课教师追求什么。

眼下党和国家高度重视思想政治理论课，教育部社科司作为具体指导管理部门为思想政治理论课教师创造了诸多做事和发展平台，广大思想政治理论课教师一定要珍惜这前所未有的大好机遇。

但是客观环境条件即便再好，我们主观上不努力，思想政治理论课也是搞不好的。思想政治理论课教师必须信仰坚定，追求崇高，把我们的教学当成伟大的事业来做。这样，才会在思想政治理论课走进学生心灵、管用上下功夫，思想政治理论课才会真正成为学生喜爱、终身受用的课。不然思想政治理论课就会出现形式上热热闹闹，效果上却相差甚远的状况。

到中流击水，浪遏飞舟

教育部高校思想政治课教学指导委员会2019年工作会议在湖南大学召开。教育部翁铁慧副部长出席会议并做重要讲话。

翁副部长介绍了党中央对思想政治理论课的高度重视，对2020年的工作提出了要求。社科司刘贵芹司长主持会议，并公布了两条好消息：一是2020年教育部要拿出1亿元资金用于思想政治理论课教师教学研究，二是2020年要选派60名思想政治理论课教师赴德国、英国学习考察。

应当说，从中央到教育部领导和主管部门，这几年，尤其是“3·18会议”以来，都在大力地推进思想政治理论课的建设，为高校思想政治理论课教学创造了前所未有的优越环境和条件。

午间休息的时候，我和中国人民大学党委书记靳诺参观了岳麓书院。晚上，我和东北师范大学杨晓慧书记游览了橘子洲头。我们重温着毛泽东当年寻求革命真理、为解救劳苦大众所表现出的那种大无畏的精神。

我想起了1925年晚秋，毛泽东32岁时，离开故乡韶山，去广州主持农民运动讲习所，途经长沙，重游橘子洲，感慨万千所做的《沁园春·长沙》那首词：“独立寒秋，湘江北去，橘子洲头。看万山红遍，层林尽染，漫江碧透，百舸争流。鹰击长空，鱼翔浅底，万类霜天竞自由。怅寥廓，问苍茫大地，谁主沉浮？携来百侣曾游，忆往昔峥嵘岁月稠。恰同学少年，风华正茂；书生意气，挥斥方遒。指点江山，激扬文字，粪土当年万户侯。曾记否，到中流击水，浪遏飞舟！”我的脑海还浮现出我多次去韶山的情景。有一次我和现在的首都经贸大学党委书记冯培向矗立在韶山广场的毛泽东塑像敬献了花篮。

当年毛泽东的父亲对他说:“你不能出去革命,不然打断你的腿!”毛泽东说:“打断我的腿,我就不活了!”毛泽东在他父亲的账本里留下了一首诗:“孩儿立志出乡关,学不成名誓不还。埋骨何须桑梓地,人生无处不青山。”之后沿着“毛泽东小道”离开了家。“到中流击水,浪遏飞舟。”为了中国人民的幸福,毛泽东把一生献给了中国人民的革命事业。2019 年 9 月在北京人民大会堂召开的“最美奋斗者”表彰大会上,我看到了毛新宇将军。我说:“您爷爷是我最敬佩的人。”我们还拍了照片作为纪念。

2019 年 10 月 1 日,我还荣幸地被邀请参加了国庆庆典观礼和焰火晚会。在天安门城楼下,我聆听了习近平总书记的讲话。天安门广场回荡着习总书记的庄严宣告:“今天,社会主义中国巍然屹立在世界东方,没有任何力量能够撼动我们伟大祖国的地位,没有任何力量能够阻挡中国人民和中华民族的前进步伐。”没有人想撼动我们吗?“2019 年维吾尔人权政策法案”又是什么?我们现在处在实现中国梦的关键时期,就剩“最后一公里”了。这“一公里”好走吗?我们能高枕无忧吗?思想政治理论课教师们,让我们读一读毛泽东当年赠予周恩来的这首诗吧:“当年忠贞为国酬,何曾怕断头?如今天下红遍,江山靠谁守?业未就,身躯倦,鬓已秋。你我之辈,忍将夙愿,付与东流?”

当代青年将全程参与中国梦实现的全过程。今日之青年怎样,明天的中国就将怎样。从这个意义上可以说,明天的中国如何,关键看我们培养的青年学生是否矢志不渝地跟党走。作为思想政治理论课教师,我们使命光荣、责任重大啊!

向毛泽东学习!发扬“到中流击水,浪遏飞舟”这种大无畏的革命精神,坚定信仰,坚决上好思想政治理论课,为中国梦的实现培养我们的人。为此即便“掉些肉”又如何?

每一次盛典都是一次洗礼

昨天晚上我们省举办了“辽宁好人2019年度盛典晚会”。因为我是辽宁省、全国的“时代楷模”，省委宣传部让我参加了盛典晚会，并且安排我和省委书记陈求发在一起观看。

这是我第四次参加“辽宁好人盛典晚会”了，每一次对我都是一次精神上的洗礼。

今年被授予“辽宁好人”称号的人中，有隐名埋姓的战斗英雄，事迹跟张富清老人差不多，参加过塔山阻击战。新中国成立后组织上给他安排到大城市工作，他却把机会让给了战友，自己隐没功名回到家乡当了农民。

有的是小学教师，每天骑自行车到几十里外的山区教学，把学生当成自己的孩子。冬天的时候，道路常常被冰雪覆盖，但是她克服重重困难赶往学校，绝不耽误学生一节课。

有个“八级工匠”，俨然就是一名女中豪杰。她年轻的时候受父母的影响，坚决做了电焊工，一干就是几十年，成了该行业的领军人物，也光荣地当上了党的十九大代表。

还有一个医生，在给患者做心脏病手术的时候自己突发心肌梗死。但是他坚决要求先救治手术台上的患者。直到时间过了半个小时，手术台上的那个患者完全脱离危险后他才得到救治。救治他的医生说，再拖延个十分八分的就很难救治过来了……

“我们好难！”这样的话常常挂在有的思政人的嘴上。每每对照这些好人，我总感到我们比他们不知要容易多少倍。我们在大学里还不幸福，那要到哪里找幸福？天底下还有比在大学里当老师更幸福的职业吗？思政人又怎了？学生的事是麻烦些，但与好人做的那些事比起来，我们真不好意思说我们难啊！

其实，人活得就是一种精气神。有了精气神，就没有什么能难住我们的。若是没有了精气神，恐怕喝水也会把牙缝塞疼。

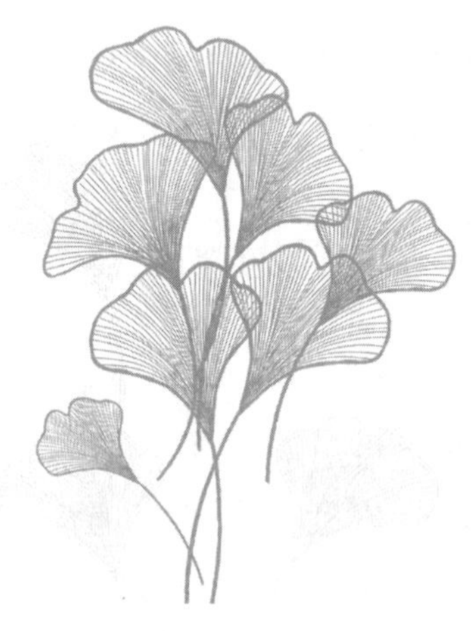

盘点一下我的 2019

可能是年龄大了的关系吧，过一年就像过一个月似的，根本来不及想什么，满眼的绿色刚替代了枯黄，枯黄又驱赶走了绿色，一年就这样过去了。盘点一下我的 2019，成果还是沉甸甸的。在我的一生中，我应当是攀上了最高峰，再也难能有如此的辉煌！

2019 年 1 月 2 日，应粉丝们的要求，我开通了微信公众号打赏功能，截至 2019 年年底，已经累计金额 98997.92 元，至 2020 年 1 月 2 日打赏功能开通 1 周年的时候，10 万元将全部打到“励志基金”里。

3 月，在北京人民大会堂，我参加了习近平总书记主持召开的学校思想政治理论课教师座谈会，我被安排坐在习近平总书记的对面。当习近平总书记和我握手的时候，我激动地说：“总书记，您辛苦了！”

6 月，我个人出资设立了“励志基金”，以力所能及地帮助那些努力为祖国工作、学习的辅导员、思想政治理论课教师、大学生。我设立基金的宗旨是：你为祖国服务，我为你服务。目前基金已经发放现金（电脑）十余万元。

7 月，作为主持人，我获批国家社会科学基金重点项目：新时代大学生社会主义核心价值观培育和践行研究（19AKS021）；在《光明日报》（理论版）独立发表《政治要强是办好思想政治理论课的灵魂》一文。

8 月，在《东北师范大学学报》独立发表《切实抓好大学生社会主义核心价值观教育》一文。

9月,在北京人民大会堂,我获得了第七届全国道德模范荣誉称号,受到王沪宁常委的接见,并握手合影留念;因获得“万人计划”教学名师荣誉称号,受到习近平总书记的亲切接见,并握手合影留念;因获得“最美奋斗者”荣誉称号,受到王沪宁常委的接见,并握手合影留念。在北京展览馆,举办“伟大历程辉煌成就——庆祝中华人民共和国成立70周年大型成就展”,我和学生谈话的照片列入展出作品中。在《思想政治教育研究》合作发表《列宁爱国主义思想及当代启示》一文。

今年,我四进人民大会堂(9月份三进人民大会堂),两次受到习近平总书记的亲切接见,并握手合影留念;两次受到王沪宁常委的接见,并握手合影留念。

10月1日,我荣幸地受邀参加国庆观礼和国庆焰火晚会。在《思想理论教育导刊》上合作发表《把握好大学生社会主义核心价值观教育的“三个维度”》一文;在《求是》上独立发表《践行“六要”,铸魂育人》一文;在《中国大学教学》上合作发表《高校青年教师价值引领意识提升路向探析》一文,《高校思想政治理论课教学研究》第四期全文转发。

12月27日,我和省委书记陈求发一起观看“辽宁好人2019年度盛典晚会”。独立出版四部专著:《曲导写给学生的信》《写给辅导员的话》《写给大学生的话》《微言集·2018》;同时,整理完《教育要为学生的一生负责》《曲建武书信选》《曲建武与大学生的微信交流》《曲建武与辅导员的微信交流》《曲建武与思想政治理论课教师的微信交流》《微言集·2019》等六部书稿。

2019年,365天里我每天推送一篇原创公众号文章,累积约70万字;同时,分别给学生、辅导员、思想政治理论课教师及其他有关人员写信(回复)三百多封,平均每天一封。

2019年,我考察了七十多所大学,参观拜谒了八十多位名人故居、墓地,参加了数不清的会议,做了数十场的报告。

我是大连海事大学新疆和西藏少数民族学生的指导教师,我建立了孤儿家庭档案,尽量给予他们帮助,赠送考上研究生的三名孤儿每人一台电脑。

我带博士生、硕士生,给一个年级上思想道德修养与法律基础课。

2019可圈可点!感谢各方人士对我的关心和支持!这里不一一列举。

但是我要特别提一下在后台为我服务的黄扶危同学,不分时间、不分地点,克服一切困难,默默无闻地做出贡献。2019 年,是令我感动的一年,也是激励我奋发向上的一年。新的一年我会不忘来时的路,走正前行的路。不用扬鞭自奋蹄,我仍然在路上,为在青年学生的心灵埋下真善美的种子而辛勤耕耘。

几度夕阳红,再谱新篇章!

再见了 2019,2020 令人期待!

祝所有关心、关爱、关注我的人事事如意,幸福安康!

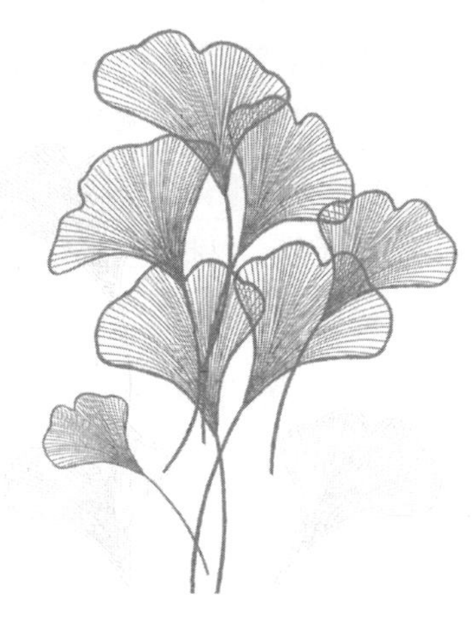

我把公众号打赏的十万元转到了励志基金里

2019年1月2日应粉丝们的要求,我开通了微信公众号的打赏功能。粉丝说打赏就是对我付出的一点心意。我很感动,我在开通的时候明确表示:所有的打赏我个人一分不留,全部放到我设立的"励志基金"里,用于帮助那些虽然家境贫困,却励志为实现中国梦而奋斗的优秀大学生和个别患重大疾病的优秀辅导员、思想政治理论课教师(可以申请一万元)。前几天,打赏金额已经达到近十万元了,我把这十万元打赏全部转到了我设立的、挂靠在学校基金会的"励志基金"里,现告知大家。粉丝们让我很感动。昨天有个辅导员给我写了这样一封信,我推送给大家。

亲爱的老师:

到2020年1月,这个微信公众号的累计打赏金额已达到98997.92元(前几天公布的),我很开心,因为自从一年前的这个日子,您的公众号开通打赏功能的那一天起,您的每一篇文章我都打赏了,虽然每次只有5元钱,并不多,但我一次都没有落下过,这个数字里也有我的一份微薄之力。

最近这段日子,没有及时在朋友圈转发您的文章的原因,我相信和您说了您不会嫌弃我,是因为我的微信里经常没有钱,所以会在微信里有钱的时候打赏后,再集中转发。

我是一名工作在基层的普通辅导员,工资不高,现在每个月能开4800多元。因为经济不富裕,多年以来,家里一直没有买车,每个月还要还住房贷款，但即使在这种情况下，我坚持资助了几名家庭经济有困难的学生读大学。每人每月300元，15年来从来没有间断，目前我每个月还资助着两个学生，帮助他们圆大学之梦，所以说到手头经常没有钱，对于一个工薪阶层来说，真的不丢人，对吗？

今天开了13个月的工资，第一时间就来到老师的公众号，您说您会一直把这个基金做下去，即使有一天您退休。那么我想告诉您的是：我会一直都陪着您……

在为国家培养能够担当民族复兴大任的时代新人的道路上，虽然我只是一名普通的辅导员，但我一直在努力，我是一名真心地爱学生的辅导员，希望老师您能够为我感到骄傲。

老师，我真心地爱您和感谢您，因为认识了您，因为有幸成为您的学生，改变了我的一生！！！

谢谢您！

真不知您是这个情况。看了您的信我很感动，能够感受到您跳动的那颗火热的心。千万不用"打赏"了，您本身就长期资助困难的学生，一定要量力而行，我还应当帮您做些什么的。等我联系您。

谢谢您！祝福好人一生平安！万事如意！

把"励志基金"做大的确是我的一个愿望，即便我退休了，我也要继续做下去。我会秉承"你为祖国服务，我为你服务"的宗旨，把它当成事业来做。我就想通过多种途径筹集更多的钱，以帮助那些我想帮助的人。

谢谢广大粉丝的大力支持。我绝不辜负大家的期望，定为培养担当民族复兴大任的时代新人"鞠躬尽瘁，死而后已"。

尽量挤掉心中的“小我”

昨天有个思想政治理论课教师给我写信谈她听我报告后的感想。我觉得她谈到了作为一个思想政治理论课教师需要注意的问题，就是要克服掉心中的“小我”。这也正是“六要”中人格要正的基本要求。思想政治理论课教师率先做到知行合一，才能引领学生自觉践行社会主义核心价值观，努力做到“四个自信”。

曲老师，您好！

您的讲座让我们越听越激动！我们此刻还在讨论，我们“皮袍下藏着的小”我一点一点被榨出来了！

讲座结束时想和您打个招呼，但等您签名的老师排着长队，就没上去打扰您。

我把知网上您发表的文章都看完了，感触很深，特别喜欢您务实的研究风格。

××老师好！

谢谢你的点赞！也为你的勇气点赞。

习近平总书记前两天在“不忘初心、牢记使命”总结大会上说，我们共产党人要勇于“刀刃向内”，就是告诉我们要有勇气自我革命。我也写过多篇公众号文章，阐述思想政治教育工作者必须用自己的“刀”削自己的

“把”。不然谁有闲工夫听你“胡扯”？学生也是如此。我在省教育厅工作的时候，经常到高校做调研，开学生座谈会。我还个人在国内高校资助了很多大学生，在北大我也资助过学生，我和这些学生保持联系，我通过他们及时了解其他学生的思想状况，保证出台的各项政策和制度具有极强的针对性和导引力。直到现在，我和很多高校的学生都还保持着密切的联系。

在谈到愿不愿意上思想政治理论课的时候，许多学生谈到的都不是老师的教学水平怎样，而谈论最为集中的是老师的为人怎样。一些师德好的老师的课学生就喜欢，反之学生就不喜欢。思想政治理论课具有鲜明的政治属性，同时，思想政治理论课也充分体现着老师的人格魅力。这不正是难以给学生提供人生行为引领的，也给不了学生真理的力量。思想政治理论课就是要尽量把“皮袍下藏着的小”一点一点挤压出来，思想政治理论课教师越纯洁、越高尚，思想政治理论课才会越有味道，学生吸收得才会好，越会从中汲取无穷的养分，进而壮大自己，奋勇前行！

实现中国梦需要人才。思想政治理论课使命光荣、责任重大。我们作为思想政治理论课教师，应当切实担负起自己的使命和责任，尽量用“大我”制约“小我”，在“为党育人，为国育才”中对得起思想政治理论课教师的称号。

你可以告诉我你的详细地址，我在我写的书上签名后邮寄给你做纪念。

祝好！

谢谢，曲老师！您给我指明了方向，我一定要对得起思想政治理论课教师的称号。

祝您身体健康！

关于新冠肺炎的深思

过年了,真应当全说过年的话。可是,话赶话赶这里了,我不得不说些深思的话。

眼下,举国上下都在拼全力与新冠病毒战斗,广大的医务工作者奋战在第一线,可圈、可点、可敬、可赞。我相信,凭着我们的制度优势,这场战役我们一定能打赢。

那我还深思什么呢？我深思的是这样的一场战役是怎样引起的？我深思的是类似的战役我们没有经历过吗？我深思的是即便这场战役打赢了我们还会不会又面对新的,甚至更为残酷的战役？我还深思的是我们明天会不会真正遇上荷枪实弹的战役？

恩格斯说:“一个民族想要站在科学的最高峰,就一刻不能没有理论思维。”一个真正强大的民族,一定是思想强大的民族。对我们中华民族而言,就是一定要把社会主义核心价值观落到实处,而不是仅当成标语口号挂满在大街小巷;每一个公民一定要自觉做到爱国、敬业、诚信、友善,真正担负起自身的责任,干什么像什么,要懂得有国才有家的道理。“团结一心、艰苦奋斗,风雨无阻向前进!”我们还没有强大到足以让别人“乖乖”的程度。落后就要挨打,打不过也会挨打。只有我们万众一心,以社会主义核心价值观为行动的指南,我们才会从根本上铲除各类“疾病”的根源,使我们的社会变得更加和谐美好,才会把我们的国家变得无比强大,让一切反动势力断了撼动我们的念头。

真是时间不等人！历史不等人！我们不能再等了！我们要战胜危害身体的病毒，我们更要根除腐蚀思想的“病毒”。我们每一个人都应当做到刀刃向内、自我革新，莫做旁观者，以崭新之自我，塑造更新之社会，建设更强之中国！这才是我们打赢一切战役的根本手段。

鲁迅先生早年是学医的，后来他弃医从文。他认识到，一个民族如果仅有身体的强健而精神是麻木的，这个民族也是没有希望的。社会在发展物质的同时，必须保持精神的同步。

学生要有学生样儿；教师要有教师样儿；医生要有医生样儿；工人要有工人样儿；农民要有农民样儿；军人要有军人样儿；领导干部要执政为民；公务员不能忘了“姓公”；经商的必须依法经营……

从现在开始，牢固树立起“社会和谐，与我有关”“国家兴亡，匹夫有责”的观念。如果我们人人像样，那我们怎么还会产生“病毒”？还有什么抵御不了的风险？还有什么打不赢的战役？每一个中国人，真应当赶紧行动起来了！我们的精神再也不能麻木啦！

一封让我动容的信

前几天我外出开会回来时，楼下门卫师傅给我一封信。我本以为是封反映问题的信，在看了几遍后才明白了信的内容。我的脑海里闪现出他的不易、顽强和追求。处于如此的境地仍抱有如此的人生态度，实属难得。

看看有些人，总是无病呻吟，每天脸上就挂着“难”字。对照这个小儿麻痹症患者，这些人应当无地自容。眼下又要开始期末考试了，有些学生平时不刻苦，总想搞投机，琢磨着怎样作弊，这既会害了自己，也会让人瞧不起。身体有如此残疾的人都不忘看书学习，风华正茂的大学生，你们怎么好意思把学习看成不可克服的难事呢？

我给他回了下面这封信：

××，您好！

实话实说，当我办公室的同志把您写给我的这封信交到我手里的时候，我的第一反应是“这是一封反映问题的信吧？”现在很少有写纸质信的人了，另外信的字迹也比较潦草。打开信封，第一眼仍然给我“这是反映问题的信”的感觉。待我看了几遍，明白了您写的内容的时候，我缓过神来，马上想到的是您多不容易啊！接着脑海里闪现出一个不屈的身影，这身影渐渐地高大起来。当今社会，许多身体健全的人，追求的是物质的生活，甚至都脑满肠肥了，还是不满足。而您，真正体现了一种“饿不死就读书”的精神境界，一种君子情怀。更难能可贵的是您还要花钱买我写的正能量的书，处于如此的境地还能够这样对待您的人生，不忘丰富您的精神世界。我想到了现今的一些大学生，缺的就是您身上这种向上的力量。

哪能让您花钱买呢！我已经把我写的《心灵有约》这本书签名邮寄给您了。我还有这样的想法，不知您现在什么状况，阅读水平怎样？您可以把您想读的书列个书单给我，我给您买，然后邮寄给您。您靠什么生活？春节前我给您邮寄些年货。

我也要学习您这种顽强的品格。

您多保重！

我看× ×身上表现出的这种顽强的精神值得我们所有的人学习。

新年好！

不管怎样，爱也好，悔也罢，“旧年”匆匆忙忙地过去了，新年又急三火四地来到了。昨天是为今天活的，今天是为明天活的，一切又有了新的开始。

昨天过得好的，不必沾沾自喜；过得不是那么舒心的也没必要唉声叹气，时间是最公平的裁判员。

昨天的赛段已经决出胜负，今天开始的赛段谁将是胜者？毫无疑问，谁止步不前，谁就将被落下；谁重新崛起，谁就将实现超越！新年好！新年好？愿望的“好”和现实的“好”是需要中介的，那就是向着前方锲而不舍的努力！

我真心地希望我们伟大的祖国乘胜而进，我们的人民更加幸福安康，让那些说我们这也不行、那也不行的人心服口服！

我真心地希望广大的思政人能够深刻地认识“政治要强”的要义，为党育人，为国育才，培养更多热爱祖国、矢志不渝跟党走的人！

我真心地希望广大的学子们能够真懂“你们现在怎样，未来的中国就将怎样，你们也就将怎样”的道理。

我也真心地希望那些给予过我关心、支持、理解、帮助、祝福的人，今年更比明年好！

我也希望我的身体继续保持健康，以使我可以做更多我喜欢的，对党、对祖国、对人民、对学生、对同事、对亲朋、对家人有意义的事情！

让我们拥抱2020！

写在我的公众号开通“打赏”功能一周年

广大的粉丝们好！

去年的今天，我推送了《新年新愿景》一文，当时微信公众平台显示的已关注人数是60339人。到今天，一年的时间，我的微信公众号已关注粉丝增加了将近四万人。真心感谢粉丝们的关心、关注，感谢大家对我的公众号的在乎。粉丝们留言说：

冯老师：

感谢曲老师，您就像启明灯让我们在黑暗中找到方向。

秋日暖阳：

为曲老师的精神所感动！

范毅：

曲老师，伟大的爱！

HHH：

选我所爱，爱我所选！2019 继续追随前辈的脚步。

狮山小草：

曲老师写得好。

大大 GO：

曲老师，佩服您的境界！

……

正是粉丝们的这些话语给了我鼓舞、给了我信心、给了我力量。我再苦、再累也心甘情愿。力的作用是相互的，你必须在乎那些在乎你的人。

特别令我感动的是，许多粉丝看我很辛苦，在我两年半前一建立公众号的时候就建议我开通“打赏”功能，以平衡他们读了我的文章之后产生的不平静的心情。起初我没有同意，我开通公众号的目的就是为大家志愿服务、提供正能量的。去年的今天，我经过认真思考，决定开通“打赏”功能。这是因为在新的一年，我又有了新愿景。我的新愿景就是建立一个“励志基金”。“励志基金”的宗旨是“你为祖国服务，我为你服务”。我可以将打赏所得全部放到我的“励志基金”里。我个人每年再力所能及地为“励志基金”注入资金，即便退休后也要把这件事做下去。总之在我的有生之年我会为这个基金奔走呼号，尽心尽力，这也算我为大学生的成长、为辅导员职业化专业化建设、为思想政治理论课教学走进学生心灵所做的一件有意义的事吧！

在去年推送的“新年新愿景”一文中，我用了鲁迅先生的一句话：“唯其幼小，所以希望就正在这一面。”自然年龄和社会年龄都是如此。我每天像个辛勤的园丁，精心呵护着“励志基金”这棵“幼苗”茁壮成长。到今天，公众号打赏金额已经达到 98997.92 元（因为有滞后，实际打赏应当正好为 10 万元多一点）。

万分感谢粉丝们的鼎力支持。再有两天待打赏金额达 10 万元这个数的时候，我就把粉丝们对我的心意转送到“励志基金”里，我要让更多的人感受到大家的爱，感受到涌动在社会中的那种蓬勃向上的力量！

“你为祖国服务，我为你服务。”大家携起手来，向着更加美好的明天前进！

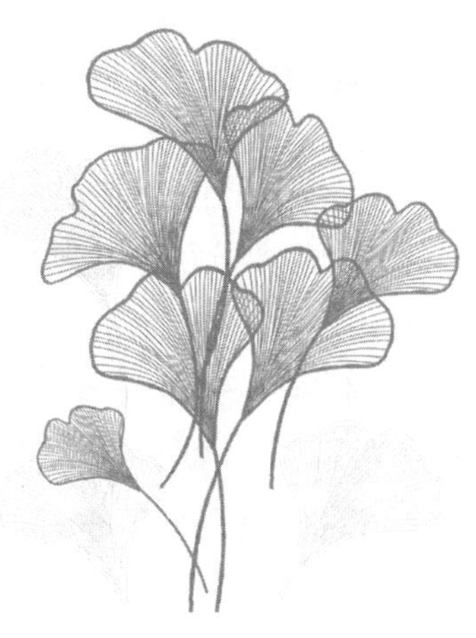

关键还是要做到

前天辽宁省委常委、大连市委书记谭作钧一行到学校看我。我很感动，我说谢谢大家来看我，我会继续努力把思想政治教育工作做好，把学生培养好。

我经常讲我的一些“丰功伟绩”，我要干什么？还能上月球吗？我都六十三岁了，名和利对我而言真是无所谓了，我就是想给辅导员们打气。年纪轻轻的不要这累那累，这也不重视那也不重视的，关键还是要做到。“牢骚太盛防肠断。”看看新冠肺炎又来了，医生们容易？世间一切事物说到底谁最容易？说别人最容易，我看不干最容易！我们很多辅导员非常优秀，有的成为全国党代会的代表；有的成为省市党代会代表；有的成为省市人代会的代表；有的成为中国最美人物，哪有一个是说出来的？

干，马克思主义的根本属性。邓小平说：“不干，半点马克思主义都没有。”习近平总书记说：“社会主义是干出来。”同样，思想政治教育工作不是总结出来的，你的一切奖励、待遇、尊重，靠争是争不来的。有为才有位，付出才有回报，这是最基本的道理。

我和一个思想政治理论课教师的交流

曲老师,新年好!

刚在您的微信公众号里给您拜年了!我能看出这是您写给×××父亲的回信,令人感动,深为敬佩!去年上半年邀您去××职院做一场师德教育报告,看到高等职业院校思政教育,您深感忧虑,主动提出开学时再来给学院新生上一次思想政治理论课。本以为您随便说说,谁知开学时您真的如约而至,站在学校体育馆的讲台给四千名大学生上了一堂深刻的思想政治理论课,许多师生为之动容。尽管我已经离开了××职院,但曲老师的大爱之行和人格精神真的让人钦佩!曲老师,新的一年,祝您幸福安康,平安顺遂!请您保重身体,国家需要您,大学生需要您,我们思想政治理论课需要您!

××致敬!

××,您好!

在哪里过年?祝您新春快乐!阖家幸福!万事吉祥!

像您一样,我也是一名思想政治理论课教师,对学生有着深深的情怀。这情怀来自对祖国的爱。我多次去过河南,我常说,中华历史文化五千年看河南。我们中华民族为人类做出多么巨大的贡献,可是近代我们却落伍了,所以我们要实现中国梦,实现伟大的复兴。

作为一名思想政治理论课教师我深感责任重大,使命光荣。去年3

月,在北京,我参加了习近平总书记主持召开的学校思想政治理论课教师座谈会。要实现中国梦,就是要用习近平新时代中国特色社会主义思想武装学生的头脑,让他们矢志不渝地跟党走。这是我终生不渝的追求。

那天到××职业学院做报告,我确实有所忧虑,但我不是针对这所学院说的。忧虑什么?我忧虑的是我们民族的精神追求在哪里?腊月三十那天我在公众号上推送了《对新冠肺炎的深思》一文,讲的就是我的忧虑。身体的疾病需要治疗,思想的疾病不需要治疗吗?如果追根溯源的话,思想上若是没有疾病的话,许多身体上的疾病又怎么会发生呢?“人人像样”,社会就必然井然有序,没有违法和缺德的事情发生,社会就会处处和谐,到处充满着欢歌笑语、明媚阳光!

您很优秀。相信您一定会在思想政治理论课教师岗位上做出突出贡献,为党和国家培养更多有用的人才。

待举国上下一举打赢这次抗击新冠肺炎战役的时候,我一定安排时间到您那里,我们再详细交流,为培养好学生担负起作为一名思想政治理论课教师应有的使命和责任!

大连这边有事的话,您可以联系我,千万不要客气。

祝好!

曲老师好!

今年回河南过年了。谢谢您的关心和关怀!本不想打扰您,却又让您费心写了这么长的一段话,感动之余有些忐忑!自从在教育部借调时结识曲老师以来,您的每一场报告、每一句话都在激励我,教育我去思考如何做好人、做好思想政治教育工作。作为思政人,我除了仰慕您的理论学养,我更敬重您的思政情怀和人格。

去年我之所以放弃了去××市委党校任副校长,来××机电马克思主义学院,就是因为受了您的影响,不想离开高校思想政治理论课,特别是高等职业院校大学生这一特殊群体更需要优质思想政治教育和更接地气的思想政治理论课。从某种程度上讲,现在高等职业院校生的思想政治素质决定了未来国家公民的素质,因为这一个群体占到了高等教育的半壁江山。

本科院校探讨的是大学生的理想信念是否科学、是否崇高的问题,而对高等职业院校学生首先探讨的是要不要有理想的问题,不是理想崇高与错误的问题,而是理想有无的问题,这是层次的差别。所以,我总觉得高等职业院校思想政治理论课更需要关注、更需要研究。十分感谢您对高等职业院校思想政治理论课和辅导员工作的关注和支持。我们就是想通过思想政治理论课校正学生的三观,让高等职业院校学生扣好他们人生的第一粒扣子,成为合格建设者和优秀公民,为国家富强、为民族复兴尽微薄之力!

今年上半年响应党和国家号召,集中抗击新冠肺炎疫情。下半年,若条件成熟诚请曲老师给我们的学生和我的团队讲一课,提前谢谢曲老师!

谢谢邀请!我们共勉!为了我们民族这份伟大的事业!

“参与”未必都是在课堂上

前两天在和一位思想政治理论课教师交流时,她问了我这样一个问题:“思想政治理论课教学怎样让学生参与其中?”她说为了让学生参与到思想政治理论课教学当中,她采取的一个做法就是尽量压缩她的课堂讲授时间,把更多的时间留给学生,让学生来讲。

我知道我们一些思想政治理论课教师为了实现让学生参与其中这样的教学状态,也是下了不少的功夫,普遍的做法就像提出问题的这位老师那样,“自己尽量少讲,学生尽量多讲。”为此,有的学校还做了相应的规定,要求教师上课不能“一言堂”“满堂灌”,要有学生的参与。

记得前两年搞“飞行听课”的时候,我到一个学校听课,有个思想政治理论课教师就是这样搞学生参与的。她课前让几个学生做了准备(与她课上要讲的内容没有太多的联系),上课的时候再让这几个学生轮流到台前讲一通。讲完了这个老师再一一地点评一下,很牵强附会,对教学效果没有什么直接的帮助,唯一的作用恐怕就是满足了参与式教学的要求。

我是主张思想政治理论课教学要有学生的参与的。问题是怎样参与?是不是必须体现在课堂上?退一步说,课堂参与是不是唯一的形式?依我之见,我倒觉得所谓参与式教学未必都要在课堂上进行,其实它贯穿在思想政治理论课教学的全过程。

课堂时间多有限、多宝贵,我是舍不得拿出那么多时间让学生讲那么些浅显的,甚至别的同学比他们理解都深刻的道理。我让学生参与思想政治理论课教学的一种重要形式就是在这门课开课前通过调查问卷进行思想摸底；在讲每一章，或某个重要问题的时候，先让学生提出他们的看法，然后做好筛选、备好课，然后再在课上对他们提出的集中的、有代表性、与本堂课教学内容密切相关的问题给予解答。我的体会是，作为一名思想政治理论课教师，对教材的把握、对每一章要解决的思想理论问题，自然比学生要全面得多、认识深刻得多。因此，思想政治理论课教师一定要从问题出发，充分地利用好课堂上宝贵的时间，把问题分析透彻，把更多的知识和道理传授到学生的大脑里。不然，形式上我们满足了学生课堂参与的要求，实际效果上呢？恐怕比我们的“一言堂”效果要差得多。

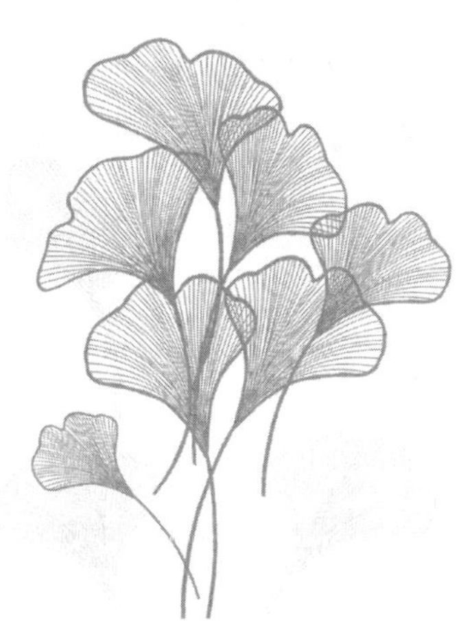

写给我任课年级学生的信

××,你好!

回家过节了吧?军训期间就想跟你聊聊,可是那段时间太忙了。我想问你的是你父母都是公务员,这在你们年级还是比较少的。你的家庭教育也应当不错,可是你为什么没有入团呢?没有这个想法吗?大学不只是学习文化知识,更要懂得将学到的知识用到什么地方。

祝节日快乐!

××,你好!

没有回家吧?你家条件不错吧?从你会拉小提琴这件事来看应当是这样。现在还拉琴吗?来到大学了,爱好要服从专业学习,不能由着性子来了。

当我在你们班级名册政治面貌一栏里看到你还是“群众”的时候我就想找你聊聊,可是这段时间太忙了。我们以后有机会再见面聊。先在微信里跟你聊几句。

你为什么没有入团呢?因为把自己看成是艺术生?大学生政治上一定要要求进步,这是你学好专业课的前提。来到大学要好好规划一下自己的大学生活,不能由着性子来。有爱好是好事,尤其小提琴,多陶冶情操!但是一定要摆正爱好和学业的关系,特别是在政治上要要求进步。爱因斯坦是伟大的科学家,但是他的小提琴拉得也不错。

祝你的大学生活顺心如意!

××,你好!

首先祝你节日快乐!

前些天看你们的班级学生的档案,看到在政治面貌那栏你填的还是“群众”。这是为什么?一直没要求,还是表现不够呢?

你父母给你起名叫××,是不是有暗喻你要成为像康熙这样做大事的人的意思啊?名字就是个符号,这个不重要。成为什么样的人,关键在于后天的努力。老师想问的是,你为什么没有入团呢?没追求过?

从档案里看到你有打乒乓球的爱好,打得怎样?我单位走廊里就有一张乒乓球的台子,你若是想过来打联系我好了。

老师希望你一定把学习和做人紧密结合起来。政治上有较高的要求对自己也是个约束,不然可能就会对自己放松要求。这样的事情老师看多了。那些走到终点的人都是品德不输的人。期待你早日加入团组织的大家庭。

××,你好!

你家在湖南,没有回家吧?国庆节有什么打算?我本想早些时间找你聊聊,就是太忙了,根本没能得空。从档案里看到你还不是团员,这在大学里还是比较少的。这是为什么呢?方便的时候给我回个信,我们找时间聊聊。有事联系我。

你可以先加入共青团组织。当然入党也不是必须是团员,但是连团员都不是的话,入党就难了。有追求最重要,有的人追求了一辈子才能入党。重要的是要有思想认识,要有正确的价值观。

当然,这也不是绝对的。共青团是党员助手,党组织会首先考虑从团员中选入党积极分子。当然你如果表现特别优秀,就另当别论了。

× ×,你好!

今天是你的生日,老师本来想早晨到办公室就给你写封信,送上生日祝福,祝你生日快乐,结果虽然我早上到办公室很早,可是有个省社科成果申报的事很急,别的老师找我准备这个报送材料了,就没有写成。晚上回来写完了,不知你休息没有,就想今天早上发给你。你们年级每个学生过生日我都要写生日祝福,不能落下你一人呢。

来到大学转眼就一个学期了,你已经迈入新的一年。半年的大学生活里你学到了什么?国庆节的时候我给你写了信,问过你为什么在中学没有入团的事,老师关心你的首先是思想上要求进步的事。我对大学就是这样认识的,有了正确的人生目标才能更好地发力。目标不正确,学那么多的知识最终也是没有用的,甚至会毁掉自己,很多人就是这样倒下的,一个人若论知识和能力都不差,但是品德不行,支撑不了所学的知识和培养的能力。你现在怎样啦?入团的问题解决了没有?

你来自湖南,那里是毛泽东的故乡。湖南人、湖南的大学生更要有带头学习毛泽东同志的精神和思想,像毛泽东同志那样,“问苍茫大地,谁主沉浮?”别只想过自己的小日子。韶山我就去过四次,也多次去过橘子洲头。“看万山红遍,层林尽染”,想想毛泽东当年的胆识、气度和追求,真值得我们一辈子学习。

马上要放假了,你什么时候回家?对你们而言严格说起来是没有假期的,你们不是带薪休假的,这就是说一定要充分利用好假期的时光。其实大学生能否成功不取决于学校、课堂上的时间利用得怎么样,一定程度上讲,关键看假期利用得怎样。

和大家相处得怎样?同学在一起一定相互尊重、相互学习、相互帮助,不要太有个性了,只强调自我,这样就会影响和大家的相处。

在学校还有一段时间,老师就在你们的身边,有事多跟辅导员商量,需要我的时候联系我。

祝生日快乐!万事如意!

× ×,你好!

当我从辅导员那里拿到你们的名册的时候,我第一个想找谈话的人就是你。你们年级有七个同学政治面貌那一栏里填的是“群众”，就是说你们都不是团员，特别是你，在父母姓名、职业这一栏里什么都没有填，为什么？只是这两天事情太多了，没有时间跟你当面聊，今天先给你写封信，你方便的时候给我回个信。

××，你好！

国庆节回家了吗？我从北京参加完国庆典礼和联欢晚会，今天回大连。明后天我想请一下没有回家的生活困难的学生吃个饭。你若是在大连的话一起参加一下。我本来想早点跟你聊聊的，但是太忙了，就没来得及。我在档案里看到你还不是团员，这是为什么？到大学了还不是团员的没有几个，像我给上课的这个年级共180人，也就6个人不是团员，你是什么原因没有入团呢？

××，你好！

首先祝你节日快乐！

回家了没有？我看你家是农村的，生活条件怎样？我读大学的时候家里条件就比较困难，但是我战胜了这些。那天我上课不是跟你们说了吗？谁吃不上饭一定找我，我不是客气客气就完了，我是真心实意的。能帮助你们是我最大的心愿。登记表里看到你愿意踢足球？踢得怎么样？踢足球运动量大，又是一项激烈的运动，锻炼身体第一，但千万不要逞能。踢球前要把身体活动好。看你登记表里政治面貌那一栏里你还是“群众”，这是为什么？无所谓，还是有其他想法？我是你们的思想政治理论课教师，也就是你们的人生导师，有什么事跟我联系。

祝你有个充实的大学生活。

××，你好！

你在哪里？回家了吗？在档案里看到你还不是团员，这是为什么？大学不只是学文化知识，政治上也一定要要求进步。

你家在农村，有几个兄弟姐妹？家里生活怎样？我那天在年级里不是说了吗，若是吃不上饭可以找我。有我吃的就有你吃的，千万不要客气。

在爱好那一栏里你写的是象棋。下得怎样？有点爱好不是不可，你现在是大学生了，一定要管住自己，不能因为爱好耽误学习这个主业。

有事联系我。

××，你好！

适应大学生活了吗？饮食上是不是觉得大连饭菜没有福建的可口？我去过福建多次，我觉得你们那里的饭菜比大连的要好吃。好在我们读大学不是来吃饭的。品尝一下各地的风味也是对生活的一种丰富。

我有件事想问问你。在你们的登记表里我看到你还是"群众"，为什么没有入团呢？我们年级只有几个人没有入团，你要在政治上要求进步，尽快入团。大学里学习专业知识是必要的，但是一定要有明确的追求，也就是要有正确的价值观。

我是你们四年的导师，一生的朋友，有事联系我。

祝一切都是那么美好！

××，你好！

首先祝你节日快乐！

山东德州离大连不远，你回家过节了没有？

你们新生第一年家离学校近的，第一个国庆节一般都要回家过，以后可就不要一过节就往家里跑了，你们不是带薪休假的，还是要抓紧时间好好学习，这是你们的本钱。

我在登记表里看到你还不是团员，为什么？是因为没想过吗？大学生比小学生大，大在哪里？显然不是学历上，而是追求上，这其中就包括我们要在政治上要求进步。

你说你爱好跑步，这是好事。我就爱好跑步，我在读大学的时候每天早上跑步，少则几千米，多则上万米。我后来成了业余万米运动员。跑步不是为了获得冠军，但是能够坚持下去，会有很多好处。希望你不只是说说而已，要把对的事情坚持下去。

本来想找你聊聊，但是这段确实没有时间，以后再说吧。

初来乍到人生地不熟的，难免有些困难，需要我做什么的话，你就联系我。

祝大学生活顺心如意！

××，你好！

今天是你的生日，老师祝你生日快乐！

我在从省里下来做辅导员的时候，在我带的每个学生过生日时我都给他们写生日祝福，少则百八十字，多则上千字。我就是要告诉他们，他们始终在我的心里，老师无时无刻不在祝福着他们幸福快乐。同时我也在嘱咐他们，一定好好发展自己，幸福不会从天上掉下来，是要靠奋斗才能获得。

给你写生日祝福时，老师也是这样想的。希望你幸福快乐，但是一定要记住幸福、快乐和奋斗是孪生兄弟，没有奋斗，前者只是梦想而已。

看照片上你那眼睛炯炯有神，流露出一股志气和不服输的精神。大小伙子，应当有一种刚毅的品格和不惧怕任何困难的勇气。你在中学还担任过班长，这表明你有着较强的组织管理能力。来到大学了，好好规划一下自己的未来，确立正确的人生追求，做有作为的人、有价值的人、让人瞧得起的人，也就是有益于祖国和社会的人。自然年龄增长了，社会年龄也要同步增长啊。

老师在内蒙古祝福你！

祝你的大学生活心想事成！

××，你好！

从登记表上看到昨天是你的生日，我给你写了生日祝福，因手机出了点毛病没有发给你。反正也写完了，还是发给你吧。

×××，你好！

你是叫×××吧？登记表上你的名字写得不是太清楚。这个你要注意，自己的名字一定写清楚。我带的学生我都嘱咐他们这一点，自己的名字都写不清楚，容易给人做事不认真的印象。做事要注意小节，不是都说细节决定成败嘛！

今天是你的生日，老师在内蒙古呼和浩特祝你生日快乐！

生日想怎么过呢？吃喝一顿，还是去逛街、看电影？你现在大了，不能只想自然年龄了，一定想好你的社会年龄怎样过？人是社会中的人，只增长自然年龄是没有意义的，一定要增长社会年龄，也就是要有社会“习性”，谁越具有社会“习性”，谁便越具有“人”的样子。

对大连海事大学满意吗？对专业满意吗？你已经来到这里，不要犹犹豫豫了，铁下心来好好发展自己。考进什么大学，学什么专业很重要，但是又不重要，大学是精神的家园，在大学学习的关键是要培养自己的品德，确立正确的人生追求。

你们生在大美的时代、大美的中国，站在离实现中国梦最近的地方，老师希望你能够与时代共发展，在实现中国梦的伟大事业中实现你的价值。

你父母都是农民，家庭不富裕，你要带着责任读大学，一定好好奋斗，让你父母晚年幸福安康。你是大小伙子，看你的照片中显露出的那种刚毅的眼神，我相信你能做到。千万别把大学看成为自己放松享受的地方。不要现在就谈恋爱。记住老师的话：看上你帅气的女孩不值得你为她付出一生。

我跟你们说过，我是你们的任课教师，也是你们终生的朋友。有什么需要我做的，联系我。特别是生活上有困难的话告诉我，我会力所能及地帮助你。

祝你的大学生活充实而有意义！

××，你好！

今天是你的生日，老师一早就起来给你写生日祝福。巧了，你们年级有三个同学今天过生日，我给你们每人都写了生日祝福。

老师就是希望你们能够读好大学，实现人生的追求，为祖国、为父母、为自己，也为后代多做有意义的事。

大学是你人生走上成功的重要路段。今后的路怎样走？这确实需要找准方向，不能只管走路，不看路将通向哪里。有的学生就是这样，付出了不少努力，也走了很远，结果走错了，来不及回头了。

一定把大学的每一步都走对、走扎实。这就要求你有正确的价值观。你是学理工科的，千万别对人文的东西，尤其是思想政治教育方面的东西不屑一顾，这就失去了你掌握知识、提高能力的意义。没有正确的人生追求，你的知识、能力就会用到错误的地方。

不要只是增长了自己的自然年龄，一定要注意自己社会年龄的增长。有的人为什么总“长不大”？其实就是忽视了自己的社会年龄。人是社会中的人，一定培养自己的社会属性。大学也可以算作小社会。要适应这个环境，不要太自我、太有个性，也就是不能太随意。社会不是为你而存在的，你必须适应社会对你的要求，现阶段也就是要遵守大学的秩序。

已经适应大学生活了吧？经过十多年的奋斗来到这里，不要放松自己。人生就是个奋斗的过程，那些走向成功终点的人都是不停歇的人，老师希望你永远奋斗下去。

你是辽宁人，你的家乡阜新我去过多次，以后有机会可以到你家看看。

我会在大学陪伴你们四年，有我能做的事情就知会我一声，别客气。不是跟你们说了吗？我们是四年师生，一生的朋友。

祝你一切顺心如意！

××，你好！

今天是你的生日，老师在遥远的银川送去给你的生日祝福，祝你生日快乐，幸福满满！

国庆节期间请你们10月份过生日的同学吃饭，和你简单地聊过，对你有些印象。看了你的班级名册，在爱好一栏里你填的是网球。你网球打得怎样啊？我可是我们学校教工男子网球单打冠军哦。不过我现在不打了，在这个年龄了怕受伤。有体育爱好很好，我对你们讲过，有个好身体是十分重要的。

你看上去就像个南方人，长得文静，也漂亮，有没有男同学追你啊？有的同学跟我说他们在中学就谈恋爱了,我说那就好好谈吧。你也是一样,如果还没有谈,我不主张现在就谈恋爱。老师认为一进大学就谈恋爱基本上都是生理的需要,情感基础不牢固,特别是追求不高。这样的恋爱没有保障,到后来好的结果是友好地分手,不好的不知会出什么事情。当然也有极为个别的谈成了。恋爱可不是个简单的事情,有的同学说顺便谈一下,出发点就把恋爱当成了儿戏,这怎么能行呢?

我带的学生好多都认同我的观点,都没在一入学就谈恋爱,他们都确定了考研的目标,后来学业和爱情双丰收。你父母是搞个体产业的,对你有什么要求呢?毕业回家继承产业?我对你们专业不是很了解,我觉得能考研究生还是应当考,现在高等教育马上进入普及化了,从这点来说本科已经不是高学历了。

今天是你大学生涯里的第一个生日,想怎样过呢?你现在是大人了,自然年龄应当顺其自然,关键是要重视社会年龄的增长,要随着自然年龄的增长增加自己的社会年龄,也就是要使自己的能力不断得到提高,找准自己的人生方向,考虑好自己到底想要成为一个什么样的人。

你在个性签名中说不知道自己走的路是不是对的,那就一路走到底再说。恐怕不能这样想,你还是要多问问过来人前面的路到底应当怎样走。

你个人条件和家庭条件都很好,再把社会条件准备好,你看,这样等待你的明天一定非常美好。加油哦!

真心祝你一切都是那么美好!

××,你好!

今天是你的生日,我到宁夏理工学院做报告,在遥远的大西北祝你生日快乐!

是不是感觉时间过得很快啊?转眼一学期就要过去了,四年也会很快的,所以一定要惜时如金。不珍惜时间,就将一事无成。

一切都适应了吧?有什么打算?要早些定下来,例如考不考研。不是必须考研,不过最好还是考研,这会使你的视野更加开阔,对人生又有新的认识。

和同学相处得可好?同学在一起也是缘分,一定要互相关心和帮助。

人生漫长,靠自己是不可能走到底的,不要自私。眼下你可能觉得你什么都行,要想到万一不行的那一天。

适应北方的天气吗?大连比山东气温要低一些,要预防感冒哦。

我是你们的老师,也是你们的朋友,有我能做的事情你联系我,别客气。

祝好!

××,你好!

起床了吧?今天是你的生日,忘了吗?应当养成这样的境界——忙得没有时间过生日。

生日怎样过?有打算吗?有的同学过生日就是和寝室同学大吃一顿,还有的"逼着"同学给他过生日。咱可不能干这样的事哦。

过生日时,寝室同学聚在一起吃顿饭也不是不可,但是一要简单,二要交心,让同学帮助自己好好总结一下自己的过往,以便走好明年乃至未来的路,不然你永远长不大。

这段时间过得怎样?适应大学的生活了吗?一定要好好规划自己的未来。看到有的大学生没有很好地读大学,老师就替他们惋惜和痛心。为什么不好好读大学?你们来到大学多不容易,父母付出了多少?一定要懂得感恩,懂得负责任,你们没有任何理由不好好地读大学。

今天早上我给你们年级三个过生日的同学都发了生日祝福,老师就是希望在你们自然年龄增长的同时一定要增长自己的社会年龄。在大学打好基础,将来成为一个对祖国有用的人,懂得感恩父母的人。

老师要上班了,就说这几句。我们都在学校里,有事联系我。

祝生日快乐!天天开心!

××,你好!

今天是你的生日,你们年级有三个同学今天过生日。给我忙乎的,一早上起来就给你们写生日祝福。白天就没有工夫了,上午给交通运输部大连海事大学干部培训班做报告,下午给你们上了一下午的课。晚上我又要到成都去。

其实没有什么,老师就是想告诉你你们始终在老师的心上。不敢说一日为师,终身为父,起码我们可以终身为友嘛。不知不觉你们来大学已经几个月了,想必一切你都考虑好了,确实要提前准备。常常有这样的学生,都要上大三了还没有考虑好考不考研究生,这就太晚了。不知你怎样想的,能考的话我还是主张要早做准备。

你是河南郑州人,我去过郑州多次。你家具体在郑州什么地方,说不定有机会到郑州讲学还可以到你家看看呢。河南是中华文化的发祥地。我前段还去殷墟了。中华雄厚的历史文化让人震撼,你要好好传承哦。好好学习,把学习当成一种追求,当成人生的存在方式。

大连的天气比河南要冷些,适应这里的天气了吗?注意别感冒了。

有事要我帮忙的话,别客气,为你们服务是我应当作的。

祝生日快乐!一切美好!

××,你好!

早上起来给你和另外两个同学写了生日祝福,你们三个同一天过生日。老师祝你生日快乐!开心每一天!

有过生日的习惯吗?这是你大学的第一个生日,想怎样过?

过生日了改善一下生活是可以的,不过你已经是成人了,应当更多地考虑你的社会年龄怎样了。老师是过来人,总是为你们着急,怕你们耽误了学习,浪费了大学的时光。

一定要充分利用大学时光好好培养自己。你们现在正处在社会化的准备阶段,这个阶段基础打得怎样,对你们将来的发展有着重要的影响,不可懈怠哦。

你爱好足球运动,水平怎样?有个喜欢的体育项目挺好,这有助于锻炼身体。不过踢足球有两个问题:一是具有对抗性,踢球前要做好充分准备活动,踢球时也要注意别伤着;二是比较耗时间,处理不好对学习会有影响,你需要把握好。不锻炼身体不行,只锻炼身体也不行。学生以学习为天职。

学业没有问题吧?和同学关系可好?大学需要养成团队精神,要友好地跟大家相处,能帮助到同学的时候应尽力给予帮助。

适应大连的天气吗?注意别感冒了。有事联系我。

祝一切顺心如意!

××,你好!

今天是你的生日,老师在四川宜宾祝你生日快乐!

你起床了没有?每天什么时候起床?是不是因为今天是星期天就睡懒觉?从大学开始要养成好的生活习惯,每天定时睡觉,定时起床,每天叫醒自己的一定是内心的信念而不是闹钟。

我在给我的年级学生做辅导员的时候,每个学生过生日我都给他们发微信,祝他们生日快乐。我就是要提醒他们在自然年龄增长的同时一定要增长社会年龄,也就是越大越要像个大人样,不能总长不大。

你来到大学也几个月了,对大学应当是熟悉了,但是对大学的意义理解了吗?你为什么要上大学?现在有什么打算?有的学生把大学学习只是定位在专业知识的学习上,一心要考研,这种理解是片面的。大学要学知识,更要懂人文,就是要学做人,要知道自己为什么要有知识,要把知识用到哪里。你们年轻人正处在“拔节孕穗期”,一定思考价值观方面的东西,也就是要选准价值观。

你是大小伙子,更要有担当精神,担负起自己的责任。父母需要你,祖国需要你。一定要努力地奋斗,没有奋斗就没有未来。

适应大连的天气了吗?注意别感冒了。有什么我能为你做的,联系我。

祝一切顺心如意!

××,你好!

今天什么时候起床的?记得今天是你的生日吗?老师昨天夜里到的上海,祝你生日快乐!

生日怎样过?有的学生很“讲究”,大吃大喝一顿,不醉不休。显然这不是一种好方式。生日是人生重要的日子,庆贺一下不是不可,但是确实要文明地过,要本着节俭的原则。所谓节俭,一是花钱上要节俭,想想家长挣钱多不容易,即便家里有钱也要节俭,重要的是养成一种习惯、一种品格,大手大脚惯了,将来是要“败家”的。二是要节省时间。一切的成功都是由时间来保证的。你是大学生,主业是学习,必须将时间最大限度地用到学习上。在你的前面行走着很多人,你只有用更多的时间追赶他们才行,不然你就会落下得越来越远。人和人在刚出生的时候本没有什么两样的,就像鲁迅先生说的那样:即便是天才,在出生的时候他的第一声啼哭和普通的婴儿也没有两样。

你家境一般,父母为你上大学付出了很多的心血。应当说你来到了大学,做父母的已经完成了他们应当完成的任务,剩下的就看你自己了。老师的家境在我上大学的时候也不好。我母亲曾说能不能别上大学了,早点工作贴补家里。我说我一定好好读书,将来孝敬她。可以说我读大学的精神原动力就在这里,要用知识改变命运。后来更懂得了心中要有祖国,懂得了要成为一名共产党员,为共产主义事业而奋斗。

你现在怎样想的?过生日的意义也在这里。不能只增长自己的自然年龄,一定要增长自己的社会年龄,也就是要清楚自己为什么要上大学?责任在哪里?追求在哪里?只有带上责任行走的人才能走得更远。

要把父母放在心上。没有父母的养育哪有你的今天!有的学生说大学是自己考上的。这算什么话啊!父母不生育他们,他们哪有上大学的机会。有的学生一进大学就经营自己的“安乐窝”,只想自己将来能过上什么样的日子,心中早忘了父母,这多让人瞧不起。

心中必须有祖国。国是千万家。国家不强大,怎么会有家庭的幸福呢?大学本是就是爱国的产物,是为国家培养人才的地方。我们要实现中国梦,中国梦的实现靠呼喊是实现不了的,需要你们年轻人的努力奋斗。可以说你们生逢其时,一定莫负光阴,在大美的时代做大美的事情,为中国梦的实现而努力拼搏,把自己塑造成为一个有作为的人,被人尊敬的人!

你说你的爱好是读书,这很好。要把读书当成人生存在的一种常态。但是需要注意的是要读有价值的书。书读得越多越好,那是说要读有用的书。有的人也读了不少的书,结果大脑装了很多的负能量,这是千万要避免的。你可以列个书单,你想读什么书我帮你买一些。读书是好事,老师支持你。

对大连的天气适应了吗？注意别感冒了。有事联系我。

祝好！

××，你好！

今天是你的生日，原本想请你们11月份过生日的同学一起吃个饭，结果我又接到了会议通知，到清华大学开会来了。我一早上就起来给你还有你们年级的另外两个同学写生日祝福，今天你们年级三个同学过生日。老师祝你生日快乐！老师就有一个心愿，希望你们能够充实地度过大学生活。

不谦虚地讲，老师今天也算作一个成功的人士。老师要告诉你的不是老师有多能，要告诉你的是老师为什么能。

在像你们这个年龄的时候，我就确立了人生的追求，要成为共产党员，成为让人尊重的人。老师的一个最大特点就是诚信，也就是说到做到，不然说什么！就这样，我始终按照我许下的诺言那样去做，再也没有改变过。其间有过艰辛，但是心中的信念不倒，很多困难最终也就烟消云散了。

你年轻，一定要做到知行合一，这也是做人的重要品质，做不到这一点，学再多的知识又有什么用呢？

所以，在你生日的时候，老师提醒你的是不要只想自己的专业知识学得怎样，一定要关注自己的品德怎样，这是至关重要的。

你爱好足球，这很好。就是要把身体锻炼好，不然明天你的才华就得不到施展。北方比你的家乡桂林那里要冷很多，注意别感冒了。

有事联系我。

祝好！

××，你好！

今天既是你的生日，又是你的成人日。今天这个日子在你的人生中应当留下深刻的印记。老师来清华大学做报告，早上起得很早给你和另两个同年级今天过生日的同学每人写了一封信，祝你们生日快乐！

我历来认为人生有两个年龄，一个是自然年龄，一个是社会年龄。自然年龄是自然增长的,你愿不愿意都要长大;社会年龄可不是自然增长的,你要是不愿意长大,那就不会长大,甚至还会缩回去,这也就是说有的人越来越没有了社会属性,越来越不像人的样子,极其个别的人还会因恶劣的反社会性被社会“开除了”,终止了其生命的存在。所以,人作为自然年龄和社会年龄相统一的这样一个生命体,在增长自然年龄的同时,一定要增长自己的社会年龄,某种程度上讲,自然年龄是自然增长的,社会年龄可以跨越式增长,就是说经过自身的修炼可以尽快地成熟起来。你懂得这个道理吗?有的人不明白这个道理,结果总是“长不大”。

你要懂得这个道理,今天正好是你的十八岁生日,你就应当深刻认识成人的含义。自然年龄增长了,社会年龄一定不能落下。经过了多年的努力你来到了大学,大学就是帮助你增长社会年龄的地方。大学是文化的园地、精神的家园,在大学里不仅要学好专业知识,增长你的本领,更要学好做人,提高你的思想道德修养。人必须学会做人,即必须具有社会性,这是立业、立身的根本。这就像人的脊梁一样,没有了脊梁,人也就站不直了,何谈走得更远。

你们这些年轻人生活在物质发展越来越好的时代,但是这些年来我们不同程度地忽视了人的社会性培养,这使得有些大学生带着思想上的偏颇来到了大学,甚至要把这些错误的价值观当成自己的人生准则,这是极不应当的,也是十分错误的,更是十分危险的。作为你的老师,我要嘱咐你的就是一定把握好自己,随着自己自然年龄的增长,要增长你的社会年龄。要把对父母、对社会、对祖国的责任始终放在心上,这是你是否具有社会性的根本体现,离开了这一点有再大的能力又能怎样?弄不好就白活了。

适应大连的天气了吧?注意别感冒了。

有事联系我。

祝一切顺心如意!

××,你好!

今天是你的生日,老师在厦门祝你生日快乐!

来大学三个月了,对大学的一切都已经熟悉了吧。明确了自己到底要实现什么目标了吗?常常有的学生都大学二年级了还不清楚自己要干什么，这不就耽误自己了吗？这是不可以的。自己到底要干什么一定早点定下来。例如考不考研？我认为能考的话还是要考。以后的竞争越来越激烈，有了更丰富的知识储备总会是好事。当然大学是精神的家园、文化的圣地，在大学里更重要的是懂得自己要成为一个什么样的人，要把自己培养成有责任的人，对祖国之责任、对父母之责任、对社会之责任、对他人之责任、对自己之责任，乃至对后代之责任。有责任的人才有追求，才能克服一切困难勇往直前。大小伙子，应当对自己提出这样的要求。

对大连的气候适应吗？注意别感冒了。要加强身体锻炼，身体是根本保证。

今天是星期天，起床了没有？要养成好的生活习惯。严格讲学生是没有假期的，那些成功的人都是充分地利用了假期的人。

祝你一切都好！

××，你好！

记得今天是你的生日吗？有的学生不愿过生日，大多数还是愿意过的，总是想通过某种形式庆祝一下。最简单通常的做法就是吃一顿饭，改善一下生活。你打算怎样过？

其实无论哪种形式，都要意识想到形式是为内容服务的。人在增长自然年龄的同时，一定要增长自己的社会年龄，也就是说年龄越大，越要像个大人的样子。所以，当你过生日的时候，一定要看看自己有哪些方面的不足，怎样把它克服；自己还应当在哪些方面加强，以使自己更具有社会性。

大学是你全面培养自己的好地方。不仅要培养自己的专业能力，更要培养自己的人文素养，其核心是要清楚自己要成为一个什么样的人。不然知识再多不知往哪里用，甚至用错地方，这样大学也就白念了。

你家是唐山的，我去过唐山多次。我还到乐亭参观过李大钊的故居，不知你去过没有。如果没有去过，我建议你去看看，学习李大钊的那种人生追求。只有志存高远才能有所作为。你年轻，又恰逢实现中国梦的伟大时代，担负起自己的使命和责任，为实现中国梦而奋斗吧！

北方进入了寒冷季节，注意别感冒了。要加强身体锻炼，这也是大学的必修课。

有事随时联系我。

祝好!

× ×,你好!

今天是你的生日,我在福建泉州给你写了这封生日祝福信,忙了一天没有发出去,你加我一下,我发给你。

今天是你的生日,老师祝你生日快乐!我做你们的思想政治理论课教师,力争你们过生日的时候给你们写生日祝福。到目前你们年级有二十四个人过生日,我给每人给写了生日祝福。老师就想告诉你们,在大学一定好好培养自己,有我能做的事情联系我。我在从省里下来的时候想的就是把我对大学的认识告诉当代大学生,让当代大学生莫负时光,圆满度过大学生活。有没有人引领还是不一样的,不然等你们摸索完了大学也快结束了,更有的学生已经毁掉自己了。

你来自锡林郭勒,我8月份还去了锡林郭勒职业技术学院,那时不认识你,不然可以去看看你。你们那里有辽阔的草原,尤其有特色鲜明的是蒙古马表演,你看过吗?表演很是令人震撼,展现了蒙古人不屈的品格。你来到了大学,带来了这种品格吗?奔腾向前!一定珍惜大学的时光,把自己培养得强大。我有个带过的学生也是来自内蒙古的,刚开始有点放松自己,后来要考研究生,考上了,现在在北京工作。就是这样,你想怎么样,就会怎么样。人生没有办法重来,为什么不追求最好呢?千万别做让自己后悔的事情。能够考研还是要考研,这是文化层次的问题,也是视野的问题。谈恋爱了没有?如果没谈就不要着急谈,还是应当让自己丰富起来,掌握人生的主导权。和同学在一起一定要相互关心、相互尊重,不要斤斤计较,大家在一起也是缘分。

大连天气变冷了,注意别感冒。

祝好!

× ×,你好!

记得今天是你的生日吗?你应当记得这个生日,今天对你来说意义特殊,按照法定年龄,你今天成人了;按照民间的说法以前你还都是孩子,今天你成大人了。也就是说在孩子的时候做错了事还可以原谅,大人了再做错事就不应当了,不容原谅了。

说你长大了,大在哪里?显然不只在年龄上,“大”还意味着担负的责任更重了。从你目前的情况来说,就应当思考怎样担负起对父母、对祖国、对社会的责任,当然也要对自己负责。我课上给你们讲了那么多,其中重要的一点就是要成为一个有责任心的人。人要是没有责任心能做成什么事呢?反过来说,那些成功的人哪个不是有责任心的人呢?你是大小伙子,又来自江苏盐城,你“天然”就具有责任的文化元素。我去过盐城,那里有新四军总部,你参观过没有?相信这应当是你们老师课上对你们思想品德教育的活教材。看看当年的战士们付出了多少艰辛,那不就是为了使广大的劳苦大众翻身得解放吗?每代人有每代人的使命和责任,你们这代人的使命和责任就是为实现中国梦而奋斗。老师希望你能够志存高远,有远大的追求,把个人的发展和祖国的命运结合起来,这样才能有不懈的动力,才能有大的作为。我也说过,国家越来越好,你们的小日子变好都不会成为问题,问题是不能沉醉于小我而不能自拔,要有大我。只有胸怀天下才能领略人生最美好的风景。人生无法彩排,何不奋力拼搏一把呢?

来大学已经三个月了,应当安稳下来了,目标也应当明确了。带着责任前行,莫负光阴,这样成功就会在终点等着你。

适应大连的天气了吗?注意别感冒了。当然根本的还是要加强身体锻炼,身体是本钱。

有事联系我。

祝你圆满地结束你的大学生活!

××,你好!

来大学三个月了,应当都适应了吧?对大学生活你有什么具体的规划?

你从甘肃张掖来到这里,除了新疆的同学你在地理上的跨度算是大的了。西北总体看还是比较偏远的,但是这些年发展得也还算可以,你爸爸从事个体经济,家里生活还好吗?有什么困难的话,找我。

今天是你的生日,老师早上起来给你写了这段生日祝福,祝你生日快乐!老师之所以记得你们的生日,就是想在你们生日的时候跟你们聊一聊,加深你们的记忆。

你从甘肃来到这里应当不容易,付出了很多。一定要珍惜自己的付出,过好大学生活。有的同学来到大学便放松了自己,沉迷于游戏,结果耽误了自己,很是不应该,也很可惜。老师希望你能保持以往的那股劲,莫忘了自己是怎么来到了这里,一定清晰地知道明天自己要走向哪里。

你爱好打篮球,现在还坚持吗?爱好什么体育项目不重要,重要的是一定要养成锻炼身体的习惯。身体是你成就梦想的重要保证。

大连的天气变化不定,容易感冒,尤其快到期末了,更要加以注意。你们离家较远,有些需要我做的事别客气。我们不是一门课的关系,不是跟你们说了吗?我们是四年的师生,一生的朋友。

祝在大连期间一切顺心如意!

××,你好!

今天是你的生日,老师祝你生日快乐!

国庆节期间老师给你发了微信,跟你聊了入团的事,你也跟我说了没有入团的原因。现在怎样了?跟辅导员交流了没有?老师关心的是你作为一名大学生一定要有政治上的追求,做到“四个自信”,也就是要树立正确的价值观,不能只顾专业知识的学习。你看现在在香港闹事的大学生,能说他们没有知识吗?除了别有用心的之外,很多不就是没有“脑子”吗?没有正确的价值观,这是不行的。你们生在大美的中国,担负着实现中国梦的使命和责任。爱国不能都是别人的事,而是人人都有责任。所以,读大学不能只想自己怎么样,那样会让人瞧不起。要把个人的价值实现和祖国的利益统一起来。

转眼进入期末了,抓紧时间学习。不要考前突击学习,那样掌握的知识不牢固。

有事需要我做的话,联系我。

祝好!

× ×,你好!

老师从一早上就开始忙碌,终于在吃早餐前写完了给你的生日祝福,老师衷心祝福你生日快乐!

你家是临沂的。我去过那里家访,以前有个学生家就在那里。你这个师姐很努力,虽然家庭困难,像你一样,也享受助学金,但是她不怕困难努力学习。毕业时她被保送到吉林大学读硕士,现在又保博成功,在吉林大学继续读博士,她的妹妹也被保送到大连理工大学读博士。她的爸爸说:“俺家× ×说毕业不回山东了,要留在大连像女儿一样照顾孝敬曲老师的晚年。”我听了很感动。你要像你这个老乡师姐学习,好好设计自己的人生。人生能有几次搏?不努力以后是会后悔的。

临沂是革命老区,有红色基因。习近平总书记考察临沂时说,一定把红色基因传承下去。你是临沂人,理应成为红色基因的传承人。你是大学生,要有大的格局,不能把学习看成自己的事,要做到像我们校训说的那样“学汇百川,德济四海”。有格局才有胸怀,才能做大事。你要把个人价值实现和中国梦的实现结合起来。

来大学三个月了,完全适应大学生活了吗?按照自己设计的目标扎扎实实地前行。人生需要注意的就是“常立志,不立长志”。这个问题很严重。

生活上有困难一定跟我说。我不是告诉你们了吗?我可能无法管你们吃好,但是我一定会管你们吃饱。

祝你的大学生活圆满如意!

× ×,你好!

记得今天是自己的生日吗?有的同学就不记得。生日还是应当记得的,至于过不过,怎样过,那可以再考虑。

所谓生日要过不是说要讲究地吃喝一顿,那没有什么意义。过生日,就是要回顾一下在过去的一年里自己哪些做得对、做得值得,哪些做得不好,哪些应当做得更好。自然年龄大了,你的社会年龄长没长大?

人是社会中的人。一定要在增长自己自然年龄的同时增长自己的社会年龄。你们这些大学生,生长在“智力第一”的年代,从家长到学校,关心的都是你们能考上什么样的大学,读什么样的专业,难免会不同程度地忽视了对你们自身人文精神的培养。老师为什么一再地提醒你们,就是为了让你们正视这个问题。只注重知识的学习是不行的,一定还要重视人文。人文是什么?人文就是要懂得做人的道理,也就是要懂得所学的知识用到哪里。做人的问题没解决,知识学得越多不仅不会使你变得崇高,甚至会使自己失去人的样子,给社会带来危害。

你是云南昆明人,我想你应当不止一次去过西南联大旧址参观。那里彰显的大学学子为国担当的精神对你应当有所启迪和影响。你应当把那种大学文化传承下来。每代人的使命是不同的,对你们这代大学生来说,就是要肩负起实现中国梦的伟大使命。

人文的东西解决了,那就要好好学习,增强本领。小伙子要志存高远。当年毛泽东在差不多你们这个年龄的时候就离开了韶山,开始创立伟业。我们做不到这么伟大,我们可以传承这种精神。只有心中有梦想才能有作为,梦想都没有还会有什么作为呢?学习不会像喝饮料那样舒服,只有不怕困难,才能学到真的本领。

从大西南来到大东北,气候不完全适应吧?注意别感冒了。有事需要我的话,联系我。

祝一切顺心如意!

××,你好!

我是曲建武,在你生日的时候,我送上我深深的祝福!祝你生日快乐,永远快乐!

你已经是大学三年级的学生了,是不是感觉时间过得很快啊!从这个意义上说人生是短暂的,今天该做的事情一定早些把它做好,千万不要等明天。有的学生就是不着急,结果毕业的时候到了,感到很多应当做的事都还没有做。

有考研的打算吗?今年你们新疆的××同学,也是回族,考上了西安交大的研究生,我还送给她一台电脑,让她继续好好学习。我答应你们新疆的少数民族学生只要考上了研究生就赠送一台电脑,就是为了鼓励你们好好学习,回到家乡为民族团结做贡献。你怎样啊?若是能考研究生一定考,不是为了这台电脑,而是为了进一步开阔自己的视野,有更大的格局,做更大事情。

我就是太忙了,和你们见面的机会减少了,好在我们可以用微信交流,有事什么需要我做的跟我说。

祝开心快乐!

××,你好!

昨天你在我做报告前写给我的那封信我在报告休息期间看了。我想给你写封信,还不想只写三言两语,于是才给你回复。有些迟了,请谅解。我昨天夜里到了银川,今天上午做完报告后又飞到了天津,现在正从天津去往秦皇岛,我在高铁上给你写了这封信。

谢谢你对我的点赞和这份情感。我在从省厅下来的时候有的领导就跟我说,现在的年轻人不会听我们这样老同志的说教,我不信。我下来六年了,实践证明,不仅我的学生们喜欢我,还有一批辅导员在我做完报告后在微信上给我留言,说我对他们产生了很大的影响。你昨天送给我的那封信更使我感动,再次证明了年龄的差距并不会成为产生代沟的必然原因,只要有着美好的追求就会得到青年人的认同。

我只是在做着一名辅导员应当做的事,只要有利于学生的成长,我就会乐此不疲地做、尽心尽力地做、永不停歇地做。学生怎样关系到祖国的未来怎样,我怎能为了自己而远离他们?学生们喜欢我,我想这是根本,像你这样的一些辅导员为我点赞,我想原因也在这里。

我在辅导员岗位上已经是个老兵了。其间我曾离开过,但是三十七年以来我的心没有一天离开过学生。我这一辈子就愿做一件事,我也只做了这一件事,就是和学生在一起,做好他们人生成长的指导者和引路人。我初心不改,使命牢记。虽然很多人劝说过我做别的工作,虽然学生工作有时是麻烦些,但是学生工作于我就像流淌在血脉里的血液一样,不能断流。

你的辅导员工作应当算刚刚开始,研究生阶段做兼职辅导员,那严格说起来还不是辅导员,只能算是从事学生事务管理。研究生辅导员工作又依赖导师来做,因此你得不到什么锻炼,本科生就不同了。从某种角度看,你就是一支军队的指挥员,想打到哪里,能不能打胜仗,关键看你的指挥水平和经过你训练的士兵的素养怎样了。所以,要想指挥正确,要想战斗力强,一方面作为指挥官,你一定要加强自身学习。你是学外语的,这与思想政治教育学科还是有区别的,你必须认识到这一点,尽快提升自己的理论水平。不管外部环境怎样,你主观上一定要重视这个问题,不然你只是在管着学生。另外,一定要深入到学生中,了解学生。思想政治教育主要是思想引领,这就要知道学生在想些什么,把学生错误的思想苗头消灭在萌芽状态。思想政治教育做得越早、越细致,就越有效。

当然,对辅导员工作而言,一定要坚定政治信仰。辅导员工作绝不是简单的事务管理,辅导员所从事的是马克思主义的伟大事业,我们要想使马克思主义中国化成果不断壮大,就必须培养出跟党走的人。有了这样的格局就会想方设法把学生培养好,不然就会应付,使教育表面化,不能解决学生思想深处的问题。

辅导员工作还特别需要有情感。爱是教育的灵魂,有了爱的情感,你才会喜欢学生,才会关心学生、围绕学生、服务学生,不然,你就会对学生的事情漠不关心,也就不会全身心地投入到学生工作当中。

辅导员工作还是一门高深的学问。不要看不起自己,要把辅导员工作当成“作文”做。具有问题意识,做事要找到规律性,这样辅导员工作才会更有效。学问不是一天搞出来的,要注意积累,坚持数年,必有好处。

真是谢谢你对我的这份情感。你好好工作,有需要我做什么的话别客气,我们一定会常来常往的。你家是哪里的? 去过大连吗? 到大连可以联系我。要下车了,先聊到这里。

祝天天都有好心情!

××,你好!

今天是你的生日,老师送上我的祝福,祝你生日快乐,一生幸福!

这不只是老师的心愿,我想也是你的心愿。你要明白的是,幸福是等不来的,没有奋斗就不可能获得幸福。

我们在大学毕业的时候唱“再过二十年我们来相会”,感觉十分遥远,如今过去了快四十年。转眼你也到了二十岁的生日,“逝者如斯夫”啊! 一定珍惜时间,没有时间保证什么事也做不成。大学四年一晃就过去了,要好好全面发展自己,不仅要学好专业知识,更要培养好自己的品德,也就是要把自己学到的知识用到该用的地方去。

你愿意跑步,坚持下来了吗?老师当年为了德智体全面发展,体育上也选择了跑步,后来老师成了业余万米长跑运动员,即便在冬季,我也没有停过,偌大的操场常常只有我一个人在奔跑着。很多人不是没有选对要做的事,而是没有把选对的事做到底。老师希望你是做事有毅力的人。

你父母都是农民,家庭生活怎样?你有没有申请助学金?有需要我的地方知会声。

祝顺心如意!

××,你好!

我今天上午在山西财经大学做报告。想到今天是你的生日,赶在会前给你写了生日祝福,祝你生日快乐!一生幸福!

幸福都是奋斗出来的。我们这代人都知道这样一句歌词"幸福不是毛毛雨",说的就是幸福不会从天上掉下来。谁不渴望幸福?幸福最喜欢与奋斗做伴。

大学时光就是人生最好的奋斗时光,这个时期怎样,基本就决定了你未来怎样。所以,千万莫辜负这段时光,要做到像总书记嘱托的那样:现在,青春是用来奋斗的;将来,青春是用来回忆的。回过头来想一想,在老师像你们这样的年龄时若是在大学里没有奋斗的话,怎么会有今天?所以,在你又增长了一岁的时候,一定要好好思考你生日的社会意义在哪里。

你是家庭生活条件困难的学生,这不可怕。困难最怕不怕困难的人。我做辅导员的时候常跟学生们说这样一句话:"出身于什么样的家庭你无法选择,但人生的价值可以创造。"在我读大学的时候我家就比较困难,但是我战胜了这些困难,用知识改变了命运。老师希望你也能这样,担负起对父母、对祖国的责任,好好发展自己,实现人生的价值。

天气冷了,注意别感冒了。避免感冒的最好办法就是养成锻炼身体的习惯。将来要实现抱负,没有好的身体也是不行的。

有事联系我。

祝好!

××，你好！

今天是你的生日，我在寒冷的哈尔滨祝你生日快乐！此时老师的心是热的，希望我能温暖到你的心。

生日应当是人生的大事，特别是在你们现在这样的年龄，刚刚成人的时候，你们还有着极强的可塑性。因此，在你今天过生日的时候一定好好想想今后的人生之路怎样走，将来要成为一个什么样的人？对眼下来说，就是怎样更好地度过大学生活。

大学不仅是学知识的场所，更是学做人的场所。大学就是以人文起家的，科技永远是为人文服务的。所以，在大学里，不仅要把知识学好，更要确定人生前进的方向，培养好自己的品德。

你们这些青年人，在基础教育阶段往往被忽视品德教育，考上理想的大学就是好样的，就算人生的一个成功。真不能这样看，成功不是由读什么样的大学决定的，更不是由学什么样的专业决定的。成功最喜欢和品德做伴。凡是成功的人都是品德不输的人。你现在来到大学了，一定把品德的培养放在第一位。

你来自上海这座大城市，应当是有眼界的人。有眼界的人一定是有胸怀的人。努力奋斗，实现人生最大的价值。

南北方气候差别很大，注意别感冒了。

有事联系我。

祝好！

××，你好！

老师在兰州开会，一早上给你写了生日祝福，祝你生日快乐！

10月份过生日的同学正赶上国庆节放假，我有时间，请他们过了集体生日。本来打算每个月给你们过一次生日，现在看真保证不了。时间太少啊，没有时间，很多想做的事就做不了。

你是不是也觉得时间过得很快呢？转眼半学期就要过去了，你是不是感到什么都没学到？大学就是这样，似乎在你刚刚明白点什么的时候便要毕业了。

所以，千万不要什么事都等着自己去摸索，有些事需要借鉴别人的经验。要懂得向别人虚心请教,该明白的事情一定早些搞明白。比如像考不考研这样的问题,一定要早些想好,早些定下来,这样可以有备无患,不打无把握之仗。

你是山西人。山西是中国最有文化底蕴的几个省份之一,你从小就应当受到了深厚的中华文化的影响。来到大学一定要丰富自己,把中华文化不断发扬光大。要把学习同祖国的发展结合起来,在服务祖国的事业中实现人生的价值。

本来要给你们上一学期的课,只是这个月事情太多,实在忙不过来,只好找董老师代一下课。好在我还在校园里,有事可以找我。

给你写生日祝福,就是告诉你老师没有忘记你。虽然课结束了,但你们始终在我的心里。

要开会了,就写到这里。

祝好!

××,你好!

我昨天夜里两点到的兰州,上午有报告,所以只能午间给你送去生日祝福。老师真心祝福你生日快乐,快乐一生!

谁都想快乐一生,但是快乐的一生一定是奋斗的一生。快乐最喜欢与奋斗在一起。没有奋斗,你来不到大学;没有奋斗,你赢得不了明天。

不能忘了自己是怎样走过来的,一定不能让昨天的奋斗就此打住。大学是你发展的舞台,一定写好人生的剧本,塑造好自己的角色,把人生演绎得精彩。

你来自英雄的故乡。我小时候就知道战士刘英俊拦惊马壮烈牺牲的事迹。前年我去佳木斯大学做报告,我还专门参观了刘英俊战士纪念馆,拜谒了刘英俊烈士墓。我的成长受到了他的教育。你来自英雄的城市,确立了怎样的人生目标?老师希望你志存高远,做大事情。能不能做到是一回事,想不想做是又一回事。连梦想都没有的人能实现什么?

转眼一学期过去了,做事一定抓紧,莫负光阴。珍惜时光才能对得起人生。好好努力,扎扎实实走好人生的每一步。

祝你大学生活圆满成功!

××,你好!

今天是你的生日。算是赶巧,我在长沙开会,离你的家乡湘潭很近。老师在这里给你写信,祝你生日快乐!

你是湘潭人,和毛泽东是老乡,一定从小就受到毛泽东的影响。去过几次韶山?老师去过四次。毛泽东是我一生中最崇敬的人。

毛泽东的家早年算是富裕的。他父亲让他在家过安稳的日子,不要出去革命。他父亲说:“你不能出去革命,不然打断你的腿!”毛泽东抗争道:“打断我的腿,我就不活了!”毛泽东给他父亲留下了一首诗:“孩儿立志出乡关,学不成名誓不还。埋骨何须桑梓地,人生无处不青山。”就这样,毛泽东到了长沙,“指点江山,激扬文字”“问苍茫大地谁主沉浮?”走上了革命道路。

你从湘潭来到了大连海事大学,带着怎样的追求?想成为什么样的人?这两个问题的答复是你应当从大学带走的最重要的东西。

转眼大学生活过去了一个学期,对大学应当熟悉了吧?你也应当有了明确的打算。不管怎样千万别把大学只当成学知识的地方,而应把它当成自我发展的地方,要把个人的发展和祖国的命运结合起来。你们当代青年恰逢其时,生在大美的中国,肩负实现中国梦的伟大使命。莫负光阴,砥砺前行,甩开膀子干。人没有来生,一定在奉献中实现人生的价值。

大连的室内温度比长沙高,室外比长沙要低许多。一定要注意别感冒了,还要注意要锻炼身体。去过长沙第一师范吗?毛泽东当年在那里学习的时候养成了洗冷水浴的习惯。毛泽东就非常注意锻炼身体。

要开会去了,就聊到这里。有事联系我。

祝好!

××,你好!

今天是你的生日,老师祝你生日快乐!

老师在天津大学祝福你,这还是挺有意义的。天津大学是我国最早的大学,1895 年建立,当时叫北洋大学。为什么有了大学?说到根本上就是为了培养国家需要的人。甲午海战我们被打败了,我们要雪耻。所以,大学一开始就是爱国的产物。1898 年又建立了京师大学堂,即现在的北京大学。所以，蔡元培先生在做北大校长的时候就嘱咐学子们莫把大学当成个人使用的地方。

百年过去了，大学的本质属性没有变。今天的大学，就是要为实现中国梦而培养人才。你们当代青年生逢其时，一定要担负起时代的使命和责任。

老师做辅导员，上思想政治理论课，反复强调的就是要爱国。无法教导学生爱国我们还办什么大学？不爱国还念什么大学？如果仅仅为自己能过上舒服的小日子，可是人生就这么大的出息？为什么不竭尽全力实现最大的价值？把个人和祖国统一起来，齐家，治国，平天下。老师希望你成为这样的人。因此，在你自然年龄增长的同时，一定要增长自己的社会年龄，也就是要有担当精神。

大学马上又要过去一学期了。时光荏苒，要好好珍惜，有考研的打算吗？很多同学问我应不应该考研？我的意见是能考还是要考。这不只是学历问题，这也是视野问题。视野越广阔，越有利于你确立更大的格局。你家那里是革命老区，遍撒着红色的种子，你应当把这些红色的种子埋在心里，让它发芽、壮大！

北方的天气和南方有很大的不同，注意别感冒了。当然最重要的还是要养成锻炼身体的习惯。

要去做报告了，就聊到这里。

祝好！

××，你好！

今天是你的生日，早上几点起的床？有的同学晚上睡得晚，早上起床晚，这是很不好的习惯。老师一早上就起床了，做的第一件事就是给你写信，祝你生日快乐！

转眼来大学已经过去一个学期了，想必你对大学生活已经很熟悉了。大学就是你进入社会化的最后准备阶段，这个阶段准备得怎样，对你今后的人生有重要的影响。因此，千万不要随心所欲地对待大学生活，要做好规划，打有准备之仗。你也不要觉得还有的是时间，其实时间一晃就没了。我常提醒我的学生们，大学四年只眨眼的工夫就会不见了，需要只争朝夕。

那些学习好的学生都是带上责任,占有了比别人多的剩余时间的人。

有考研的打算吗?很多人问我关于考不考研的意见。我说若是能考的话还是争取考,不然以后恐怕会后悔。

内蒙古我去过多次,仅今年就去过三次。你家在哪里?蒙古族人有着豪放的性格,这与辽阔的草原有关。你和同学关系应当没有问题吧?同学们在一起一定要相互尊重,多看别人的优点。能帮助别人的时候一定帮助别人,千万不要只想自己。待大学毕业的时候能交往一批朋友,也是大学文化的应有之义。

马上要放假了,抓紧时间学习。但是我跟你们说过,学习不能搞突击,这样学到的知识记不牢固。关键还是平时就要搞好学习。

加我这个微信,我把生日祝福发给你。

祝好!

××,你好!

今天是毛泽东诞辰126周年纪念日,时间过得多快啊!毛泽东逝世已经43年了。你非常幸运,和毛泽东一天生日。你有什么感受?是不是一过生日就想起了毛泽东?你来自福建,那里是毛泽东工作、生活、战斗过的地方,你又出生在教师之家,我想这种革命文化和家庭的早期教育,对你的人生一定有很大的影响,是这样吧?

你现在上了大学,对自己的人生应当又有了新的认识。大学到底应当确立什么样的人生?大学到底应当帮助你实现什么?大学生最基本的含义是文化多,有知识。那么怎样才能体现出你的知识多呢?那就是更像一个人的样子,这就不能只为自己而学习,这样就是一种本能了。人生只有一次,一定要活得精彩,活出个人样,这就是为社会、为祖国做出更大的贡献。你们现在还年轻,对此可能理解得还不深刻,待年龄越大,越会觉得人生就应当把追求精神的崇高放在首位。

转眼一个学期过去了,你对大学应当有了清醒的认识,确立好目标坚定地走下去。千万不要觉得还有的是时间,一定要抓紧时间做好应当做的事情。

老师给你写信,祝你生日快乐,就是告诉你老师始终把你们放在心上。

有什么需要我做的别客气。

祝好！

××,你好！

今天你们年级还有个同学和你一天过生日,我分别给你们俩写了生日祝福,祝你生日快乐！

这就是老师的一份心意。老师就是想在你生日的时候提醒和嘱咐你,随着自然年龄的增长一定要增长自己的社会年龄,可千万别总是“长不大”。

今天还是毛泽东的生日。你的生日和毛泽东在一天,你有没有想过毛泽东为什么能够创立伟业？关键就是在青年的时候他立下了宏图大志:“问苍茫大地,谁主沉浮？”我们难能有毛泽东那样的作为,但是我们应当学习毛泽东那种精神,在当今时代就是要为实现中国梦而学习,要志存高远。没有远大的理想,那可就将一事无成了。

大学是你人生的重要时期,习总书记讲叫“拔节孕穗期”,这样的时期一定要在心灵埋下真善美的种子。要眼光长远些。未来的中国一定会光辉灿烂,到那时人们追求的应当是一种更加美好的精神生活,所以你们从现在开始就要把追求精神的崇高作为人生的追求。

我要到单位去了,聊到这里。有事联系我。

祝好！

小伙伴们好！

看到你们写给我的信了,我很感动,心中久久不能平静。

我在从省教育厅下来的时候,有的朋友对我说现在的思想政治教育不好搞,学生们有逆反心理,你强调什么,他们反感什么,一定要慎重考虑。我当然不信这些了。我想,谁不愿意接受真理呢？只要我真心关心学生,学生就一定会悦纳我的教育。今天你们用给我写信的方式又一次证明了我的选择、我的看法的正确性。你们听从了我的引领,要做爱祖国、有担当的时代好青年,老师很是欣慰,也替你们高兴。

大学是你们人生成长过程中的一个十分重要的时期，当你们离开大学的时候一定要带走正确的价值观，这比带走专业知识重要得多。我在我的公众号中、在课堂上经常跟你们强调的就是人生有两条跑道，一条是知识的跑道，一条是品德的跑道，人生赢在终点的一定是品德不输的人，希望你们一定牢记在心。

你们生逢伟大的时代，中华民族站到了离实现中国梦最近的地方。还剩“最后一公里”了，想一想中国梦实现的时候，我们中华民族将会以怎样的身姿屹立在世界民族之林？我们不会欺负别人，但是再也不会有人对我们说三道四。可以说就是为了这一天，老师奋斗到现在，并将“鞠躬尽瘁，死而后已”。虽然老师恐怕看不到那一天了，但只要想到那一天，想到为了中国梦的实现我付出过，心中还是会油然升起一种自豪感。现在接力棒交到了你们手里，你们将全程参与实现中国梦的伟大实践，这“最后一公里”你们一定要走好。

你们要有大的格局，要有开阔视野，要把个人的发展和祖国的命运结合起来，“大家”好了，你们的“小家”才能好。中国梦是不会轻轻松松、敲锣打鼓就能实现的，需要你们具有不怕牺牲的精神。你们尤其要看到的是，在我们实现中国梦的过程中，有人还会竭力进行阻挠和干扰。现在贸易战的目的是什么？说到底是不想让我们过好日子，我们是不会答应的，在这场无硝烟的战斗中我们必须打赢这一仗。

由于发展的不平衡、不充分，有些同学的家庭比较贫困，从一定意义上讲，这给来自这样一些家庭的同学带来了不同程度的困难。老师多次讲过，困难并不可怕，可怕的是面对困难时缺乏战胜困难的勇气。困难是死的，人是活的，老师希望这些同学能够坚强起来，战胜这些困难。奋斗的人生才精彩。谁都不希望自己在成长的过程中有这样或那样的不如意，然而一旦遇上了困难并且克服了它们，你就拥有了一笔宝贵的财富。

和你们在一起上课的时候你们给我带来了幸福和快乐，老师感谢你们。虽然课总有结束的时候，我刚开始上课的时候不就跟你们说了吗？我们不是一门课的关系，我们是四年的师生、一生的朋友。在校园里、在社会上、在你们未来的人生道路上，老师只要活着，就会始终把你们放在心上。有需要找我，我定会力所能及地帮助你们。不要怕麻烦我，我就是不怕麻烦才来到你们身边的。为你们，就是为祖国，就是为中国梦，我乐此不疲，心甘情愿。

我在去北京的飞机上给你们写了这封信。我要到北京参加一个改革开放四十年访谈节目。飞机马上着陆了,下飞机就把这封信发给你们。虽然我们物理距离有些遥远,但是我们的心却紧密相连。

祝你们一切都好!

爱你们的曲老师

××,你好!

你家在湖南,没有回家吧?国庆假日有什么打算?我本想早些时间找你聊聊,就是太忙了,根本没能得空。从档案里看到你还不是团员,这在大学里还是比较少的。几个不是团员的同学中,有的是没有这方面的追求,有的是在中学表现不太好。你是什么原因?方便的时候给我回个信,我们找时间聊聊。

有事联系我。

祝节日快乐!

××,你好!

首先祝你节日快乐!

看学生名册我知道你家是遵义的,你应当是从小就受到了红色资源的熏陶。不过我从你填的政治面貌那个栏目里知道你还不是共青团员,这是为什么?不在乎?来到大学了,这个问题还是应当好好考虑一下。大学生与中学生的一个最大差别就是前者应当有更大的追求。当代大学生就是应该把个人的发展和祖国的命运结合起来。不然你将来可能小日子过得不错,但是大家并不一定认同你。赶紧重视这个问题,政治上一定要要求进步。你看你的名字,是不是有人会把你和李云龙联系起来。做人要有那种刚强劲,不能随便认输。

祝你大学生活顺心如意!

同学：

好的，从现在起，我不但要自己管理好自己，朝着自己的规划前进，更要照顾好自己，不会再让所有在意我的人担心、伤心，我一定能做到的！

我：

好的，做个优秀的大学生。

我和生活困难学生的交流

××,你好!

一直在忙,才给你回复,见谅。

没有什么特别的事,就是想简单地跟你聊几句。

通过辅导员了解到你申请了家庭生活困难助学金,不知你家是什么情况?

虽然我是你们的思想政治理论课教师,但是我上课都是这样,要求学生知行统一,我首先要做到知行统一,就是你们有什么需要我做的我一定会尽力而为。我们这门课不仅要讲道理,更要尽量做实事。你将来做人也要这样,不要总觉得应当怎样,却没有实际的行动,这能做成什么事呢?

我上课告诉过你们,生活上有困难告诉我,我会尽量帮助你们,我可能不能管你吃好,但是我一定会管你吃饱。饿不着了,大事就解决了,那就好好读书。

大学时光非常宝贵,一定好好珍惜,只有在大学里很好地丰富自己,才能有建设祖国的本领,才能实现人生最大的价值。

你家那里有丰富的人文文化,一定要好好传承,把它用到你未来的人生当中。

老师祝你的大学生活顺心如意!

× ×,你好!

首先祝你节日快乐!

在干什么?我午间想请你们几个申请生活困难助学金的同学吃个饭,跟你们聊一聊,你能参加吗?

我多次去过贵州,但是没去过你家那里。以后再去贵州时,看看能不能顺路到你家那里看看?

感到有压力吗?不要惧怕生活的困难。老师首先保证你饿不着肚子,吃不上饭一定跟我说,再就是学习的事了。不要自卑,也不要攀比。很多人年轻的时候都有这样那样一些困难,但是他们都挺了过来,走向了成功。

把父母放在心上,把祖国放在心上,有责任,就有压力了,再把压力变成动力,成功就会在终点等着你。

老师祝你大学生活圆满成功!

同学:

很感谢老师的盛情邀请。但我中午不在大连,下午的火车到大连。很抱歉无法参加老师的宴请。

我:

好的。奋斗,坚持!有事联系我!祝好!

同学:

好的,谢谢老师!

× ×,你好!

联系你们就是想告诉你们,生活上有困难找我。我一定兑现我向你们做出的承诺,不能让你们因为家庭生活困难而饿着肚子读大学。

云南大理我去过三次,那里风光无限,是个好地方,再到那里就多了你这么个学生，方便了就联系你，还可以到你家看看呢。

四年转眼就过去了，抓紧时间学习，将来没有本领拿什么奉献给祖国，又怎么感恩自己的父母。

祝好！

××，你好！

还没有休息吧？白天我去看了我的几位老师，还有我的辅导员，就没有联系你。

没有别的什么事，就是想明天请你们年级没有回家的申请困难助学金的同学吃个饭，就在学校里，你能参加吗？

云南我去过多次，我一直想到楚雄看看，但是遗憾的是一直没有成行。或许还有机会，若去了告诉你，有时间还可以到你家看看呢，到时候再说吧。

不要被困难吓倒。我知道有些大学生就是有股不服输的精神，最后走向了成功。当然吃不上饭了千万别抗着，不是跟你们说了吗，我不会让你们饿着肚子来上课，吃不上饭一定告诉我，我们是一家人呢。

晚安！

××，你好！

我了解了一下，你申请了困难助学金。从档案里看到你父亲去世了，你母亲抚养你也是不容易。你是独生子女吗？你母亲做什么工作的？你还爱好打篮球，这很消耗体力。你生活有保障吗？老师那天不是说了吗？吃不上饭找我，有我吃的，就有你吃的。千万别客气。

我想明天请一下困难的学生吃饭，你能参加吗？

祝节日快乐！

家庭生活困难的大学生朋友们好！

我在给你们上第一堂课的时候就向你们承诺过："谁也不准饿着肚子

来上课，谁也不准饿着肚子来要求进步。吃不上饭找我，有我吃的，一定有你吃的。”我这一辈子就是靠着诚信活着的。国庆节期间我请你们中没有回家的学生吃饭，为的也是让你们安下心来好好学习。

最近学校又评完了生活困难助学金，为的也是尽量地帮助大家度过大学生活。有的同学获得了一等，有的同学得了二等，有的同学获得了三等，还有的同学没有得到。

获得一等的同学自然不用说什么了，二等的想不想得一等呢？三等的想不想得二等呢？没得到的想不想得三等呢？这是一定的。有的同学会觉得比别的同学困难却没有得到相应的资助。会不会出现这种情况呢？也一定会的。因为谁得助学金，谁应得一等、二等、三等？甚至有的申请困难助学金的同学未得到，评定谁应得这个助学金毕竟不是拿秤称出来的，再加上你们刚来大学不久，辅导员对你们的家庭生活困难程度的了解还不是那么准确，因此这里也就存在不可能绝对公平的问题。你们应当怎样看待助学金的评定和生活中的困难呢？

首先你们要视野开阔些。无论你得到多少助学金，你都要想到这都是党和国家对大学生成长的关心和关爱。

我们国家还是发展中的国家，大学生要上学，老百姓要吃饭，百姓病了要看病，百姓的居住问题要解决，还要解决发展建设问题……就是说国家哪里都需要用钱。

但是有一点是明确的，为了尽量满足人民子弟上大学的愿望，国家是下了大气力的。在我们这样一个发展中国家，我们即将实现高等教育大众化，这可以说是世界高等教育史上的一个奇迹，是社会主义制度优越性的一个体现。你们一定要把党和国家的关心和关爱转化为强大的精神力量，为实现中国梦而读书。

不要养成依赖心理。有助学金挺好，若没有助学金就读不了大学了？就差这笔钱吗？我在读大学的时候家里也很困难，但是我就没有申请困难补助，我照样读完了大学。我带的一个2013级的学生，家庭生活困难，我到他家家访时他母亲告诉我他买支笔都很节省，但是他从来不申请困难助学金。我问他为什么不申请？他说别的同学都很困难他就不申请了，有了这个钱也不能从根本上解决问题。所以，二等和三等不就是差1000元吗？确实不能从根本上影响你的大学生活，因此不要把得到了几等助学金看得太重,养成勤俭的品德恐怕什么困难都能解决了,尤其是如果一心盯在助学金上,盯在自己“亏了”上,那就不仅会影响自己奋斗精神的养成,还会影响和同学之间的团结。

不要有“不得白不得”的心理。有的同学的家庭本来不是很困难,却也“积极”申请困难助学金。一定要实事求是。困难就是困难,把情况跟辅导员说清楚;不困难千万不要写虚假的材料。你一时骗得了助学金还不算太大的事,但是养成了总想贪便宜的习性,不诚信,则事就大了。人生的路很漫长,靠伪装怎么能长久呢?靠虚假所得到的最终总会因为不诚信而失去,且你所失去的比你得到的怕是还要多。

作为辅导员,尽管我们要求学生要正确地看待助学金,但这并不是说我们想怎样发就怎样发。助学金对学生来说毕竟是大事。辅导员一定要把工作做细致些。如果对学生有全面的了解,哪个学生困难,哪个学生困难到什么程度,你就会有个八九不离十的判断。辅导员一定主观上不能有不平等的想法,搞亲疏远近,这样就使助学金失去了所应起的作用。评定助学金的过程,也是对学生进行友善、励志、诚信教育的过程,要充分地利用好,而不是相反。

还是那句话,吃不上饭找我。同学间不要斤斤计较。

祝大家一切都好!

大学生朋友们好!

你们每天都会有无数的人过生日,在大学期间(包括读研期间)有的学生要过六七个生日。生日应当怎样过?我想大家的过法一定也是五花八门,各显其能。生日嘛,毕竟是人生的一个重要时间点,认真地过一下也是应当的。你们怎样过生日和我怕是八竿子打不着,本没有什么关系,可是我作为一名老思想政治教育工作者,也可能是老了愿意唠叨的原因吧,我还是想把我的一些看法说给你们听,总是希望你们中能有些人认同我的看法,哪怕你们中有一个人受到了我的影响,也算我没有白说。

生日就是人生的一个符号,像树木的年轮一样,在你的人生生涯里刻下了永远抹不掉的印迹。从这一点来说,生日来临的时候,纪念一下也不是不可的,因为过去的岁月就过去了,不可能重来,这也算是给自己的未来留下一个回忆。但是应当怎样纪念你的生日？也就是应当怎样认真地过你的生日呢？

有的同学恐怕会大吃大喝一顿，甚至一醉方休。这就不太合适了。你们现在是大学生了，学业任务很重，今天过生日、明天过节日、后天看电影、大后天逛商场……似乎一切都是合理的，都是应当的，如果时间就这样被理所当然地花费掉了，怎样能保证你学业的提高、能力的提升？我想，过生日还是要本着节俭的原则为好，这里不只是不要讲排场，更是要养成惜时如金的习惯。

大家常说："一寸光阴一寸金。"这句话用来形容大学生活最合适不过了。

你们现在正处在人生的黄金期，一定要把握好大学这个阶段，把自己培养得十分强大，以应对未来社会的挑战。而能否使自己强大的一个重要条件就是时间的保障。我常说到这一点：剩余时间决定"剩余价值"，只有充分地占有了剩余时间才能培养好自己。

过生日的时候可以寝室同学在一起，也可以和合得来的几个人在一起，大家简单地聚个餐也是未尝不可的，但是不能吃顿饭就拉倒了，关键是让别人帮助你总结一下过去的一年你是怎样走过来的？有哪些得失？明天的路应当怎样走？经验告诉我们，善于总结的人才能少走弯路，找到捷径，更好地走向人生要实现的目标。

我听说有的同学过生日搞友情"绑架"，要随份子，不然就是不够意思。这太不应该，必须改正。怎能强迫别人给自己过生日呢？同学们要清楚一点，友情不是逼迫出来的，这样的交往不会得到别人的认同，在内心里人家是会反感你的，这样的交往不会长久。

同学们还应当想到这样一点——其实，同学间的家庭生活状况还是存在很大的差异性的。我去过很多困难的学生家，困难的程度你不身临其境是无法想象的。不要你家生活条件好，对花费个几十元、百八十元钱满不在乎，就以为别人不这样就是小气，对一些同学来说，这几十元、百八十元钱也是很难拿出来的！你们要记住：不只是过生日，做人一定不能做让别人为难的事！

你们还特别要记住的是：人生有两个年龄，一个是自然年龄，一个是社会年龄，社会年龄一定要与自然年龄同步增长，不能只长了自然年龄，而落下了社会年龄。

我们常说有的人总长不大，就是针对他的社会年龄来说的。你们又迎来了你们的生日，你们首先要想的是我的社会年龄又长了多少？只本能地活着是不行的，一定要使自己更具备社会的属性，也就是人的属性，使自己更像一个人的样子，离自然属性更远。我昨天推送了《写给大学生生日的祝福（一）》一文，有个学生留言说："过生日意味着我们的责任又更重了一些，记得我的十八岁生日，正逢高三，我那天和往常一样地刷题刷题，没有一个人记得我的生日，我给自己在店里买了碗面，就当过生日了，那天之后，我就是个大人了。"是这样的，年龄大了，社会责任就增加了。

社会年龄必须与社会要求相符合。因为每代人有每代人的使命和责任。当代大学生必须把自己与中国梦的实现结合起来，成为担当民族复兴大任的时代新人。今年国庆节我非常荣幸地应邀参加了国庆典礼。看到一队队大学生精神饱满地从我的面前走过，我感到十分欣慰。中国梦必将在你们的手上实现。那夜我几乎无法入睡，我的脑海里始终在想："中国梦是欢呼不来的，需要当代青年砥砺前行。"所以，当你们过生日的时候，我希望你们不要忽视你们的社会年龄，也就是不要忘了你们的使命和责任。你们只有社会年龄成熟了，自然年龄才有意义、有价值，祖国的生日才能更幸福安康。

祝从今天开始过生日的大学生朋友们生日快乐！

××，你好！

谢谢你对我的信任。你下课给我信的那天，我在课上注意到了你，你目不转睛地听了我的课，我和你的眼神多次相交，你听得很认真。

看了你的信，想找你聊聊，但是我确实没有时间了。我明天又要去北京，然后去河南、武汉，待回来周五又要给你们上课了。所以，我还是先给你写封信，待有时间我们可以再深入聊一聊。

人和人之间是有差异的。别说亲属之间，就连兄弟姐妹之间也常常在对待父母的态度上表现有所不同。你所说的这种情况应当属于一种常态。你家穷，你家的亲属就躲得远远的，瞧不起你家，这是由他们的做人标准决定的，你改变不了。你能做的就是做好自己，改变家里的状况。

不要以赌气的心态来学习，你只要发挥你最大的能力，你所做的一切不是为了他们。你的心胸要更广阔些，格局要更大些，不仅要想到父母，还要想到祖国。这也就是我国传统文化中所说的:“大学之道，在明明德，在亲民，在止于至善。”就是不仅要过好自己的小日子，还要“治国”“平天下”。待有机会的时候我到你家家访，帮你提提气。只要你为祖国服务，我就为你服务。

你说你在中学的学习氛围不是很好，大家排挤你。这是常有的情况，有的学习好的同学容易被别的同学嫉妒。当出现这种情况的时候，我觉得首先还是要从自己身上找原因。是不是我们有点锋芒毕露、有点目中无人、有点不太关心别人，让人感到你就是为了你自己。事物都是两方面的，只有多从自己身上找原因，才会看到不足在哪里。不然老是抱怨他人，埋怨环境，你就看不清自身的短处，甚至就会固守自己的缺点，这就不能处理好和他人的关系，也就会影响自身的发展。

你身体怎么啦？在中学就这样，还是来到了这里紧张、压力大造成的？这两天能确诊吗？等我下周回来告诉我。不是跟你们说了吗，小病自己看看，大病找我，我帮你联系医生，等你父母来就来不及了。你现在这种情况还是以身体为主，没当上干部没有什么了不起。我在大学一年级的时候就什么干部也不是。一年后我才当上了班级生活委员，再没有变动过，我后来不是还当了厅级官员。当不当干部不重要，重要的是你想成为一个什么样的人。如果身体没事了，再做其他的也不晚；如果身体不适，一定先把身体调整好。你这么年轻，做什么都来得及。现在还不是论成败的时候，怎么能说离梦想越来越远了呢？从你的眼神中我感到你有种不服输的精神，这很好，但是也要避免你在中学时那种情况的出现，不要让同学感到你只考虑自己的事了。

你对评优之类的事很在乎，这能理解，但是确实不要太往心里去，要不争而得。所谓不争而得，就是把自己该做的事情做好。是你的你自然就会得到，不是你的光急着想得到也没有用，太在乎评优反而会加重自己的烦恼。每天要保持好的心情，快乐地学习，快乐地生活。

你说你对来到这里不是十分满意，但是最好还是“既来之，则安之”。在哪里读大学、读什么样的专业对一个人的发展会有些影响，但是这种影响不是根本的，一个人发展的关键还是取决于你到底选择了什么样的人生追求,想成为一个什么样的人。一个崇高的人跟学历和所学专业应当是没有一点关系的。开学这么长时间了,不要还深陷在对学校和专业不满意的沮丧中,这样会影响你的发展。你可以考研究生,站到更高的学术平台上。不是“天生我才必有用”吗?是金子总是会发光的。

你想的没错,自己优秀了不仅可以帮助家里,也可以帮助更多的人,更是自我价值的实现。不过这些要以平常心来对待。我在大学的时候,也像你这样想过。与你有点不同的是我不会在意别人对我怎样,我只管把对的事情做好,坚持做到底。后来大家了解了我,认同了我,而那些夸夸其谈的人被大家抛弃了。通过你的描述感觉你有些外刚内柔,你可以把自己变得内刚外柔,这样大家更容易接受你。

做了事情没有被认可,是会难以平衡的。要知道,有些事情确实不是拿秤称出来的。要学会平衡,有些事确实需要忍一忍,这也是对自己的一种锤炼。没有养成这样心性,你将来也难以做成大事。多少人都是这么过来的。毛泽东早年被排挤过、邓小平“三落三起”,他们都过来了。是的,他们都是伟大的人物,可是又有哪个伟大的人物不是从微末之时走过来的呢?况且你现在刚上大学,这么年轻,即便真是做了对班级、对同学有意义的事情又能做多少呢?也就是怨又能怨到哪里去呢?“但做好事,莫问前程”,练就如此心态,待你成为唯一的时候,荣誉便非你莫属了。

我一早上起来给你写了这封信,不知你能不能理解,供你参考。

我要去北京了,就聊到这里。待我从北京回来,你到我办公室一趟,我把我写的书签名送几本给你,那里有我对许多问题的看法。

天气凉了,注意预防感冒。

祝你的大学生活顺心如意!

×××,你好!

老师现在在北京给你写信祝你生日快乐!

来到大学三个月了,一切都适应了吧?感觉大学和中学有什么不同?在老师看来,大学之大主要是大在至善性上,就是知识越多,胸怀应当越宽,视野越广,也就是担当的使命和责任越大。所以,来到大学,不能只想把专业学好,一定要确立更高的人生追求,把自己培养成为一个对祖国更有用的人。

看你们的名册知道你家是内蒙古的。我带的上一届学生中也有个家是内蒙古呼和浩特市的学生。她长得挺漂亮,还是我们学校金话筒大赛的金奖获得者。我嘱咐她一定别放松了学习,处理好情感问题。她后来读了大连理工大学的硕士研究生,目前已经毕业在北京工作了。她实现了这段的人生追求。

你家的条件应当不错。条件好的女孩往往容易安于现状。老师觉得你还是应当积极进取,充分利用好的家庭条件来提高自身的全面素质。你们现在的专业学习一般不用嘱咐,人文素养上有的学生容易忽视。一定抓住大学这段时光培养好自己。

和寝室同学相处得怎样?寝室同学是大学生活中离你最近的人。你们要在一起住四年,这是多大的缘分。一定像姊妹一样相处,别把家里的一些"受宠"的习惯带到寝室。勤快些,寝室哪些地方不整洁了,主动收拾收拾,多做和谐的事,不要怕吃亏,养成好的习惯比什么都重要。

大连的天气开始冷了,不过你从内蒙古过来能够适应,但是也要预防感冒。马上进入期末了,要抓紧学习,这是你的本钱。

在校期间有我能做的事不要客气。

祝开心快乐!

××,你好!

你们辅导员告诉我你和×××、×××、×××是每个班级的临时负责人。你们怎么样本和我关系不大,我就是给你们上思想道德修养与法律基础课的,我可以上完课就走人。当然我不这样看我的课。我觉得思想政治理论课就是要解决实际问题,围绕学生、关照学生、服务学生,为你们的心灵埋下真善美的种子。所以,我就愿意管些"闲事",自找"麻烦"。既然你们是我的学生,我还是想跟你们简单聊一聊。这不是在帮助你们辅导员做工作,而是这门课取得实效性的需要。

你们是班级的临时负责人,也是责任在肩。俗话说火车跑得快,全靠车头带,一个班级的班风怎么样,关键在于班长怎么引领。这是被无数个班级的事实证明的。你们是班级临时负责人,也就相当于班长的职务了。

要心中有同学。做什么都是为同学服务,别总是让同学为你服务,那就颠倒了,也就失去了做干部的意义。为什么要当干部?一是为了更好地为同学服务,二是为了更好地培养自己。以当干部感受到那种被信任的感觉激励自己把工作做得更好。如果现在就能养成好的习惯,那将来就会做成大的事情,不然就会相反。一些人官至高位,却倒下了,说到根本是根基不厚,就像盖楼一样,没有牢固的地基能盖几层大楼?盖起来还不是照样倒下。老师在大学一年级的时候什么干部都不是。第二年班级改选当上了生活委员。我大学四年的最高职务就是班级的生活委员,后来不是也做到了厅级干部。决定你能否有出息的不是你的位置,而是你是否在你的位置上做了你应当做的事。现在如此,将来也是如此。

现在有些学生干部太把自己当回事了,千万不要这样。毛泽东同志早就说过这样一句话:群众是真正的英雄。当人民高喊"毛主席万岁"的时候,他说:"人民万岁!"你们一定要养成"群众观点",遇事大家商量,不要小小年纪就咋咋呼呼,搞个人英雄主义,眼里没有群众,很多人也就是在这里栽了跟头。我在学校做党委副书记的时候,有一次看到校学生会主席夹着包进主楼,我把他叫住了:"你怎么像职业革命家似的。"我告诉他,"你也是学校里一个普通的学生。"我当过学生处长,只要学生到我办公室,我都马上站起来笑迎他们。有时让他们坐下说,有时给他们倒杯水。

工作要认真。毛泽东同志说过:"世界上怕就怕认真二字,共产党就最讲认真。"没有认真的精神是不行的。前段时间某著名学府将热烈欢迎新同学的"烈"写成了"列";我参加过一个档次很高的会,报到册的"到"字,明晃晃地加黑印成了"道",这都是不认真造成的。这还好办,如果航母上或卫星上哪怕是一颗螺丝钉拧错了那都是不得了的事情。认真也是一种习惯,现在就要好好养成。

我有点事情要处理一下,先聊到这里。好在这学期给你们上课,我还在校园里,待有时间我们再聊。有事可以找我。

祝你们工作顺利,学业有成,圆满度过你们的大学生活!

××,你好!

今天是你的生日,老师祝你生日快乐!

国庆节假期期间我给你发过微信，嘱咐你当好班级干部，不要把权力看得太重，要注重培养自己的习惯，好好为同学服务。今天为同学服好务，明天才能为人民服好务。

不要看不起眼前这点事，觉得没有什么了不起，不能惊天动地，这样想是不对的。把一件件小事做好了，就成就了大业。

来大学一学期了，与刚来大学时对大学的认识一定会有新的变化。但是万变不离其宗，归根结底就是要做个有理想、有追求的人。你的条件很好，一定要充分利用，相信自己，扎扎实实，一步一步向前走，最后就会走向成功的终点。

要处理好工作和学习的关系，不能以工作忙为借口放松了学习。你的理想的实现要靠你的知识和能力来支撑，因此要把学习当成大事，不要能力上去了，学业下去了。学习能力是最重要的，学习能力上不去，是没有后劲的。

我是你们一生的朋友。好好学习，努力工作。有事需要我做的话，联系我。

祝好！

××，你好！

昨天事情太多了，没有及时回复你，抱歉。

我想问你的是你为什么没有入团呢，现在是怎么想的？我在你们的登记表里看到你还是普通群众。你家是北京的，北京是我们国家政治经济文化的中心，你应当受到很大的影响。是不是只关注自己的文化课学习了？一心想的是考上大学？来到大学了你的人生的一个重要目标实现了，一定好好想想下一个目标是什么，一生的目标是什么。大学文化一定是价值观和专业学习相统一的，不能只考虑自己的专业学分修得怎样，更不能忽视了道德学分的修习。

回家过节了吧！看看国庆阅兵的盛况多么鼓舞和振奋人心。未来的中国要看你们年轻人的了，何不努力地奋斗？不然多对不起这个伟大的时代，对不起自己的人生。

祝节日快乐！

××,你好!

前段时间你申请助学金的时候老师跟你聊了几句,让你正确看待助学金。前些天老师还给你们家庭生活困难的学生每人买了一箱苹果,就是想力所能及地帮助你们很好地度过大学生活。今天是你的生日,老师祝你生日快乐!

大学生活应当适应了吧?你要好好地设计一下,让自己圆满度过大学生活。要抓紧时间,不要觉得还有几年,时间一晃就没了。想想你为了来到这里付出了多少,一定把奋斗的劲头保持下去。大学是你社会化的准备阶段,准备得越充分,越能好好应对未来社会的挑战。

要注意锻炼身体。当年我家里穷,我想我把身体锻炼好不就是给家里省钱了吗?当然体育运动不单纯是体育运动,也是对人的意志力的培养,很多人的成功都是因为具有不同于一般人的意志力。

生活上有什么困难找我。

祝好!

××,你好!

看到你写得这么长的信,想来费了你许多时间。你提的这个问题意义不大,不过这锻炼了你的思考能力。一定要用脑,但是不能跑偏。

你提到的高考问题,从大的方面来说也是发展不平衡造成的。北京也一直是单独考试,在北京、上海、辽宁考大学就是比河南、山东、河北考大学要容易。每年都会有家长、考生和地方教育管理部门提出增加上海、北京外的考生录取名额,也是这个问题。在北京、上海的高校,有些是国字号的,为什么当地的录取名额就多呢?一个最简单的解释就是即便国字号的大学,也占用了当地大量的资源。所以,这些大学就会尽量多招收当地学生。

前天我的公众号不是推送了一篇《知识不是用来考试的》文章吗?从另外一个视角看,这对你不是坏事,你有了真才实学。为什么考研的时候,来自北京、上海的考生就考不过你们了呢?就是这个问题,不要有什么心理不平衡。

对老师的回报最好的方式就是让自己出息成人。平日忙发个微信就可以，放假有时间了就看看老师去。当老师的最大心愿就是自己的学生能对社会做出贡献。

我确实很忙，回复有点迟了，也不能详尽地回答你，请理解。

祝好！！

××，你好！

今天是你的生日，本想早些给你发生日祝福，结果因为一些事情耽误了，现在回到家里才有了时间给你发微信。老师祝你生日快乐！

我虽然只是你们的思想政治理论课教师，但是我觉得思想政治理论课要想达到最佳效果，一定要采取“立体化”的教学模式，也就是不能仅局限于课堂教学，要力所能及地深入到学生学习生活的方方面面，例如在你们过生日的时候写两句生日祝福就是一种有效的方式。

转眼你来到大学一个学期了，应当都安顿下来了。怎样打算的？在你生日的时候一定要好好想一想，不能只增长自己的自然年龄，一定要增长自己的社会年龄。这是由人是社会中的人决定的，这也是人与动物的本质区别，千万别总是长不大。

今天我们学校召开了优秀学生表彰大学，看看从那些优秀的大学生身上展现出的风采，让人敬佩，可是他们刚来大学的时候和你们并没有什么不同。就是一年、两年、三年的时间，你们之间的距离产生了。你想站在哪里？想三年后被别人落下吗？我想你不会甘心，那就要不断奋斗，即便不能落下别人，也不能被别人落下太远。

你爱好打篮球？这是个好习惯，应当坚持下去。人做事重要的是把对的事坚持下去，你应当没有问题吧？

我跟你们说过，我们不是一门课的关系，我们是四年的师生、一生的朋友。老师不是和你们客气，你们有需要我做的事情我一定会竭尽全力。

祝好！

××，你好！

你现在在哪里？回家了吗？在档案里看到你还不是团员，这是为什么？大学不只是学文化知识，还要在政治上要求进步。

你家在农村，有几个兄弟姐妹？家里生活怎样？我那天在年级里不是说了吗，若是吃不上饭可以找我。有我吃的就有你吃的，千万不要客气。

在爱好那一栏里你写的是象棋。下得怎样？有点爱好不是不可，你现在是大学生了，一定要管住自己，不能因为爱好耽误学习这个主业。

你看你把学习看得重，这也是对的，但是一定不要把政治上要求进步看成是无所谓的，两者一定要统一起来。任何人学习知识都是有目的性的。目的一定要正确，要用价值观引领。目的错了，知识再多，能力再强，恐怕还会做错的事情。

有事联系我。

祝好！

××，你好！

时间是不是过得很快啊？转眼一个学期快过去了，你也迎来了你二十岁的生日。老师祝你生日快乐！

我想在你们生日的时候给你们每个学生发生日祝福，作为上课的补充，就是提醒你们一定好好规划自己的大学生涯，好好度过大学生活。

国庆节假期期间老师给你发了微信，问你为什么没有入团。老师就是想告诉你人一定要有政治追求，只学好专业是不行的。你是大小伙子，要有担当精神，要有对父母、对祖国、对社会的担当，以实现最大的价值。有的大学生本来能做到这些，结果放松自己，稀里糊涂地毕业了，实在是可惜。

相信自己，相信明天。努力奋斗，成就梦想。

有事联系我。

祝好！

××，你好！

今天是你的生日，我早上起来给你写了这封信，在兰州祝你生日快乐！

老师从省里回到学校就是为了当辅导员，给你们教思想政治理论课。

老师在高等教育领域工作了三十七年,看到无数大学生走向成功,也看到一些大学生倒下了。老师为那些倒下的大学生惋惜。老师愿意给你们上思想政治理论课,就是想告诉你们怎样走向成功,怎样避免失败。我深深地知道,凡是成功的大学生都是品德不输的人,所以老师总是跟你们强调一定要培养好自己的品德。要知道,科技永远是人文的科技,是为人文服务的,如果不知道为什么要有知识,知识再多又有什么用呢?

你又长了一岁,一定要在增长自然年龄的同时增长社会年龄,不能总长不大。大学是你增长社会年龄的重要时期,千万不要错过,要把自己培养得无比强大,这样才能应对未来社会的挑战。国庆节假期期间我问了你中学为什么没有入团?这段时间找辅导员了吗?有什么进展?

看到你愿意下棋,我想起了我有个同学酷爱下棋,结果耽误了学业。有爱好可以,但是不能痴迷,大学的主业毕竟是学习,不能本末倒置哦。

培养团队精神。和同学好好相处,勤快些,为大家多做些没什么,不要患得患失的。昨天给你们发的那段视频说的不就是这个道理吗?那个总最后拿小块面包的小女孩儿不就成了最大的赢家了吗?这是品德带给她的。

天气冷了,注意别感冒了。平时要注意锻炼身体。

祝好!

××,你好!

今天是你的生日,老师给你写信,祝你生日快乐!

老师从省里回来做辅导员、教思想政治理论课,就是想帮助你们很好地认识大学,在你们人生的“拔节孕穗期”,帮助你们系好人生的扣子。大学对你的未来影响重大,大学这段时间过得怎样,从某种意义上讲,决定着你的未来会怎样。所以在你过生日的时候老师就是想提醒你,在自然年龄增长的同时,一定别忘了社会年龄的增长,今天像个学生样,明天做个好公民,切实担负起属于你们的时代使命和责任。

唐山我去过多次。我还专门参观过李大钊故居和纪念馆,李大钊“铁肩担道义,妙手著文章”的胆识和才华对我影响很大。我去北京李大钊墓拜谒的时候,说:“先辈我来了,我一定传承您的遗志。”

你从小就应当知道李大钊的事迹吧？一定要学习李大钊的革命精神。上大学，不只是为自己的将来谋个好职业，更要用所学的知识更好地为祖国服务，国家强大了，我们个人的小日子才有根本的保障。

在大学还有三年多的学习时间，老师在你的身边，有事联系我，我会尽力帮助你。

假期还有些天，抓紧学习，别浪费了时间。

祝好！开学见！

小伙伴们好！

此时当我开始写这封信的时候你们还沉浸在梦乡里。你们梦到了什么？是昨日从家返校时父母的嘱托，还是爷爷奶奶舍不得你远去而流下的泪水和那恋恋不舍的目光？是中学时代教过你们的老师们如和风细雨般的又一次叮咛，还是往日同窗那依依惜别地相拥与紧紧地握手？是旅游途中远眺的那一座座巍峨耸立的高山、奔腾不息的江河，还是田野里那一片片绿油油的随风起伏的麦浪、扑面而来的花香？是一路上熙熙攘攘的人群，还是那如洪流般滚滚向前的车轮？梦就是梦，当你们醒来的时候，你们会发现自己又重新躺在了节日前你们急不可耐地要与之分别的这张似熟悉又陌生的床上，只不过此时的你们已经没有工夫过多地遐想，你们所迫切面对的是马上要急匆匆地行走在去食堂的路上，你们要填饱肚子，要迈着有力的步伐来到教室，这个在你们大学生活中离你们最近、与你们最密不可分、筑就你们梦想成真最现实的地方。

你们想过吗？你们的大学生活从今天才真正开始，此前的一切忙碌只是你们大学生活的预热。因为从今天开始你们才真正挤走了你们内心那份急于放假回家的焦躁和拥有了沉下心来静静地思考你们从哪里来、要到哪里去的那份安宁。

此时是凌晨3点30分。在你们沉浸在梦乡的时候我为什么要给你们写信？我不知道舒服？我只知道你们的舒服才是我最好的催眠曲。我是你们的老师，我是教你们思想道德修养与法律基础课的老师。对你们我有什么样的责任？上完课走人不就完事啦？你们舒服还是不舒服与我有什么关系？有关系。这门课要想真正上好需要有深深的情怀，也就是一种发自内心的、难以抑制的、喷涌而出的情怀，一种急切地、毫不保留地把幸福给你们的情怀！虽然这些在课上我们都会涉及，但是有些话是有时节的，有些话是有早晚的，有些话是有场合的。我相信，你们中一定会有那么一个、两个、三个……甚至更多的同学会牢牢地记住我此时所说的话，我也相信你们只要记住老师凌晨3点为了你们睡不着了就够了，我更相信此前的你们还没遇到过像我这样爱唠叨、瞎操心的人。

我真不是闲大了。我真是替你们着急啊！着急什么？着急你们不要把大学当成节日过。大学不是用来过节的，大学的日子也不都是节日。严格说起来，你们不是带薪休假的，假日根本就不是为你们准备的。你们还没有“资格”放假呢。

这些话你们愿听吗？你们是不是“恨死”了？如果在你们军训刚结束一刻也等不下去了，想到家里的饭菜、家乡的小吃都要流口水的时候我说这些话你们还不得全把我拉黑啊？我现在发给你们，在你们心情相对宁静的时候发给你们，你们一定就会耐下心来看看我都唠叨些什么，虽然我不能保证或许还会有同学把我拉黑。

人和人之间的差距是怎样形成的？在其他条件相同的情况下，根本取决于剩余时间占有的多少。剩余时间创造“剩余价值”。无须论证，这是一条铁律。谁也不比谁聪明多少。鲁迅把别人喝咖啡的工夫用到了著书立说上，鲁迅成了鲁迅。四年后你会发现，很多同学把你过节的时间用到了学习上，所以又走进了更高等的学术殿堂。就在国庆节假期期间，除了做必做的事情外，我又写了一万多字的微信。我从上大学到今天没贪睡过一次。什么春节、五一劳动节、中秋节、国庆节，有哪一条法律规定必须晚起？一个做不到慎独，也就是自己管不住自己的人，怎么能有大的出息??

你们再不要有孩童心了。你们要真正地长大成人。长大成人的标志是什么？其标志就是懂得惜时如金，懂得每个大大小小的成功都是由剩余时间来保证的。惜时如金不是说过节不可以回家。我倒觉得有条件的话过节了应当多回家。不要忘了，你们是父母幸福的源泉。不过是你们要有时间的概念，要清楚放假只是课堂的转移和延伸。你们必须学会充分地利用碎片化的时间。外卖小哥能在诗词大会上击败北大的硕士，靠的就是充分地占有了更多的剩余时间，最大限度地利用了碎片化的时间。我从回到学校做辅导员，到我带的学生毕业，再到开通了公众号，目前我通过手机平台发送了足有三百万字的微信，这是什么概念？我的职业是专门发微信吗？我和外卖小哥一样，只不过是没有放弃属于我的一分一秒的碎片化时间。

我要告诉你们的是幸福就在这里，未来就在这里，一切的一切都可以从占有剩余时间的多少中寻找到。

所以我说大学生活是从今天开始的，真正的大学生活是从你懂得充分地利用碎片化时间、占有比别人更多的剩余时间开始的。节前的课上我布置了一个作业：怎样度过你的大学生活？我毫不怀疑有的同学会把自己的大学生活设计得很完美，就如同要建造一座富丽堂皇的大厦一般，我要提醒你们的是这一切需要用时间来保证，不然只能是空中楼阁。我见过的多了，一些学生毕业了，曾经设计的宏伟蓝图还完好无损地存放在那里。

时间有限，大学四年转瞬即逝。我相信你们谁也不会拒绝幸福，那你们就抓紧行动吧！幸福只会在时间的尽头等着你。如果靠着起跑就能决定输赢的话，幸福就不那么值得拥有了。

起床吧，小伙伴们！别枉费了老师的一片苦心哦。

愿你们与众不同！愿你们一切都那么美好！

××，你好！

已经在梦乡了吧？我到桂林来了，刚下飞机。我在去酒店的路上给你写信，等明天早上发给你。

我给新疆学生写了一封信，就是告诉他们老师始终把他们放在心里。你们也是一样，老师总是挂念你们，尤其是那些家庭生活困难的同学。我家曾经很穷，我又经常去困难学生家家访，因此我知道生活困难的同学读大学格外不容易。买水果只是一种心意，为的是让这些同学感受到一种温暖，产生一种精神力量，以战胜困难，很好地读完大学。

你是班长，要把班级同学带领好。对家庭生活困难的同学要多关心、多帮助、多鼓励，做到一个也不能少。要形成好的班风，使大家共同进步。这样待将来同学们回忆起大学生活的时候，他们就会齐口夸赞你这个老班长。

××,你好！

回家过节了吧？军训期间就想跟你聊聊，可是那段时间太忙了。我想问你的是你父母都是公务员(这在你们年级还是比较少的)，你的家庭教育也应当不错，可是你为什么没有入团呢？是因为没有这个想法吗？大学不只是学习文化，更要懂得知识用到什么地方。

好好追求！你年轻，未来的路很长，即便落下了一段，只要不懈地追求就一定能够追上。确立目标，心中装有他人，从身边的小事做起，从一点一滴做起。人生怕的是停停走走，走走停停，那只能被落下的更远。

祝节日快乐！

××,你好！

你的生日和春节同一天，算是喜上加喜。借此机会老师祝你生日快乐！新春如意！阖家幸福！

当然人生不能都用来过节，生日也不仅仅是祝贺一下而已。节日、生日都是你人生的组成部分，都是用来成就你的人生的。因此，越是在这样的日子里，越要好好想一想自己的人生到底应当怎样度过。有的大学生读了四年的大学，也是过了四个生日，结果大学生活却过得稀里糊涂。老师是过来人，我不希望我的学生离开学校的时候带走的是悔恨，那就晚了，没有意义了。山东是孔子的故乡。其实孔子早就说过大学应当怎样度过。孔子曰:“君子不器。”什么意思呢？君子不是器物，君子是有灵魂的人。君子要用所学的知识更好地为社会服务。你这么年轻，一定要志存高远，为实现中国梦而学习。一个人若是格局不高，是难能有大的作为的。因为新冠肺炎疫情的影响，这个假期我们都成了“宅人”，你可以利用这个假期好好总结一下过去的一个学期的得与失，克服掉不足，坚持对的。

老师就是为你们服务的，有什么需要我做的，不要客气。

开学见！

××,你好！

今天你们年级三个人过生日，我忙于一本书稿的校对，现在才腾出时间给你们写生日祝福,老师祝你生日快乐！幸福满满！

生日怎样过的？眼下举国上下都在抗击新冠肺炎,我们个人在家待着就是对这场战役的最好支持。你们那里要求得也十分严格吧？这样也好,你可以安心在家好好想想自己的人生之路应当怎样走,想想大学生活应当怎样度过。

有这样一句话:"中华文化五千年看河南。"所谓传承中华文化,你作为一个河南人应当一马当先。你想过这个问题吗？作为河南人,你真应当为传承博大精深的中华文化尽到责任。这就要求你不能把学习仅仅看成是自己的事,要把个人的发展和祖国的命运结合起来。看到我昨天和今天在公众号上推送的文章了吗？就是你们河南的一个学生,他真正懂得了为什么要上大学,有了知识要为谁服务。目标正确,学习动力才能持久。你要向他学习。

假期还有一段时间,一定抓紧时间学习,别把时间白白地浪费掉了。时间浪费了多可惜,也无法弥补。大学生活过得怎样,很大程度取决于假期利用得怎样,这已经被无数实例所证明。

大学生活才过去一个学期,还有七个学期,想做什么都来得及,只要认真对待就好。

开学见了！有事联系我。

××,你好！

今天忙着书稿的校对,又正赶上你们年级三个同学过生日,所以,现在才给你发生日祝福。祝你生日快乐！

老师就是想传个信息给你,我虽然只是你们的思想政治理论课教师,但是我对自己的要求还是要始终把你们放在心里,力所能及地陪伴你们的大学生活。所以,在学校期间如果有需要我做什么的话不要客气,我定会尽力而为的。

海南离大连如此遥远,但是我和你们在心理上没有距离感,我始终和你们在一起。给你发生日祝福也就是想嘱咐你一定设计好你的大学生活,并为此不断努力。人生没有彩排,无法从头再来。大学又是你人生发展的重要阶段,这一步走得怎样至关重要,千万不要随心所欲。

祝你假期愉快！开学见！

××，你好！

当前举国上下都在全力抗击新冠肺炎疫情，你是不是也在家里啊？待在家、不聚集也是每个公民应该做的。今天是你的生日，你不能到饭店吃饭庆祝了，当然这也没有什么，生日不是为了吃什么，关键还是要想想随着年龄的增长，自己到底应当做些什么。

大学生活过去了一个学期，是不是觉得过得挺快？第一个学期是过得最慢的，此后的每个学期都会过得很快。一定好好规划一下怎么度过大学这段你人生中的重要时光。有一点是确定无疑的，就是在大学里一定要全面培养自己，不能只关注自己的专业学习，还要特别关注自己的思想素质的提高，你要清楚自己将来要成为什么样的人，怎样立足于社会。

你说你的爱好是跑步，这个习惯很好。一定不能“三天打鱼，两天晒网”，要坚持下来。我在大学里就愿意跑步，包括寒冷的冬季，哪怕只有我一个人我也会在操场上奔跑。就这样，我后来还成了业余万米运动员。我今天有这样的体力保证工作，与锻炼是分不开的。

还有一个月的时间待在家里，要珍惜时间。剩余时间利用得怎样，对大学生活影响很大。

我不只是你们的思想政治理论课教师，还是你们的指导教师。有事联系我，我会陪伴你们成长。

祝好！开学见！

××，你好！

现在在家里吧？黑龙江是不是还很冷啊？今天是你的生日，怎样过的？当前举国上下都在抗击新冠肺炎疫情，你也只能在家里庆祝一下了。老师在大连家里给你写生日祝福，祝你生日快乐！

老师是你们的思想政治理论课教师，但是老师不认为课上完了我们的联系就结束了。我觉得我们是四年的师生、一生的朋友，我愿意帮助你们读好大学。所以，在每个学生过生日的时候，我都会写生日祝福，不为别的,就是想提醒你们在过生日的时候,一定要想想大学生活应该怎样过。

大学是你人生的重要节点。这个时期把握得怎样,对你今后会有很大的影响,所以一定要认真地思考自己到底要成为什么样的人。

刚来大学时老师就给你写过信,告诉你要有战胜苦难的勇气。我在读大学的时候家里生活就比较困难,但是我正确地看待了这些困难。你也要正确地面对困难,把它变成你成长的动力。

早点确定你的发展方向,比如考不考研。如果考就要早准备,要准备充分。

和同学好好相处。不要怕吃亏了,吃亏是福。多为同学做些没有什么,而大家是会记得你的好的。

今年的假期特殊,有点长,但是一定要利用好。假期是你学期的延长,要利用假期更多地丰富自己的知识。

开学见!有事联系我!

××,你好!

现在在家吧?此时湖北疫情十分严重,我们待在家就是对抗疫的支持。今天是你的生日,老师祝你生日快乐!事事如意!

生日打算怎样过?在家改善一下?改不改善不重要,关键还是要考虑好自己的人生应该怎样度过。

很多学生也是带着满腔的热情来到了大学,但是这样的热情很快就消失了。其中一个重要的原因是没有了远大的追求,格局变小了,只想拿个毕业证回去过自己的小日子。其实这是很可惜的。我常想,人生就一次,为什么不活得精彩些?不然到老年就会后悔。我大学的同学在谈到他们的大学生活的时候就有悔恨感,就觉得本来能更好,结果没有拼搏。我是过来人,就是把我的经验告诉你们年轻人,为你们提供借鉴。

大学一定不能只想增强专业知识,一定要丰富自己的人文素养。把做人放到第一位,不然学那么多的知识也用不到正确的地方。

大学还要处理好个人的情感问题。每个人对这个问题的看法不一样,有赞同到大学就可以恋爱的,也有不赞同的。我就不赞同。因为大家刚来大学,一是相互缺乏了解,再是大学里学业压力也是很大的,还要全面发展自己。一般来看,大学生很难将学业和恋爱协调处理好。所以,最好还是等一等,不要着急,待学业搞好了,素质全面了,再考虑个人问题一点都不晚。

和同学相处得怎样?每个同学都来自不同的家庭,难免养成一些不一样的生活习惯。寝室就像一个家,大家在一起要求同存异、互相关心、互相帮助。待毕业的时候能带好一个团队也是你大学成功的一个方面。

今年的假期有点长。把假期当成你学期的延长,充分利用好假期,是你读好大学不可忽视的。

祝一切顺心如意!有事联系我。

××,你好!

今天是你的生日,老师祝你生日快乐!

黑龙江还是一片冰天雪地吧?在家做什么?无所事事吗?你一定要抓紧时间好好学习。在一定程度上可以这样讲,假期时间利用得怎样,决定你的大学生活怎样。我写过多篇这方面的文章,就是提醒你们,你们不是带薪休假,要惜时如金。

你父母都是工人,我能够想象到你父母的不容易,还有你的不容易。不过既然你已经来到了大学,就要相信自己,就要把困难当成自己成长的动力。我经常告诉大家:困难最怕不怕困难的人。老师就是这样走过来的。

千万不要把大学看成只是学习知识的地方,大学更是培养大家做人的地方。做人的问题解决了,哪怕在知识方面你现在被落下了,明天你照样可以超越那些在知识方面走在你前面的人。

知识可以改变命运,但是知识不会天然地改变命运。知识改变命运需要中介的力量,也就是社会主义核心价值观的力量。不然知识会用错地方的。有一些在监狱里的人,他们都很有知识,却为什么进了监狱,原因就是他们在做人上出了问题。还记得我课上给你们讲的林森浩吗?多么沉痛的教训,必须要汲取的。

和同学好好相处。谁也不会独自成功。别知识没学多少,就嘚嘚瑟瑟的,这必将一事无成。相信集体的力量,离开大学的时候带走一个团队,这会帮助你走向成功。

我在你们身边。课上我跟你们说过，我不允许你们饿着肚子上课、饿着肚子要求进步。我虽然无法替你们学习，但我可以让你吃饱肚子。路是自己走出来的，加油吧！父母在等待着！祖国在召唤着！还有一场场类似当下这样的抗击新冠病毒的战役会在你们成长的路上考验你们！你们无法退缩，责无旁贷！

有需要我的地方吱声。

祝好！

××，你好！

今天是你的生日，老师祝你生日快乐！

在家里吧？此时，待在家里就是对打赢抗击新冠病毒战役的支持。

这是一个特殊的时期，你今年的生日应当记忆深刻。不过不管处于什么时期，有一点是一致的，随着自然年龄的增长，作为一个成年人，还是要想一想你的社会年龄是否增长了。也就是说要想一想你是否增强了自己的使命感和责任感。

我六十多岁了，回想自己在你这个年龄的时候，我也在上大学。那时我就想，这一生一定不能稀里糊涂地过，要有所作为。现在看，那时的目标和努力对成就今天的我还是起到了关键的作用。大学对一个人的影响作用就在这里。

你现在正处在你人生的“拔节孕穗期”，这需要你认真地思考怎样度过大学生活，做个什么样的人。切莫等大学生活都要结束了才想起来自己没有很好地培养自己，那就晚了。

你出生在教师之家，从小就应当得到了很好的教育。随着年龄的增长，你要更加坚定你的追求，一定成为对社会有所贡献、让人们给予肯定的人。

大学生活很快就会过去，要惜时如金。没有充分的时间保证，你就不能全面发展自己。该做的事情一定抓紧做，千万不要拖来拖去，要和时间赛跑。

今年开学要晚些，在家里要把时间安排好：一是学习；二是因地制宜地锻炼身体。我每天在家里都要锻炼自己。在家还要尽量多陪父母。

我给你们上过思想政治理论课,我们就是师生关系了。但是我们的关系不是上完了课就结束了。我还会陪伴在你们的身边。无论思想上还是生活上有需要我的时候,你就联系我。

祝假期愉快!开学见!

××,你好!

今天是你的生日,赶上了特殊时期,举国上下都在齐心协力抗击新冠肺炎疫情的肆虐。你也待在家里吧?这也是对打赢抗击新冠肺炎战役的一种支持。

过生日了,应当祝福一下。老师在大连送上我的祝福,祝你生日快乐!

想一想我送走了很多届大学毕业生。每当他们离开的时候,我的心里都会有一种惆怅,这种惆怅首先是一种情感,我会感到恋恋不舍,但是更为惆怅的是看到有些大学生并没有很好地培养自己,虚度了光阴。所以,在做你们的思想政治理论课教师的时候,我一再嘱咐你们的就是要认真思考大学生活应该怎样度过。

不要只想学多少知识,更要想自己为什么要学这些知识。谁都会本能地活着,但是那不是人的生活。人的生活就是要活得对社会、对他人有价值、有意义。

你的大学生活才过去了一个学期,还有很长的一段时间。你要好好设计一下,找准目标,坚定地走下去。

我会陪伴在你们的身边,有事需要我做的话,联系我。

祝好!

××,你好!

刚才翻阅你们年级的名册,才知道今天是你的生日。老师祝你生日快乐!

前几天看疫情新闻,山西的确诊人数还不多,但你一定要做好防范。这既是对自己的关心,也是对举国上下抗击新冠疫情的支持。

待在家里有了闲暇时间,好好总结自己过去的大学生活,看看哪些地方可以保持下去,哪些地方需要改进。应当本着这样的原则:在大学里要把知识学好,更要注意全面发展自己,提高自己的思想素质,培养自己的能力。有很多大学生本科毕业考上了硕士,有的后来还读了博士,知识积累得可以,但是同样平平淡淡,更有的走了错路,被人们所唾弃。这里就是因为没有解决好做人的问题。你既有先前的经验可以学习,也有教训可以吸取,一定要深思这些问题。

大学还要处理好情感问题,尤其是你们女孩子,感情丰富,把握不住自己就会陷入爱河。是否应当恋爱不是绝对的,但是和什么样的人恋爱还应当是有标准的。千万不能感情冲动,恋爱问题处理得怎样对你的大学生活乃至今后的生活都会产生重要的影响,有的甚至是致命的。

因为疫情你可能还会待在家里一段时间,莫浪费了时间,一定要充分地利用假期的时间好好学习。须知“剩余价值”是由剩余时间决定的。

我在你们的身边。有事联系我。

祝好！开学见！

××,你好!

今年这个寒假是十分特殊的一个假期;今天是你的生日,无疑这个生日会成为你人生中一个极为特别的生日。我还是按照惯例,在你生日的时候写这封信,祝你生日快乐!

时间过得就是这么快,去年这个时候你还在为考大学做准备,今年这个时候你已经度过了一个学期的大学生活。想象中的大学生活和置身大学的现实生活是不是感觉不一样?这也不奇怪,但是不管怎样变,有一点是应当坚定的,那就是把个人的发展和社会的进步统一起来,也就是要学好知识,更好地为社会服务,在今天就是为实现中国梦而奋斗。我们每个人都有自己的小日子,但是只有“大家”过好了,我们的小家才能过好。两者是统一的,并不矛盾。所以,在你增长知识的同时,一定要增强社会责任感,也就是我常跟你们说的,在增长自然年龄的同时,一定增长自己的社会年龄。

离复课返校还有一段时间,你一方面要做好安全防范,同时也要珍惜时间加强学习。利用好假期时间对你的大学生活会有极大的帮助。

祝假期愉快！有事联系我，开学见！

××，你好！

长春是不是还很冷啊？今年这个假期比较特殊，让大家都宅在了家里。真是一场突如其来的疫情啊！

你是不是想老师怎么突然跟你说这些干什么。没有什么，老师跟你们承诺过，就是想在你们过生日的时候给你们写封信，祝福你们生日快乐，嘱咐你们好好度过大学生活。今天是你的生日，老师忙到现在才有时间送上给你的祝福，祝你一切都好！

来大学一个学期了，感觉过得怎么样？满意吗？不满意也不要紧，还有的是时间，一切来得及。利用在家这段时间好好地想一想自己过去的大学生活的得与失，把以后的大学生活过好。

你们现在的压力还是很大的，尤其是在择业方面。你怎么打算的？想考研吗？我觉得不应当犹豫，早点定下来为好。现在高等教育已经快到普及化阶段了，能提升一个层次还是应当再努力一下。

当然，大学要求你的不仅仅是学好专业知识，更要培养好品德，明确人生的方向。最终输在终点的人不都是输在知识上，而是输在了品德上。所以，在关心自己知识学习的同时，千万别把品德培养落下。

离复课返校还有段时间，一定好好利用剩下的时光，为新学期做好准备。

有事联系我。

祝好！

××，你好！

今天是你的生日，你是早早就起来了，还是假日里睡了懒觉？老师在海南，一早上就起来往机场赶。在飞机上我给你写了这封信，祝你生日快乐！一切都好！

一个学期的大学生活就这样结束了。现实的大学生活和你在中学时候想象的有什么不同？一般在中学的时候我们都把大学生活想象得很美好，到了大学便有了失望感，其实这也是一种正常的感觉。因为中学生活比较单一，加上你们当时一门心思考大学，还没有上大学，所以对大学自然怀有美好的想象。到了大学，深入其中后便觉得大学不是原来心中想象的样子，这可能也是一种人的正常心理吧：想要得到某种东西还未得时到与得到了之后感觉上是不一样的。

不管怎样，来到大学就要像个大学生的样子。今天的大学生就是要有担当，你们不能把大学仅仅看成丰富自己知识的地方，还要把大学当成培养自己人生追求的地方，在即将走向社会的最后阶段把自己完善起来。要知道，目标不同，追求不同，未来的人生就不同。好在大学生活才过去一学期，一切都来得及。你一定要好好设计自己、好好发展自己，免得将来后悔。

假期一定利用好。有了寒暑假，还有公众假期，现在的大学生在大学里的学习时间减少了很多。因此，要想学习好，一定要把节假日算在大学生活当中。我经常讲，你们不是带薪休假的。某种意义上讲，节假日利用得怎样，大学生活就将怎样。忙碌了一学期适当地调整一下是可以的，但是千万别有“等开学再说吧”的想法。

飞机经停厦门，我把这封信发给你，马上又要登机了。

有事联系我。

祝假期愉快！

祝你的大学生活圆满如意！

××，你好！

今天是农历小年，也是你的生日，这算双喜临门。老师祝你生日快乐！小年祥和！

一个学期的大学生活过去了，你对大学有了怎样的认识？有何打算？给你们上课的时候我多次强调的就是你们一定莫负光阴，在大美的中国做大美的事情，成为有格局、有追求的人。你确立这样的目标了吗？

老师常常看到一些大学生刚来大学的时候也是信心满满的，结果没过多久便懈怠下来，草草地结束了大学生活。这实在是可惜。这怨谁呢？可能客观环境对他们是有些影响,可是主观上的努力哪去了?哪里有尽善尽美的环境?成功的人生都是奋斗出来的,千万不要总抱怨环境。一个人如果把个人发展建立在依赖外部环境的基础上而主观上不努力,这个人基本就难以成功。你看你有多好的家庭环境啊,父母都是工程师,需要的就是你的努力了。小伙子格局大一些,不只要为父母、为自己将来的小日子而活着,更要有时代的担当,在今天,就是要为中国梦的实现而学习。定下什么样的目标,对一个人的发展有重要的影响,这也是普遍规律。

把假期好好规划一下,别只指望着在学校学习,假期是多规整的学习时间啊,一定要充分地利用好。

丹东这个城市很美,我去过多次,以后再到了那里还可以到你家看看呢!给你父母问好!

假期愉快!开学见!有事联系我。

××,你好!

今天是你的生日,老师忙到现在才得空给你生日祝福。祝你生日快乐!永远幸福!

紧张的一个学期就这样过去了,是不是还没有做什么感觉就过去了?放假了,静下心来好好想想这一个学期自己都做了什么,到底应当做些什么,怎样去实现想做的事。

有一点是明确的,大学绝不仅仅是学习知识的地方,如果没有正确的价值引领,知识学得再多也是没有意义的。老师是过来人,看得多了,很多人都是这样,论知识有知识,论能力有能力,但是并没有什么作为,甚至把自己毁掉了。这里一个重要的原因就是这些人不知道为什么要学习这些知识,为什么要有能力。你们恰逢其时,千万别辜负了大好的时光、大美的时代,要做有作为的人、做崇高的人。你现在年轻,对老师说这样的话或许不以为然。但是你到了老年的时候,再理解老师的这些话就有些晚了。年轻人一定要克服自身的不足,不要自以为是,要多听听别人的经验。善于借鉴别人经验的人最容易成功。

做好假期安排。很多平日里的功课是需要提前预习的,你准备得越充分,开学后你学习得越自如,不打无准备之仗就是这个道理。

你爱好打篮球,这挺好。保持锻炼身体的习惯,这也很重要。锻炼身体不能三天打鱼两天晒网,这样达不到效果。

飞机要起飞了,就聊到这里。开学见!有事联系我。

祝一切都好!

××,你好!

早上起来给你写了一封信,祝你生日快乐!

大学生活在不知不觉中已经过去了一个学期了。你一定要惜时如金,别说大学生活,就是人生也是很快的。我在你们这个年龄时的情景就像是在昨天,总浮现在我的脑海里。

一个学期里对大学生活有了怎样的认识?坚定了什么?我今天早上推送了一篇公众号文章,讲的就是把选对的事坚持做下去。这里有两个层次的问题,一个是选对目标,再就是把选对的事做到底。很多人不是目标没选对,而是像毛泽东形容的那样,把“剑”握在手里,只是口里不停地念叨“好剑,好剑”,就是不肯刺出去,这与实际毫无意义,事情都是做出来的。你们年轻人的最大优势就是仰望星空,但是最大的一个不足则是往往急于求成,不能脚踏实地。一定记住,“罗马不是一天建成的”,没有坚持是不行的。可以这样来讲,一个人的成功其意志力的强弱起着决定性作用。所谓看谁能笑到最后,就是看谁能坚持到最后。

我只是你们的任课教师,在很多人看来就是这样,上完了课也就完事了。可我不这样看。一开始上课的时候我就跟你们说过,世界上有七十亿人,我们能在一起,这要多大的缘分!

从自然年龄上我是你们的父辈,从社会年龄上我不敢说是你们的父辈,但是我会努力地成为你们的父辈。也就是说,既然我们相识了,我就希望我能从一个长者的角度,尽量为你们的成长提供些帮助,所以有什么需要我做的事,你们不要客气。

你是常州人,那里人杰地灵。去过瞿秋白纪念馆吗?多么伟大的人物!他牺牲时才36岁。当敌人要杀害他的时候,他唱着《国际歌》走向刑场,留下了最后一句话:“此地正好,开枪吧!”七个字。

你们当代青年正处在实现中国梦的关键时期,一定要把个人的发展和祖国的命运结合起来。要志存高远。虽然不能像瞿秋白那样伟大,但是一定要追求人生价值的最大化。为什么读大学?从某种角度看,就是培养自己崇高的人生品格的,使自己成为一个真正大写的人。

正在期末考试阶段,我说的这些你看看就可以了,不必回了。抓紧时间复习。

祝考出好成绩!一切顺心顺意!

××,你好!

放假了,你每天都几点起床啊?是不是自己总给自己放假啊?要养成好的习惯,生活要有规律。我从上大学到今天从来不睡懒觉,即便头天晚上睡得再晚,第二天早上也要按时起床。每天都要到操场上跑步。假期的时候我也如此,起床后跑步。天道酬勤,要想成功,就要比别人多努力,这是唯一的途径。所以,一定要充分地利用好假期,这是非常重要的,从某种意义上讲,你大学生活的成败在此一举。

今天是你的生日,不知你是什么时候起床的。如果想懒惰的话你也有理由:"过生日,可以放假的。"但如果你想到自己又长大了,应更多地担当些什么,那就会早早起床了。

是的,你又长了一岁,自然年龄上更成熟了。可是你想过你的社会年龄吗?人是社会中的人,一定要想你一下的社会年龄怎样,仅仅是自然年龄的增长是没有意义的。老师之所以在你过生日的时候给你写这封信,一是告诉你虽然老师只是你们的思想政治理论教育课任课教师,但是老师是把你们看成自己四年的学生、一生的朋友,在大学读书期间有事联系我,我会力所能及地帮助你;二是提醒你,千万别错过了大学这段美好的时光。这段日子对你的人生非常重要,树立好目标,朝着目标坚定地走下去。

你爱好打篮球,这很好。一定注意锻炼身体,身体是你未来成就事业的物质保证。打球时做好准备活动。

假期很快就过去了,开学见!

祝一切都好!

××,你好!

时间过得多快啊!一个学期过去了,假期又过去了一个星期。你是不是觉得自己还什么都没做呢,时间就没了。我小时候就知道毛泽东“一万年太久,只争朝夕”的诗句。你也知道的,无数的星球都存在了万亿光年,这是什么概念啊!我们人类存在的时间实在是太短了,我们个人生命真是非常有限的,所以就更应当每一分每一秒了。

假期里一件重要的事情就是静下心来像过电影一样把自己从上大学以来的每一天过一遍,看看自己哪些事做对了、哪些事做得还不是那么好、哪些事需要进一步改进、哪些事需要赶紧去做。没有更多的时间让你左顾右盼,很多事也不容你从头再来。

格局要大一些。我的意思是要从实际出发,踏踏实实做好身边的事情,更要着眼未来,立志做个勇于担当民族复兴大任的时代新人。不要为眼前的事计较:当没当上干部、当上了什么“级别”的干部、能不能得到奖学金……你的目标如果就是这些,即便你如愿以偿了又能怎样?弄不好还会影响和大家的团结,那是得不偿失的。要不争而得,做到唯一,非你莫属,那才是真实力,这样到了社会上才会有超强的竞争力,才会有大的作为。

知道老师为什么选择今天给你写这段话吗?今天是你的生日,老师就是要告诉你虽然我给你们上的课结束了,但是老师和你们的情感永不完结。老师祝你生日快乐,更希望你永远快乐!你在增长自然年龄的同时一定要增长自己的社会年龄。因此,你一定要充分利用好大学这段时光把自己培养得无比强大。

有事联系我。

祝假期愉快!

××,你好!

今天你们年级除了你,还有×××过生日。今年我们全家在广州过年,我在广州给你们俩分别送上生日祝福,老师祝你生日快乐!事事如意!

你的生日恰好与今年的腊月三十是同一天,多巧啊,可以好好过了。不过过生日可不能只想自己又大了一岁,一定要想自己的使命和责任又多了一份。这就是我常跟大家讲的,在自然年龄增长的时候,一定要使自己的社会年龄同步增长,甚至应当实现跨越式增长。

一学期的大学生活结束了,你有什么感受?你是班级的班长,一定感受得更深些。大学绝不仅仅是学知识的地方,还是培育人品德的地方,你要想一想将来想成为一个什么样的人。张载讲:"为天地立心,为生民立命,为往圣继绝学,为万事开太平。"这是优秀的传统文化。习近平总书记说:"现在,青春是用来奋斗的;将来,青春是用来回忆的。"作为当代大学生,你应当以德立身,以德立学,以德立业。无数事例说明,没有崇高品德的人难以有大的作为。你这么年轻,格局一定要大些,视野一定要开阔些,不要只看眼前的得失,培养好品德最为重要。

你是班长,一定做好带头人,多为同学服务,别计较个人的得失。你现在才到哪里,担当大任的人都要"苦其心志"的,大学生活也是磨炼自己的过程。从某种意义上讲,大学期间你遇到的不顺心的事越多,越有助于你将来面对各种困难。

把假期好好利用起来,想一想开学后应当做什么,哪些功课需要现在就做好预习。充分的准备有助于你在新的学期学习工作得心应手,不然就容易手忙脚乱。

大学生活还有三年多的时间,有事需要我做的话联系我,我会力所能及地帮助你。

祝新春快乐!万事吉祥!

××,你好!

今天对你来说是个双喜的日子,你过生日,又恰逢年三十。老师早上起来的第一件事就是给你写生日祝福!老师祝你生日快乐!天天快乐!同时祝你新春快乐!一生吉祥!

我是你们的任课教师,虽然和你们只有一学期的交往,可是老师总觉得我们应是四年的师生、一生的朋友。所以,老师想即便课程结束了,但是我还是要在你们过生日的时候给你们每个人送上生日祝福。老师就是想告诉你们老师把你们放在心里,有事联系我。另外,我想借生日之际再嘱咐你几句。

大学对人的一生影响巨大。你的未来怎么样，从某种程度上讲，就取决于你的大学生活是怎样度过的。所以，在大学里，一定要明确前行的方向，找到人生的目标并持之以恒地坚持下去。大学生活很快就过去一个学期了，剩下的时间一定要规划好，志存高远，做个目标远大的人。

假期要充分利用起来，这也是你大学生活的重要组成部分。假期荒废了，开学了再追赶那些走在你前面的人也是很费劲的。人生不能甘居下游。

假期愉快！开学见啦！

××，你好！

昨天你过生日的时候给你写了封信，结果手机有了点毛病，就没有及时发给你，后来就忘了。老师还是发给你吧，就是想告诉你，你们始终在老师的心里，有需要我做的事联系我。

×××，你好！

举国上下都在抗击新冠肺炎疫情，你也是按照要求待在家里了吧？这个假期有点特殊，今天是你的生日，也赶上了特别的日子，老师也是在家里祝你生日快乐的！

想到你们，老师就会想起我的大学生活。大学生活是多么美好的时光，对一个人来讲，是多么重要的时刻，大学生活怎样在很大程度上决定着你以后的生活怎样。所以，在你过生日的时候，老师就想嘱咐、提醒你，一定要好好规划一下，读好大学。

格局大些，就是要志存高远。没有远大的志向便会一事无成。要学好专业知识，更要懂得所学知识要用到哪里。许多人不是没有知识，而是没有把知识用到正地方，这多可惜，枉费了一生。你是河南人，那里多有文化底蕴啊，应当把中华文化传承好。

大学过去了一个学期，一切都熟悉了吧？你要向着正确的目标努力。成功喜欢努力的人。

早晚是要开学的。复课返校前的这段时间还是要利用好，尽量多看看书，别让时间在不经意间溜走。

祝好！有事联系我。

纪念“学校思想政治理论课教师座谈会”召开一周年

2019 年 3 月 18 日,在人民大会堂东大厅,习近平总书记主持召开学校思想政治理论课教师座谈会,我非常荣幸地参加了大会。

“总书记,您辛苦了!”我时常想,我们每个思想政治理论课教师把我们的教学搞好,把学生培养好,这不也是在为总书记分担,也是在为国家和人民造福吗?看起来我们个人的力量微不足道,但是汇合起来,那会形成多么强大的排山倒海之势!

我一边听着总书记的讲话,一边在心里琢磨着:我也算是一名老思政人了。我 1982 年毕业留校做了辅导员,但是我一直坚持上思想政治理论课。在我看来,这门课太重要了,在大学里它是管学生人生方向的,一定要把它上好。我在从省里回到学校的时候,照样坚持给本科生上思想政治理论课。我想,一名思想政治理论课教师,就应当把马克思主义理论教育放在首位。

“行百里者半九十。”特别我们越是走到离中国梦实现最近的地方,越是最关键的地方,越是需要我们把学生培养成爱祖国的人,我们千万不能错过这个千载难逢的中华民族实现伟大梦想的历史机遇。

习近平在学校思想政治理论课教师座谈会上指出:“思想政治理论课是落实立德树人根本任务的关键课程。青少年阶段是人生的‘拔节孕穗期’，最需要精心引导和栽培。我们办中国特色社会主义教育，就是要理直气壮开好思想政治理论课，用新时代中国特色社会主义思想铸魂育人，引导学生增强中国特色社会主义道路自信、理论自信、制度自信、文化自信，厚植爱国主义情怀，把爱国情、强国志、报国行自觉融入坚持和发展中国特色社会主义事业、建设社会主义现代化强国、实现中华民族伟大复兴的奋斗之中。思想政治理论课作用不可替代，思想政治理论课教师队伍责任重大。”

那么一名思想政治理论课教师，怎样才能完成如此重大而光荣的任务呢？

我在这次座谈会上聆听了习近平总书记的教诲，备受鼓舞、备受鞭策。我认为，一名思想政治理论课教师，必须将习近平总书记提出的“六要”作为上好思想政治理论课的遵循，也就是说上好思想政治理论课必须做到“六要”。

去年 9 月，我在《求是》杂志，发表了《践行“六要”，铸魂育人》一文，谈了我对“六要”的认识和体会。详见本书 220 页，在此不再赘述。

思想政治理论课教师一定要有教育信心。我们有的思想政治理论课教师也有情怀，也想把学生培养好，但总觉得现在的学生和我们有代沟，或者把学生的问题看得过重，没有信心教育学生。这样的教学认识显然是教育不好学生的。我曾在我的名为“仍然在路上”的公众号写过这方面的文章，希望思想政治理论课教师增强教育信心。

我怎么就没觉得现在的学生不行了、和我们有代沟呢？我的主要观点就是要相信我们的学生、相信教育的力量。

客观上学生的身上是存在着这样或那样一些缺点，但这不是主流。我们应当相信的是，学生总是积极向上的。他们身上所存在的诸多不足恰恰是因为他们年轻而造成的；这也恰好告诉我们，一定要增强教育信心，加强对青年的引导。我的教育实践一再证明这一点：学生都是好学生，只要我们多关心和多帮助他们，及时地为他们解疑释惑，学生就会跟着我们走。

有一次我给学生做了一场主题为“做新时代爱国的大学生”的报告。报告结束后，许多学生给我留言。有位同学说：“曲老师您好，今天听了您的讲座我受到深深的震撼，受益匪浅。我知道了我作为一名大学生应当做什么了。谢谢您！”还有位同学说：“我是一名大一的学生，很高兴能够在大学的开端得到您的指引，定不会虚度光阴，做到爱国、励志、求真、力行，知行合一，谢谢老师！”我在报告过程中，发现有个坐在会场前排的女生从始至终都在一边流着眼泪，一边听我的报告，会后她和我合影的时候眼睛都有些红肿。当晚她给我写了一封近3000字的信（我做了些删减，内容如下），谈了她听我报告后的感受。

她说：

在这场铿锵有力的讲座中，曲老师身上的光芒，那种爱国情怀、那种兼济天下、那种以书为友、那种刚毅和善良的情怀让我敬佩不已。老师讲他的经历，我感慨万分又思绪万千，默默流泪又害怕打扰气氛。我是一名思想政治教育专业的学生，未来的我或许从事着和老师一样的工作。我不禁反问自己，未来面对这样一个重要的职位，我该如何扛起这面有分量的旗？

我其实一直思考着什么是我活着的动力和价值？但我一直没有想明白。今天老师给了我堪称完美的答案——追寻生活的意义，从祖国利益出发。现在的我们走得太急了，潜意识中，读书就是为了找个好工作，以后的日子稳定有序或是想成为暴发户。我经常和我母亲说，我不想过这样的生活，一眼望到头，平凡而又没有意义，但我貌似又找不到突破口，一直在徘徊。今天老师的话让我感到自己的困惑有了解答，去寻找生命的意义，脚踏实地地做好每一件对我们祖国有意义的事，像老师所说的那样，我们不仅要注重我们的自然生命，更要注重我们自身的社会生命，这样的自己才是拥有无尽财富的、幸福的、完整的个体。

感谢老师今天的报告，让我从困惑中脱身，也感谢您为我日后的人生路指明方向。您朴素的言语让我倍感亲切，您的善良和大爱让我告诉自己，日后的自己也一定成为像您这么优秀的人。遇到如知己的老师，三生有幸。

我在给她的回信中说：

你的信字里行间浸透了你的真情、你的刚毅、你的执着、你的追求，我觉得沉甸甸的。作为一名思想政治理论课教师，作为一名过来人，我真是有责任在你们行进在人生道路上的时候，特别是在你们正行进在青年这个重要“路段”的时刻，给你们以正确的引领，给你们加油，给你们助力。

你们现在正处在祖国发展最为重要的时间节点上，实现中国梦是每一个中国人的强烈愿望，你们恰逢其时，你们义不容辞，你们重任在肩。你们必须完成历史赋予你们的神圣使命，向祖国和人民交上满意的答卷。我们应当追求的是爱国，从我做起，从现在做起。

我在当初读大学的时候，首选了师范教育。我当时的成绩达到许多财经类院校录取的分数，不过我觉得做一名教师挺好，可以培养学生懂得很多道理。我爱我的祖国，我的爱国可以通过学生的爱国展现出来。你有志于当一名老师，对此我都非常赞同。学生离开学校的时候，最为重要的不是带走了多少知识，而是带走了什么样的价值观。思想政治教育正好解决的就是价值观的问题，你如果能够把你人生的追求牢固地建立在帮助学生培养正确的价值观上、建立在教育学生爱国上，那你爱国的愿望就会得以实现。

几十年的思想政治理论课教学，真是教学相长的过程。我也总是被这样一些学生的爱国情怀激励着。

我相信的是，作为一名思想政治理论课教师，只要我们高高地举起爱国主义的旗帜，就一定会集合起一群斗志高昂的战士，为中国梦的实现而冲锋陷阵。

一名思想政治理论课教师亦需要讲好自己的故事。上好思想政治理论课，是我们每个思想政治理论课教师的愿望。为此，大家也是做了很大的努力。讲好中国故事无疑会极大地增强思想政治理论课的效果。

看看我们这个国家，近代以来受了多少欺负，那真叫国破家亡。当时世界上的主要帝国主义国家都侵略过我们。

中华人民共和国刚建立的时候，我们连个钉子都造不出来。现在我国建立了全世界最完整的现代工业体系，科技创新和重大工程捷报频传。我国基础设施建设成就显著：信息畅通，公路成网，铁路密布，高坝矗立，高铁飞驰，巨轮远航，飞机翱翔，航天飞机飞入太空，高铁里程数世界第一，航母下海巡航……我国是世界第二大经济体、制造业第一大国，中国人民在富起来、强起来的征程上迈出了决定性的步伐！

我们站到了离实现中国梦最近的地方。我们的国际地位越来越高，话语权越来越大。西方社会也不得不由原来的俯视我们变为平视我们，进而仰视我们。

思想政治理论课上充满了这样的故事，学生们自然就会得到真理的认识：中国共产党为什么能行？马克思主义为什么行？中国特色社会主义为什么好？中华文明为什么得以生生不息？

自觉增强“道路自信、理论自信、制度自信、文化自信”，正是我们思想政治理论课所要达到的目的。问题是仅仅讲中国的故事就能使我们的教学效果充分实现吗？显然不是这样的。思想政治理论课教师理论上搞懂了是一回事，实践中做不做又是一回事。要求学生知行合一，自己就应当将知行集于一身。思想政治理论课教师必须有自己的故事。道理很简单，如果只讲不做，学生就会在心里画问号：“既然你讲的是真理，你为什么不做呢？”我常跟有的同志讲，不要一讲实践教学就要到红色景区。如果你有你的故事，再结合先辈的故事，那讲起来会更生动精彩。反之先辈的故事很悲壮，而你却没有一点你自己的故事，岂不麻烦了？学生参观一次红色景点，对照一次你的表现，学生越看你越不像共产党员，越看你越不像思想政治理论课教师，那你的课就很难讲了。

正所谓：“亲其师，信其道”。有一次我课间问一个学生：“我讲的你信吗？”“信啊。”“为什么？”“因为我信您啊！”这个学生说他们早就从网上把我的情况了解得透透的，我是一个什么样的老师他们清清楚楚。我在省里工作的时候，负责过思想政治理论课建设。当我向学生了解他们对思想政治理论课的看法时，很多同学谈的都是我们有的思想政治理论课老师只把思想政治理论课当成了知识来传授，要求学生做的自己做得并不是太好。

思想政治理论课教师，一定要在解决进心灵上下功夫。所谓进心灵，就是让学生将学到的马克思主义理论在转化为具体的行动上下功夫。

我去英国考察的时候，站在马克思的墓前，看到镌刻在马克思墓碑上的这句话：哲学家们只是用不同的方式解释世界，而问题在于改变世界。我在想，马克思的著作浩如烟海，为什么单单把这句话写在了墓碑上？是马克思生前告诉恩格斯的，还是恩格斯筛选的？我想有一点应当是一致的，真正的马克思主义者一定十分清楚：马克思主义不是空洞的说教。改变！改变！！改变！！！这应当是马克思主义的重要特征。

在纪念马克思诞辰200周年(2018年5月5日)大会上,习近平在讲话要结束的时候用了毛泽东1938年说过的一段话:“如果我们党有一百个至二百个系统地而不是零碎地、实际地而不是空洞地学会了马克思列宁主义的同志,就会大大地提高我们党的战斗力量。”习近平为什么80年后又重提这句话?今天的客观环境已经发生了多大的变化,但是马克思主义实事求是的灵魂是不可改变的。

我看了很多理论家阐释习近平新时代中国特色社会主义思想的文章,但这段话很少有人讲,为什么?这是需要有自我革命勇气的,要用自己的刀,削自己的“把儿”的。这种自我革命的勇气理论家要有,教育家要有,合二为一者更是不可或缺,而就思想政治理论课教学而言,恐怕更需要教育家,某种意义上说,他们的理论水平够了,或者退一步说,他们的理论水平稍微差一点,对思想政治理论课教学是没有什么太大影响的。

有的同志说:“教师要有一桶水,学生才能有一杯水。”从教育理论上讲,这句话是成立的;但是从教育实践上看,却未必是这么回事。这取决于教师为什么要有一桶水。毫无疑问,如果为了学生,教师有了“一桶水”,学生一定会有“一杯水”,甚至在教师有了“大半桶水”的时候,也会想办法尽量让学生有“一杯水”。如果不是为了学生,只是为了自己的利益时,就算教师有了一桶水,学生也得不到“一杯水”。因为这些教师想的是要有“两桶水”“三桶水”,乃至于“一湖水”。教育部为什么规定教授要给本科生上课呢?不就是要给学生“一杯水”吗?不就是有人不给学生“水”吗?发了一篇C刊,还想发两篇、三篇……马克思主义没有走进学生心灵,学生没有改变,就不能说我们的思想政治理论课教学达到了预期的效果。

如今我们下了那么大的功夫对学生进行马克思主义理论教育,显然我们的目的不是让青年学生掌握了理论知识就完事了,绝不能让学生们只是记住了条条框框的东西,把学习马克思主义理论只当成了考试的需要。学习的目的全在于应用。

正如习近平总书记在北京大学与师生座谈时所指出的那样:“学到的东西,不能停留在书本上,不能只装在脑袋里,而应当落实到行动上,做到知行合一、以知促行、以行求知,正所谓‘知者行之始,行者知之成’。”毫无疑问,这样的马克思主义理论教育才有韵味,才应当成为我们理论课教学的价值追求,这也是检验我们马克思主义理论教育教学效果的根本标准。

为纪念马克思诞辰200周年,中央电视台播放了电视片——《马克思是对的》。

马克思对在哪里呢?

其中一个重要的方面,在马克思看来,一个实际的行动胜过一打纲领。正如习近平同志指出:“实践的观点、生活的观点是马克思主义认识论的基本观点,实践性是马克思主义理论区别于其他理论的显著特征。马克思主义不是书斋里的学问,而是为了改变人民历史命运而创立的,是在人民求解放的实践中形成的,也是在人民求解放的实践中丰富和发展的,为人民认识世界、改造世界提供了强大精神力量。”恩格斯说,“马克思首先是一个革命家”“斗争是他的生命要素。很少有人像他那样满腔热情、坚韧不拔和卓有成效地进行斗争。”

思想政治理论课教师一定要清楚这样的关系,在教师和学生之间,教师是践行马克思主义理论的第一人,教师怎么样对学生的影响很大。应当说广大思想政治理论课教师是“可信、可敬、可靠,乐为、敢为、有为”。一年来,教育部认真贯彻落实习近平总书记讲话和“3·18会议”精神,推动了思想政治理论课的大发展,广大思想政治理论课教师在教学过程中,较好地发挥了主体作用,对学生的成长给了很好的引领。

但是从不足的方面看,我们还有的思想政治理论课教师没有处理好这个关系,也可以说对“大学里为什么要开设理论课”没有搞清楚,着力点不对,忘了思想政治理论课是为学生开设的。一些思想政治理论课教师把精力都放在了科研上,思想政治理论课教学存在着过于学术化的倾向,马克思主义“示范院”在这点上也是不同程度地起到了推波助澜的作用,这是需要加以改进的。(马克思主义学院,还是叫马克思主义教育学院为好,这里就不做阐述了。)

我不反对在理论层面上不断地加强研究,使马克思主义理论更加得以丰富。但是我认为这样一些高深的马克思主义理论体系性的研究任务,还是由专门的马克思主义理论研究部门研究者或极为少数的思想政治理论课理论大家来完成吧。对于绝大多数思想政治理论课教师来说,精力主要还是应放在教学上,让学生接受马克思主义理论教育,把马克思主义理论“内化于心,外化于行”上下功夫,只有这样的价值追求,才能使思想政治理论课教学更富有成效。当然我很清楚,这里存在着怎样评价学校、思政教师的教学问题。

不过我想，不管怎样，思想政治理论课教师还是应当有这样的行动自觉，在主观方面多下些功夫，思想政治理论课教学毕竟首先取决于我们对马克思主义的信仰努力改变只把思想政治理论课当成一门课来讲授这种现状。实事求是是马克思主义活的灵魂，也是时代的呼唤。我也相信，目前这种以科研论英雄的评价机制一定会改变的。我还特别呼吁一定改变目前这种以科研为导向的薪金分配制度，要大幅度地提高本科教学在薪金分配中的比重，坚决把科研导向转向教学导向，因为马克思主义理论的教育任务主要还是由思想政治理论课教学完成的。

另外，凡是教学搞得好的老师，哪个也不是拍脑门拍出来的，动了多少脑筋！我在省里工作的时候，和全国思想政治理论课教学优秀教师×××多次交谈。对于怎样上好思想政治理论课，她是真有体会，娓娓道来。难道这不是科研？只是我们现在没有刊物发表这样的形而下的东西罢了。

我们太追求高大上了。打这样一个比方不知确不确切：我们想给学生买一件衣服，这个老师已经给学生买回来了，非常合适，就是我们想给学生的，也是学生十分想要的。可是当这个老师告诉杂志社学生这件衣服是怎样买回来的时候，杂志社却说，你应当这样来买，要符合规范。由这个例子可以看出，我们思想政治理论课教师发表论文太难了。我想教育部可不可以委托一所高校，办一份“思政人”（综合类）的电子版杂志，专门发表怎么给学生买到了“合适的衣服”这样操作性的文章（我在教育厅工作的时候就协调省委宣传部，想办这样的杂志，后因为人员变动等就放下了），不只是上好思想政治理论课，还有当好辅导员、做好党务工作，等等，也可以委托（或招标）几所高校分别来办，就社科司来说，眼下可以先把“上好思想政治理论课”办起来，并把之纳入评价体系。

谨以此文纪念学校思想政治理论课教师座谈会召开一周年。